Vietnam 越南

no.66

越南
VIETNAM

中國
China

緬甸
(BURMA)

河內
Hà Nội (Hanoi)

寮國
Laos

泰國
Thailand

東埔寨
Cambodia

南海
South
China Sea

胡志明市
Thành Phố Hồ Chí Minh
(Sài Gòn)

MOOK NEWAction

越南 Vietnam

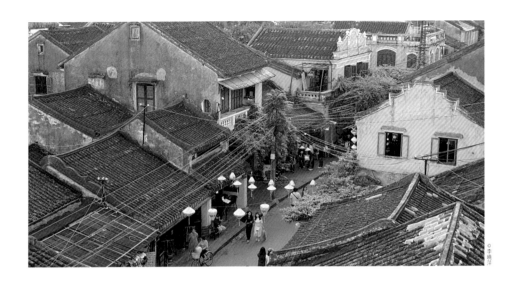

© 李曉萍

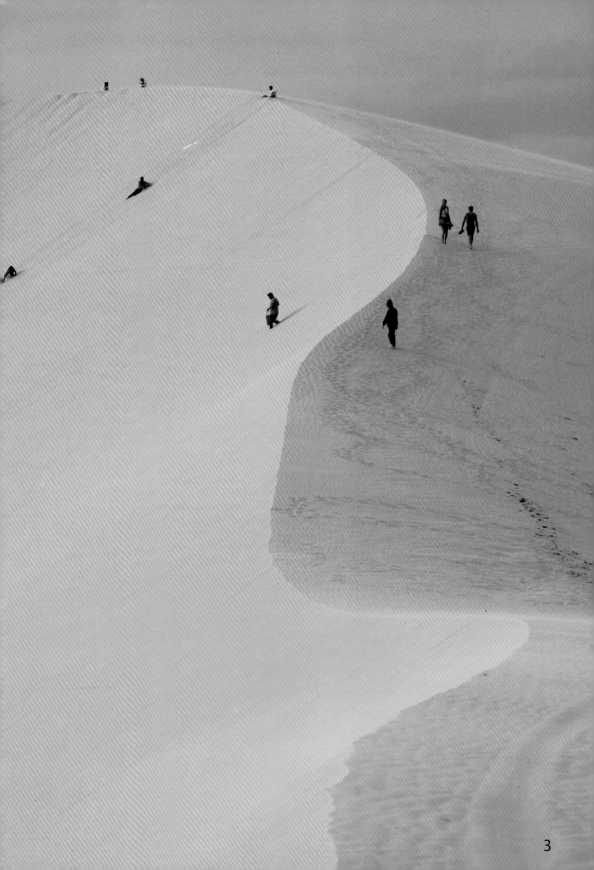

本書所提供的各項可能變動性資訊，如交通、時間、價格(含票價)、地址、電話、網址，係以2023年2月前所收集的為準；特別提醒的是，COVID-19疫情期間這類資訊的變動幅度較大，正確內容請以當地即時標示的資訊為主。
如果你在旅行中發現資訊已更動，或是有任何內文或地圖需要修正的地方，歡迎隨時指正和批評。你可以透過下列方式告訴我們：
寫信：台北市104中山區民生東路二段141號9樓MOOK編輯部收
傳真：02-25007796
E-mail：mook_service@hmg.com.tw
FB粉絲團：「MOOK墨刻出版」www.facebook.com/travelmook

符號說明

☎ 電話	⑤ 價格	營業項目	如何前往
⑥ 傳真	網址	特色	市區交通
地址	電子信箱	所需時間	旅遊諮詢
時間	信用卡	距離	住宿
休日	注意事項		

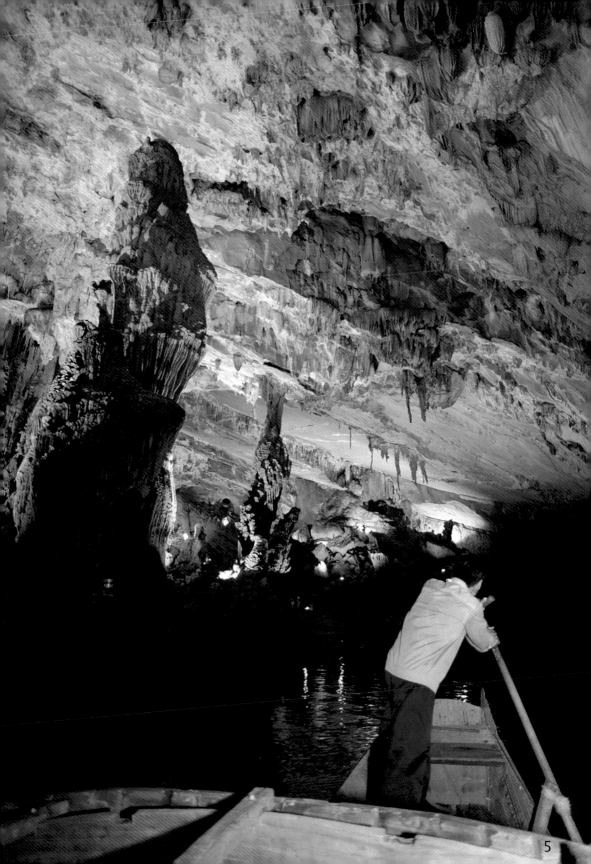

歡迎來到越南

越南歷經中國統治、建立輝煌王朝、走過法國殖民、挺過烽火連天的戰亂，淬煉出獨特又迷人的文化，中法越混血基因注入當地生活的每個細節，夾在街頭的越式法國三明治裡、藏在越文寫的中式對聯上、飄過天主教堂裡的香爐。文化交融的歷史底蘊，多樣化的自然地理面貌，再加上平易近人的物價，越南搖身一變，成為炙手可熱的旅遊市場，甚至有後來居上超越泰國的趨勢。

目前北部河內、中部峴港、南部胡志明市已均有航班直飛，三大城各有愛戴者。逛街血拼泡咖啡館之外，8個世界文化遺產別錯過，舉世聞名的下龍灣、田園山水長安名勝群、中世紀港都會安、風華絕代順化皇城、擁有世界最大單體洞窟的峰牙洞國家公園、以及占婆帝國遺留的美山聖地…等，涵蓋自然與文化，越玩越新鮮。

作為一個起步較晚的觀光國家，年年都有熱門話題加入旅遊戰局，搶攻IG版面。引爆少女心的粉紅教堂、噴水又噴火的峴港金龍橋、美奈濱海沙丘和紅色仙女溪、巴拿山黃金佛手橋、富國島海上鞦韆和跨海纜車、疊山島秘境、玩到不想回旅館的太陽世界主題樂園……等，又或者哪裡也不去，整個假期泡在新開幕的奢華度假村享受碧海白沙，文青網美瘋什麼，本書全部蒐集到位。

這本新版本的越南，網羅後疫情時代第一手的旅遊資訊，分區導覽，詳細介紹各城市景點。此外，更為讀者做了有系統、快速入門的整理，包括「越南之最」、「精選行程」、「最佳旅行時刻」、「越南好味」、「越南好買」、「交通攻略」、「小百科」、等單元，無論是跟團或自由行，暢玩越南，一本書就夠！

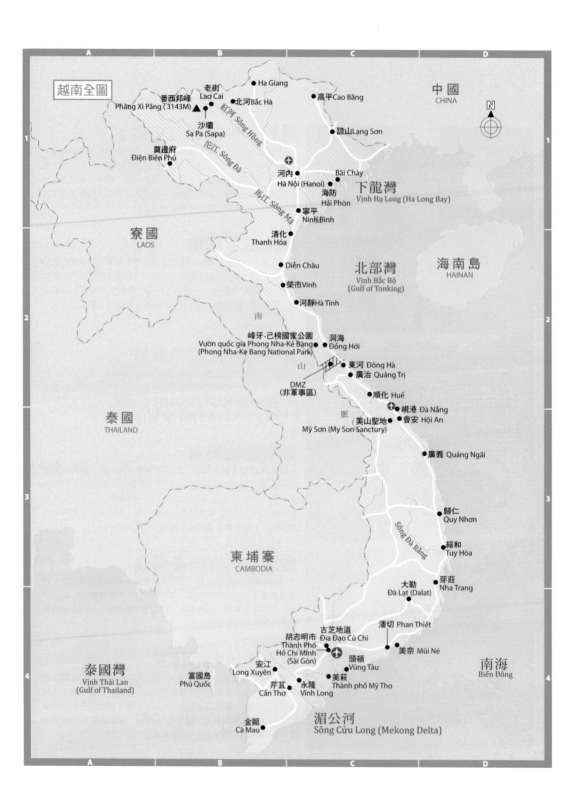

越南全圖

老街 Lao Cai
Ha Giang
北河Bắc Hà
高平 Cao Bằng
番西邦峰
Phăng Xi Păng（3143M）
諒山 Lạng Sơn
沙壩
Sa Pa (Sapa)
莫邊府
Điện Biên Phủ
中國
CHINA

河內
Hà Nội (Hanoi)
Bãi Cháy
海防
Hải Phòn
下龍灣
Vịnh Hạ Long (Ha Long Bay)

紅河 Sông Hồng
沱江 Sông Đà
馬江 Sông Mã

寮國
LAOS

寧平
Ninh Bình
清化
Thanh Hóa

海南島
HAINAN

北部灣
Vịnh Bắc Bộ
(Gulf of Tonking)

Diễn Châu
榮市 Vinh
河靜 Hà Tĩnh

南

峰牙-己榜國家公園
Vườn quốc gia Phong Nha-Kẻ Bàng
(Phong Nha-Kẹ Bang National Park)

洞海
Đồng Hới
東河 Đông Hà
廣治 Quảng Trị

DMZ
(非軍事區)

山

順化 Huế
峴港 Đà Nẵng
會安 Hội An

泰國
THAILAND

美山聖地
Mỹ Sơn (My Son Sanctury)

脈

廣義 Quảng Ngãi

柬埔寨
CAMBODIA

歸仁
Quy Nhơn

Sông Đà Rằng

綏和
Tuy Hòa

大勒
Đà Lạt (Dalat)

芽莊
Nha Trang

潘切 Phan Thiết

古芝地道
Địa Đạo Củ Chi
胡志明市
Thành Phố
Hồ Chí Minh
(Sài Gòn)

美奈 Mũi Né

泰國灣
Vịnh Thái Lan
(Gulf of Thailand)

安江
Long Xuyên

富國島
Phú Quốc

頭頓
Vũng Tàu

南海
Biển Đông

芹苴
Cần Thơ

永隆
Vĩnh Long

美萩
Thành phố Mỹ Tho

金甌
Cà Mau

湄公河
Sông Cửu Long (Mekong Delta)

7

必去越南理由

風貌多變的混血文化

越南深受中國文化及法國殖民影響，混血出獨特的越式風情，建築與飲食上常見中、法基因。古城座落寫著中文字的同鄉會館，中式廟宇和宮殿建築上以越文匾額題字，而不時遇見洋溢法式浪漫風格的建築，更有到達歐洲的錯覺，再加上山區少數民族的傳統色彩，呈現出越南豐富多變的面貌。

越南限定體驗

打開五感去體驗，越接地氣越好玩，學越南妹子穿奧黛展現窈窕身段、招呼人力三輪車逛古城、戴斗笠搭手搖船穿梭湄公河、搭竹籃船玩海上轉轉樂、逛水上市場、拜大廚為師煮一桌越南菜⋯寫下獨一無二的旅遊日誌，以越南人的姿態直擊在地文化。

保存完好的王朝風華

越南不斷更迭的王朝，發展出各自的藝術風格。已消失的占婆帝國，留下美山聖地大規模的印度教建築，而河內昇龍皇城出土的大量遺跡、承襲中國紫禁城格局的順化京城，以及雕梁畫棟的阮朝皇陵，其展現出獨特的藝術造詣，皆令世人驚豔。

必嚐道地美食

越南美食善用當地野菜，運用各種煎、烤、煮、炸的料理手法，品嘗還會附上特製醬料，口味清爽細膩，從北到南的路邊攤，都可以嘗到不同風味的代表小吃。若想要嘗試道地法式料理、順化宮廷料理，也有講究的餐廳可選，再不過癮，到沙壩少數民族家中與他們一起用餐，也是一種難得體驗。

奢華度假村揮霍時光

越南沿海綿延無盡沙灘，吸引國際連鎖五星級度假村進駐，不妨學歐美人士享受慢活假期，以擁有私人沙灘的度假村為目的地，一連住上數天，海灘戲水、曬太陽、看看書、大啖主廚特製料理，落實無所事事的藝術！

世界絕景動靜皆宜

馳名的下龍灣美景，有海上桂林的美譽，同樣位在北越的寧平，擁有一路上石灰岩奇峰林立的三谷，又是另一種絕景，這兩者都是乘著船，輕鬆即可抵達的世界級美景；若想感受冒險刺激的旅程，不妨參加沙壩山區18公里健行，或是到洞海造訪需垂吊、游泳才能抵達的黑洞，將能見識到不經修飾的奇景。

旅行計畫
Plan Your Trip

Top Highlights of Vietnam
越南之最

文●李曉萍‧墨刻編輯部　攝影●墨刻攝影組

下龍灣

沉醉下龍灣
Sway in the wave of Vịnh Hạ Long

　　電影《印度支那》中，分別來自法、越的薄緣情人，乘船於大海中浮沈時，在霧色中出現的場景，就是下龍灣的絕美景致。在《007明日帝國》裡，滿布奇岩怪石的下龍灣又成了隱形艦艇基地。這樣的景色非筆墨所能形容，只能貼近她，細細欣賞、品味這分美麗。搭乘復古船的2~3天行程，不僅讓人想像起海上絲路千帆往返的景色，而在下龍灣輕柔的海浪聲中入睡，彷彿回到幼時搖籃的記憶。這時，不論是藍天下、薄暮中、月色裡、清晨日出時，甚至是綿綿細雨中，丰姿萬千的下龍灣，都已盡收眼底。（P.92）

最佳歷史遺跡
The Best Historic Sites

昇龍皇城 / 河內
Hoàng thành Thăng Long /
Hà Nội
(P.77)

會安古城 / 會安
Old Town / Hội An
(P.154)

氣氛滿點的會安古鎮
Atmospheric Hội An

　　位於秋盤河北面如畫般的會安古鎮，是16~18世紀時東南亞最重要的國際港之一。老街上保留了大量平房建築，蜿蜒小道旁的黑瓦木造老宅，形成會安最吸引人的景致。而當年繁榮的海上貿易，也在會安留下了許多2層樓的歐式洋房，集中在秋盤河畔。此外，每個月的農曆14日，老城區街道全熄燈，掛上一盞盞燈籠，昏黃的燈色映著老式宅邸，讓會安小鎮宛如電影裡的古鎮。小小的許願燈沿著河水流放，河上的復古大船上演著歌舞，廟會前也有小朋友的表演和「打陶器」的遊戲，這些都讓古鎮更顯迷人。（P.152）

會安

順化京城 / 順化	美山聖地 / 美山	華閭古都 / 寧平
Kinh Thành Huế / Huế	Historical Remains of Mỹ Sơn /	Cố đô Hoa Lư/ Ninh Bình
(P.119)	Mỹ Sơn	(P.90)
	(P.166)	

國家公園尋奇
Incredible Caves

　　位在越南中部的峰牙－己榜國家公園，境內擁有300多個地形獨特的洞穴，經過長期探勘，這些洞穴已陸續向大眾開放，有些旅客可自行前往，也有導遊帶領進入的多天數行程推出。知名的洞穴包括有如地下奇幻世界的天堂洞、可搭船及步行進入的峰牙洞、世界最大的韓松洞以及需游泳才能抵達的黑洞等等，而為保持原始景觀，有些路徑甚至沒有架設燈光，能夠體驗全然漆黑的原始景觀，在黑洞中還可以一邊享受泥巴浴哦！國家公園也注重生態環境的維護，一路上可盡情欣賞沿途的動、植物生態。（P.111）

洞海

最佳自然景觀
The Best Natural Sight

三谷 / 寧平
Tam Cốc / Ninh Bình (P.90)

下龍灣 / 下龍灣
Vịnh Hạ Long / Vịnh Hạ Long (P.92)

沙壩

山區部落健行
Sapa Trekking

　　越南境內少數民族多居住於高山區，其中又以北越的老街省為最大宗，這些地區以苗族及傜族為主，和中國雲、滇地區的少數民族出自同源。位於老街省的沙壩，是法國殖民時期的避暑勝地，如歐洲風情的小鎮上滿是穿著傳統服裝的少數民族，鄰近山區更有各種少數民族村落遍布。走一段山區部落健行，能欣賞到他們的傳統屋舍以及獨特的生活方式外，沿途時而可見連綿不絕的梯田景觀，時而是瀑布、竹林，這些難得一見的原始文化及自然風光，都讓人感覺猶如來到傳說中的桃花源。（P.102）

峰牙洞 / 洞海
Động Phong Nha / Đồng Hới
(P.111)

疊山島 / 芽莊
Đảo Điệp Sơn / Nha Trang
(P.223)

白沙丘 / 美奈
Bàu Trắng / Mũi Né
(P.214)

芹苴

水上市場
Floating Market

　　湄公河河水每年固定泛濫，讓當地盛產稻米，成為越南重要的米倉，並且，也孕育出獨特的生活方式──水上市場。清晨，大大小小的船隻聚集水上市場，居民們在這裡交易，結束後，船家就住在船上生活。

　　當地有以批發為主的丐冷水上市場，也有小型的防甸水上市場，每天繁忙熱絡的交易，準時在這裡登場。船家們將蔬果掛在竹竿上，就變成了店家的招牌，而堆滿蔬果的船隻，上面還晾曬著全家人的衣物；一切從簡的生活，成為湄公河三角洲最迷人的風情。（P.207）

最佳博物館
The Best Museum

越南國立歷史博物館 / 河內
Bảo Tàng Lịch Sử Việt Nam /
Hà Nội

(P.72)

胡志明博物館 / 河內
Bảo Tàng Hồ Chí Minh /
Hà Nội

(P.188)

阮氏王朝遺蹟
Monuments of Huế

　　順化作為越南最後王朝的所在地，在都市規劃上模仿中國的北京城，展現了一種首善之都的雍容大度與自在。坐落其中的雄偉京城，從午門為入口，午門上的五鳳閣是很具代表性的建築，而鋪著金黃琉璃瓦的太和殿代表王朝運作中心。此外，順化近郊也有多座風格各異的阮氏皇陵，其中融合歐亞元素的啟定皇陵雖然規模不大，卻十分精緻，極具藝術價值，啟成殿牆壁上點綴的玻璃和陶瓷鑲嵌，是越南鑲瓷藝術的登峰造極之作。(順化京城P.119、啟定皇陵P.132)

順化

戰爭遺跡博物館 / 胡志明市 Bảo Tàng Chứng Tích Chiến Tranh / Thành Phố Hồ Chí Minh (P.187)	越南歷史博物館 / 胡志明市 Bảo Tàng Lịch Sử Việt Nam / Thành Phố Hồ Chí Minh (P.189)	占婆雕刻博物館/ 峴港 Bảo Tàng Điêu Khắc Chăm Đà Nẵng / Đà Nẵng (P.142)

瑰麗的占婆文化遺址
The Cultural Site of Champa

　　占婆帝國的遺蹟遍布越南的中、南部，其中又以美山聖地的遺址規模最大，這裡是帝國數百年的宗教中心，建築年代也跨越數百年。最早崇奉印度婆羅門教，以象徵濕婆(Shiva)的林迦為最重要物品，雕刻也以印度3大神祇的故事為主，加上神獸如鳥神迦羅樓(Garuda)、蛇神那迦(Naga)等為裝飾。不過其藝術表現迥異於鄰近的吳哥帝國，最主要的不同在於因為海上貿易興盛，占婆與爪哇文化有較多的接觸，藝術深受影響；另一特色在於許多占婆雕像都展現了女性生理特色，反映其深厚的母系社會傳統。（P.166）

美山
聖地

最美海灘
The Most Beautiful Beach

白沙灘 / 富國島
Bãi tắm Sao / Phú Quốc
(P.232)

芽莊海灘 / 芽莊
Bãi Biển Nha Trang / Nha Trang
(P.218)

芽莊、會安
富國島

享受海灘假期
Enjoy Vacation on the Beach

　　越南沿海綿延著未經污染的海灘，近年來吸引了許多五星級度假中心進駐，尤其是峴港到美奈一帶，以芽莊附近為最密集，這股熱帶南洋休閒風，已成為旅遊越南最發燒的選項，西南部海域的富國島更是後起之秀，尚未過度開發的自然環境吸引旅人專程前往。閃閃發亮的純白海灘、慵懶的搖床、原木打造的Villa別墅、綠意扶疏的熱帶花園、令人吮指難忘的越式海鮮美食，加上都會女性最愛的Spa療程，相信會為你的越南之旅，留下更多難忘的回憶。（會安古岱海灘P.161、芽莊海灘P.218、富國島P.232）

古岱海灘 / 會安 Cửa Đại / Hội An (P.161)	朗挪海灘 / 峴港 Bãi biển Non Nước / Đà Nẵng (P.143)	疊山島 / 芽莊 Đảo Điệp Sơn / Nha Trang (P.223)

DMZ非軍事區巡禮
Visit Demilitarized Zone

日內瓦會議將越南分為南、北越，中間隔了DMZ非軍事區，在非軍事區週遭遍布越戰的遺跡，訴說著慘烈的過往，包括戰時美軍的重要據點、胡志明小徑、溪生基地遺址以及象徵南北越分裂的賢良橋等等，此外，當地居民為躲避炸彈攻擊，還躲到榮莫克隧道裡生活，一間間的隔間，有守衛室、會議室、武器室、浴室及醫護室等，保存完好的遺跡，彷如將人們帶到爭戰的現場。(P.134)

順化

漫步河內36條古街
Stroll in the 36 Old Streets of Hà Nội

河內的36條古街區，可說是當地風味獨具的旅遊地點。每條街在當年，只允許經營一種行業：絲綢街、銀樓街、稻米街、筆街、樂器街、木桶街、草藥街、冥紙街等，轉個街就是截然不同的景象；這在只有高樓與車流的現代城市裡，已是瀕臨絕種的景觀了。雖然現在已不全然每條街只經營單一行業，但許多仍沿襲傳統：窄小的店面，賣著這條街獨有的產品，沿街叫賣的小販，更把這裡點綴得如古早時期的小鎮。（P.64）

河內

最佳宗教景點
The Best Religious Attractions

美山聖地 / 美山
Historical Remains of Mỹ Sơn / Mỹ Sơn
(P.166)

波那嘉塔 / 芽莊
Tháp Po Nagar / Nha Trang
(P.221)

世界最長跨海纜車
Hon Thom Cable Car

總是羨慕手持空拍機的人，能夠用上帝的視角俯瞰海岸線，富國島上這座由「太陽集團」建造的跨海纜車能夠讓你親自滑翔天際，飛過島上自然純淨不受污染的森林和海洋。纜車連接富國島最南端的安泰鎮（An Thoi）和香島（Hon Thom），全長7899.9公尺，至今仍是金氏世界紀錄中的「全球最長跨海纜車」。纜車最高爬升至160公尺，一路飛越碧藍海灣、蔥鬱起伏的丘陵、純樸可愛的小漁村，以及散佈海面上的數百艘漁船。車廂為四面大片透明景觀窗設計，能將360度的美景盡收眼底。（P.234）

富國島

河內大教堂 / 河內	高台教寺院 / 西寧	占婆雕刻博物館 / 峴港
Nhà Thờ Lớn Hà Nội/ Hà Nội	Đại Đạo Tam Kỳ Phổ Độ /	Bảo Tàng Điêu Khắc Chăm Đà
(P.68)	Tây Ninh	Nẵng / Đà Nẵng
	(P.203)	(P.142)

Top Itineraries of Vietnam
越南精選行程

文●李曉萍・墨刻編輯部

北越7天

●行程特色

　這個行程以北越為主，先用兩天的時間遊遍河內重要景點，接著參加下龍灣及寧平各一天的旅遊行程，最後造訪以少數民族居多的山城沙壩。第5天可以從河內搭乘巴士直達沙壩，或是搭火車到達老街再轉車到沙壩，到沙壩記得參加一天的山區健行，才能深入領略村落及梯田美景，第7天一早從沙壩搭巴士直接回到河內。

●行程內容

Day 1~2：河內(Hà Nội)

Day 3：下龍灣(Vịnh Hạ Long)

Day 4：寧平(Ninh Bình)

Day 5~6：沙壩（Sa Pa）

Day 7：沙壩（Sa Pa）→河內(Hà Nội)

中越8天

●行程特色

　越南中部匯集現代化、歷史人文、以及喀斯特地質景觀，這幾年逐漸成為越南旅遊熱區。飛機抵達峴港後，先造訪被譽為「世界最美七大海灘」之一的美溪海灘，第二天搭巴士前往會安，感受古城日夜風情。第3天一早趁著還不太熱前往美山聖地半日遊，下午返回會安悠閒漫遊或體驗竹篷船。第4天搭巴士至順化參觀皇城及皇陵，第6天前往洞海，開啟峰牙-己榜國家公園的洞窟之旅，若旅遊天數不足，也可參加順化出發的一日遊程。洞海返回峴港約需6小時，建議搭乘第7天傍晚的巴士，最後一天若是搭晚班飛機，還有機會安排五行山或巴拿山的小旅行。

●行程內容

Day 1：峴港(Đà Nẵng)

Day 2：會安(Hội An)

Day 3：會安(Hội An)→美山聖地(Mỹ Sơn)

Day 4~5：順化(Huế)

Day 6：洞海(Đồng Hới)

Day 7：洞海(Đồng Hới)→峴港(Đà Nẵng)

Day 8：峴港(Đà Nẵng)

南越10天

●行程特色

行程以旅遊南越為主，第1天先造訪胡志明市重要景點，第2天下午搭巴士前往芹苴。第3天一早搭船前進水上市場，結束後下午還有時間可參觀當地重要景點，並安排晚餐時間體驗芹苴有名的美食之旅(Food Tour)，由導遊帶領吃遍在地小吃。第4天上午由芹苴回胡志明市，下午搭巴士前往小漁村美奈，接著到大勒感受法式山城的悠閒，在芽莊享受濱海度假勝地，第9天可搭乘夜車或節省時間搭國內線飛機返回胡志明市。

●行程內容

Day 1：胡志明市(Thành Phố Hồ Chí Minh)

Day 2~3：芹苴(Cần Thơ)

Day 4：芹苴(Cần Thơ)→胡志明市(Thành Phố Hồ Chí Minh)

Day 5：美奈(Mũi Né)

Day 6~7：大勒(Đà Lạt)

Day 8：芽莊(Nha Trang)

Day 9：芽莊(Nha Trang)→胡志明市(Thành Phố Hồ Chí Minh)

Day 10：胡志明市(Thành Phố Hồ Chí Minh)

越南世界遺產12天

●行程特色

這個行程跨越北、中、南越，以世界遺產為主，河內有昇龍皇城的世界文化遺產，隔天再參加下龍灣一日旅行團，結束後從河內搭夜班火車前往洞海，抵達洞海已是早上，可住宿洞海市區或是靠近世界自然遺產峰牙－己榜國家公園的民宿，遇旺季最好提早預訂。若是住宿洞海市區，當天可開始走訪市區景點，如古蹟、沙丘及海灘，隔天參加峰牙洞及天堂洞旅遊行程。洞海當地有共乘廂型車可載遊客前往順化旅館入住，接下來兩天的時間參觀順化京城及主要皇陵，晚上別忘了品嘗順化代表美食。最後幾天造訪會安古城以及胡志明市。

●行程內容

Day 1~2：河內(Hà Nội)

Day 3：下龍灣(Vịnh Hạ Long)

Day 4~5：洞海(Đồng Hới)

Day 6~7：順化(Huế)

Day 8~9：會安(Hội An)

Day 10~12：胡志明市(Thành Phố Hồ Chí Minh)

When to go
最佳旅行時刻

越南全年都是適合旅遊的時節，不過在農曆春節時，當地不少商店休息關門，行程可能會受到影響。夏季到當地若行程需長時間在陽光下進行，要注意防曬，而山區城市如沙壩，則日夜溫差非常大，白天可能因健行曬傷，入夜後又需要加件薄外套。

越南旅遊季節

越南氣候高溫又潮溼，平均氣溫為21~27度，屬於熱帶季風氣候。由於狹長的國土，氣候南、北越不同，在北方四季分明，可感受到春、夏、秋、冬，天氣受季風影響，11~3月時，天氣寒冷乾燥，至於12月及1月時，在一些山區如沙壩及老街省，將有下雪的可能。

南部的年均溫為26度，氣候分為乾季及雨季，乾季在11~4月，最熱的時候是雨季前的4~5月，溼度也非常高，雨量最多的時候大約是6~9月，不過每年雨季來臨的時間不一定。所幸越南即使是雨季，也不至於會下一整天，一陣大雨過後恢復晴朗又可以出門走走。

中部的城市如洞海、順化、峴港等，雨季自9月一直到隔年1、2月，乾季則自3月到8、9月。若在雨季造訪峰牙－己榜國家公園的峰牙洞，有可能因為河水高漲而無法乘船進入洞窟，這時只能走路進入。

越南旅行日曆

月份	內容
1月	・元旦新年 ・每兩年舉行一次的大勒花卉節「Dalat Flower Festival」，自12月即開始跨到隔年1月
2月	・2/3共產黨成立週年紀念日 ・農曆1/1越南也會舉行中國的春節慶典
3月	胡志明市舉行人力車挑戰賽「Saigon Cyclo Challenge」
4月	・4/30南越解放日 ・順化舉行大型文化慶典「Hue Festival」，有音樂、舞蹈等藝術展演 ・峴港國際煙火節「Danang International Fireworks Festival」
5月	・5/1國際勞動節 ・5/19胡志明誕辰紀念日 ・佛祖紀念日
6月	每兩年舉行一次芽莊海洋慶典「Nha Trang Sea Festival」登場(日期不一定)
8月	中元節又稱盂蘭節，是越南重要的傳統節慶
9月	9/2國慶日
10月	農曆8/15是中秋節，同時也是兒童節
12月	12/25耶誕節雖不是當地傳統節日，不過在胡志明市及河內等地的教堂，都會有宗教活動進行

Transportation in Vietnam
越南交通攻略

越南國土狹長，北、中、南越城市風情各有特色，造訪不同城市除了參加當地旅行社的團外，較長距離的城市有便捷的飛機、火車及長途巴士可選擇。這些全然不同的搭乘體驗，也將在行程留下難忘回憶。

飛機

到越南旅遊若行程較趕，又想跨到北、中、南越的大城，那就必需搭配內陸段飛機。越南航空是越南國家籍航空公司，目前是天合聯盟的成員之一，在越南大小城市都有航班飛行，此外，越捷航空和越竹航空亦提供國內航線服務。

以河內到胡志明市為例，每日班次頻繁，航程只需約2小時，河內到位於中越的順化只要1小時15分，因此安排行程時，可考量各點間的交通距離，來選適合的交通工具。

旅行越南之際，也可運用越航連結中南半島的旅遊大城，例如吳哥窟、金邊、永珍、曼谷、仰光、吉隆坡等。越南航空購票有兩種方式，可直接至越航官網或向代理旅行社購買。越航經濟艙托運行李限重23公斤，手提行李限一件10公斤。

越南航空
📞台北訂位組(02)2567-8286、河內當地票務及訂位

問題(24)1900-1100、胡志明市當地票務及訂位問題（07）1900-1100
🌐 www.vietnamairlines.com

越竹航空
🌐 www.bambooairways.com

越捷航空
🌐www.vietjetair.com

越南當地熱門航點

地點	出發地點	航程/每日班次
順化(HUI)	胡志明市	約1小時30分/ 4~5
	河內	約1小時15分/ 2
峴港(DAD)	胡志明市	約1小時20分/ 10
	河內	約1小時30分/ 10
芽莊(CXR)	胡志明市	約1小時15分/ 5~6
	河內	約2小時/ 5
大勒(DLI)	胡志明市	約55分/ 6~7
	河內	約2小時/ 2~3
富國島(PQC)	胡志明市	約1小時/ 10
	河內	約2小時15分/ 3~4

火車

越南火車有固定班次，車上也有服務人員，極具歷史的設備，再加上若預訂的是有冷氣的舒適軟臥車廂，搭乘一段過夜的越南火車，將是節省時間又能感受在地生活的方式。

縱貫越南的「統一鐵路」，自河內至胡志明市，全長1,726公里，連接順化、峴港、芽莊等重要的景點，每天發車4~10班次，班次多寡依淡旺季調整。除了「統一鐵路」，另有3條以河內為起點的鐵路線，分別到海防、老街、太原和同登，由同登及老街可轉乘開往中國邊境的火車。

購票

搭乘火車和購票時，胡志明市的標示仍使用西貢舊名，火車票最好提前預訂，以免向隅，尤其旺季時愈早購買愈好。

越南國鐵有英文介面可查詢班次時間及預約座位，但必須使用越南銀行的信用卡購票，所以觀光客通常不會使用網路購票，但若已抵達越南，可在官網訂票，取得訂單號碼和付款代號後，前往火車站取票。

河內和胡志明市站由於外國觀光客眾多，用英語購票、詢問站務員都不成問題。除了自行前往車站購買，若沒有時間親自預購火車票，也可委託當地旅行社或下榻的飯店代購，價格雖然比自行購買較高，但方便許多。火車票價會隨季節而略有波動，此外也與預訂列車等級有關。

座位種類

列車種類有很多種，由河內往南出發的火車班次都是奇數；而往北的火車則為偶數。速度愈快的火車價格也較愈高，速度較快的車種如SE1及SE2，TN則是比較慢的列車。

火車車廂種類分為硬座、軟座、和硬鋪、軟鋪，硬鋪又分上、中、下臥鋪，6個人一間；軟鋪只有上、下鋪之分，4人一間，也因此軟鋪的票價較貴，下鋪又比上鋪貴，但人數少在夜晚睡眠時比較不易受干擾，也相對安全。

訂睡鋪的旅客行李可以放在各床靠車廂的置物空間，但是空間不大，若是大型的行李箱得放到下鋪旁的地面，建議貴重物品要隨身攜帶。火車上有洗手間，過夜旅客可在車上簡單洗漱，並有供應熱水。車廂也有工作人員會推車販售零食及泡麵等。

火車上雖有廣播，為免下錯站，最好還是謹記自己到站時間。

越南火車時刻查詢

🚗dsvn.vn 或是 vr.com.vn/en

越南主要火車站路線圖

老街 Lao Cai
太原 Thái Nguyên
同登 Đồng Đăng
安沛 Yên Bái
夾 Kép
河內 Hà Nội (Hanoi)
下龍 Hạ Long
海防 Hải Phòng
南定 Nam Định
Thanh Hoá
榮市 Vinh
洞海 Đồng Hới
東河 Đông Hà
順化 Huế
峴港 Đà Nẵng
廣義 Quảng Ngãi
歸仁 Quy Nhơn
迪吽 Diễn Trị
芽莊 Nha Trang
塔占 Tháp Chàm
平順 Bình Thuận
潘切 Phan Thiết
胡志明市 Thành Phố Hồ Chí Minh (Sài Gòn)

火車時刻

◎往南主要城市火車時刻表

站名	距離 (公里)	列車SE7	列車SE5	列車SE9	列車SE3	列車SE19	列車SE
河內Hà Nội	0	06:00	08:50	14:25	19:25	20:00	22:20
寧平Ninh Bình	115	08:17	11:07	16:59	21:42	22:12	-
清化Thanh Hoá	175	09:26	12:24	18:13	22:53	23:24	01:29(第二天)
榮市Vinh	319	11:59	14:58	20:46	01:24(第二天)	02:11(第二天)	03:50(第二天)
洞海Đồng Hới	522	16:23	19:30	01:35(第二天)	05:30 (第二天)	06:26(第二天)	07:57(第二天)
東河Đông Hà	622	18:40	21:12	03:27(第二天)	07:13 (第二天)	08:21(第二天)	09:37(第二天)
順化Huế	688	19:56	22:30	04:56(第二天)	08:32 (第二天)	09:40(第二天)	10:54(第二天)
峴港Đà Nẵng	791	22:42	01:16 (第二天)	08:02(第二天)	11:28 (第二天)	12:50(第二天)	13:42(第二天)
廣義Quảng Ngãi	928	01:16 (第二天)	03:48 (第二天)	11:18 (第二天)	14:26(第二天)	15:36(第二天)	16:03(第二天)
芽莊Nha Trang	1315	08:31 (第二天)	10:51 (第二天)	19:02(第二天)	21:14(第二天)	00:21(第二天)	22:28(第二天)
西貢(胡志明市) Sài Gòn	1726	16:30 (第二天)	18:55 (第二天)	03:25(第三天)	04:45(第三天)	10:36(第三天)	05:45(第三天)

註：1. 僅列出速度較快車次。2. 2022/12更新資訊，詳細發車時間以官網為主。

◎往北主要城市火車時刻表

站名	距離 (公里)	列車SE8	列車SE6	列車SE10	列車SE4	列車SE2
西貢(胡志明市)Sài Gòn	0	06:00	08:45	14:30	19:25	21:55
芽莊Nha Trang	411	13:28	16:06	23:13	03:02 (第二天)	04:55 (第二天)
廣義Quảng Ngãi	798	20:28	23:20	06:34 (第二天)	09:46 (第二天)	11:20 (第二天)
峴港Đà Nẵng	935	22:23	02:22 (第二天)	07:17 (第二天)	12:41 (第二天)	14:01 (第二天)
順化Huế	1038	02:09 (第二天)	05:00(第二天)	13:00 (第二天)	15:25 (第二天)	16:35 (第二天)
東河Đông Hà	1104	03:24 (第二天)	06:17 (第二天)	14:17 (第二天)	16:40 (第二天)	17:48 (第二天)
洞海Đồng Hới	1204	05:21 (第二天)	08:35 (第二天)	16:14 (第二天)	18:35 (第二天)	19:39 (第二天)
榮市Vinh	1407	09:45 (第二天)	12:50 (第二天)	21:43 (第二天)	22:44 (第二天)	23:41 (第二天)
清化Thanh Hoá	1551	12:27 (第二天)	15:41 (第二天)	00:48 (第三天)	01:26 (第三天)	02:18 (第二天)
寧平Ninh Bình	1611	13:37 (第二天)	16:56 (第二天)	-	-	03:20 (第三天)
河內Hà Nội	1726	15:58 (第二天)	19:12 (第二天)	04:15 (第三天)	04:48 (第三天)	05:30 (第三天)

註：1. 僅列出速度較快車次。2. 2022/12更新資訊，詳細發車時間以官網為主。

長途巴士

　　在越南搭乘巴士可抵達任何火車及飛機到不了的城市，在地的巴士比較是服務當地人為主，有時車上沒有冷氣，再加上資訊取得不易或是英文不通，不是很便利。

　　所幸越南有專門為觀光客推出的巴士，這些巴士行駛路線固定，車上也有服務人員，若是長程路線，車上有空調和可以完全平躺的睡鋪，上車需要脫鞋，有些分上下兩層，並提供毛毯、水和WIFI，不過WIFI常是連不上去的狀態。行駛的地點以觀光大城為主，大城市以外的區域，有些巴士公司還會派車到飯店接乘客到巴士總站集合，若將接駁的時間及車資算進去，有時會發現搭巴士比火車經濟實惠並且節省時間。長途巴士的預訂可直接跟旅行社購買或是透過下榻的旅館預訂，非常適合做為各城市長途移動時的交通方式。

保留行程彈性又省錢的Open Tour

　　針對想要更節省費用的旅客，也有旅行社推出「Open Tour」聯票，先決定起訖點以及中間可能停留的城市，一次買好各段聯票，車票期限內（通常是一個月），實際乘車時間可彈性調整，以The Shin Tourist為例，從胡志明市出發，經芽莊、會安、順化再到河內的聯票，票價為776,000越盾，旅客可自行決定各點停留的時間，基本上每個站點每天都會發車，準備離開前往下個城市的前一天，再與當地分公司預約下一段座位即可。

　　越南有多間公司經營Open Tour，常見的旅行社有The Shin Tourist、FUTA Bus、Hanh Café等。Open Tour的票價根據中途停留的城市數量而改變，若不確定會到哪些城市，也可以購買分段車票，不過價格較高。要注意的是，即使一開始就安排好所有行程日期，除了在起站確認每站行程外，於每站下車後第一件事，還要和當地的分公司再度確認，以確保訂位無虞。

　　各段的巴士會依長短途，搭配使用座鋪或是臥鋪巴士，下車地點通常是該旅行社的當地分店或是合作飯店。

The Shin Tourist
www.thesinhtourist.vn
FUTA Bus
futabus.vn

越南百科
Encyclopedia of Vietnam

World Heritage of Vietnam
越南世界遺產

文●墨刻編輯部　攝影●墨刻攝影組

目前越南共有8處地點列入世界遺產的保護，包括舉世聞名的下龍灣、有帝都氣勢的前朝皇城順化、溫婉的中古時期古鎮會安、雄霸一時的占婆帝國美山遺址、以喀斯特地形見長的峰牙－己榜國家公園、象徵李朝輝煌年代的河內昇龍皇城中心區域等。其中多處原本受戰爭嚴重破壞，幸好因為列名世界遺產得到聯合國資金的挹注，得以重建，並得到妥善的保護。

①下龍灣

Vịnh Hạ Long / Ha Long Bay

【登錄時間】1994、2000年
【遺產類型】自然遺產

　　下龍灣面積廣達1,553平方公里，包含約3,000個石灰岩島嶼。這些石灰岩地形是由中國東南的板塊延伸而出，經過億萬年溶蝕、堆積，加上海水入侵，形成壯麗非凡的景觀，也就是所謂的喀斯特地形。水面上島嶼星羅棋布，形狀千奇百怪，多半是無人島。許多島嶼內都有壯觀的溶洞景觀，溶洞裡的石鐘乳、石筍、石柱，構織出一幅幅怪誕絕奇的畫面。區內面積最大，並設有國家公園的卡巴島 (Đảo Cát Bà)，以及下龍灣東北側的拜子龍灣(Vinh Bái Tử Long)，也都在世界遺產名冊內。

越南世界遺產

中國 China
寮國 Laos
海南島 Hainan
河內昇龍皇城的中心區域❷　❶下龍灣
胡朝西都城❸　❹長安名勝群
峰牙－己榜國家公園❺
泰國 Thailand
❻順化遺址
❼會安古城
❽美山聖地
東埔寨 Cambodia

N

②河內昇龍皇城的中心區域

Hoàng Thành Thăng Long / Central Sector of the Imperial Citadel of Thang Long - Hanoi

【登錄時間】2010年
【遺產類型】文化遺產

　　河內舊名「昇龍」，據說因李太祖看見紅河上出現蛟龍而得名。西元1010年時，前朝權臣李公蘊(Lý Công Uẩn)利用內亂自立為王，他將李朝(Ly Dynasty)首都設在「昇龍」，並開始在此興建皇城，從此展開了它歷經3個世紀、身為國都的輝煌年代。昇龍皇城興建於一座年代回溯到西元7世紀的中國堡壘遺跡上，當時為了取得這片土地，特意將水從河內紅河三角洲排乾。該皇城是大越(Dai Viet)獨立的象徵，直到13世紀一直都是區域政治權力中心。皇城大部分的結構於19世紀時遭到摧毀，其建築遺跡和位於黃耀街(Hoang Dieu)18號的考古遺址，反映出東南亞、特別是紅河河谷下游受到來自北方中國和南方古占婆王國(Champa Kingdom)間交相影響所產生的獨特文化。

③胡朝西都城

Thành nhà Hồ / Citadel of the Hồ Dynasty

【登錄時間】2011年
【遺產類型】文化遺產

　　這座世界遺產座落於越南北中部的清化省(Thanh Hóa)，一處永樂縣(Vĩnh Lộc)中名為Tây Giai的行政區。名為西都城(Thành Tây Đô)的它，是一座根據風水原則規畫的要塞，14世紀時由定都於此的胡朝統治者興建，以厚重的石塊為建材，平均每塊石頭長2公尺、寬1公尺、高0.7公尺。西都城外觀呈現矩形，東西長約884公尺、南北長約870公尺，共擁有4道城門，其中以南門為正面，不過如今除城門外，大部分的建築都已毀壞。然而因為見證著14世紀末新儒家主義在越南的開花結果，以及遍及東亞的其他地區，使得這座要塞因呈現東南亞皇城的新風格，而對人類建築歷史具備階段性的重要價值，故列為世界遺產。

④ 長安名勝群

Quần thể danh thắng Tràng An / Trang An Landscape Complex

【登錄時間】2014年

【遺產類型】**自然、文化遺產**

　長安名勝群位於寧平省，靠近紅河三角洲，一座座陡峭的山谷林立，景致優美之外，並擁有特殊的喀斯特地貌。人們從裡面的洞穴中，發現早在3萬年前，就已有人類在此活動的遺跡，再加上地理位置重要，在10到11世紀的越南王朝都曾建都於此，名為「華閭」，也是越南著名的古都。因此，長安名勝群被列為自然、文化雙遺產，其範圍內的三谷與華閭古都，一直以來都是當地著名的觀光勝地，如今更是遊人如織。

⑤ 峰牙－己榜國家公園

Vườn Quốc Gia Phong Nha-Kẻ Bàng / Phong Nha-Ke Bang National Park

【登錄時間】2003、2015年

【遺產類型】**自然遺產**

　峰牙－己榜國家公園位在越南國土最窄之處(東西向長度僅42公里)，最西端與寮國接壤，總面積達75萬多平方公里，分別位在峰牙和己榜兩個地區。在這廣袤的地區，有著豐富的森林資源、各式洞穴和歷史遺跡，其中峰牙以喀斯特地形知名，而己榜以豐富的林相著稱。峰牙地區的複雜喀斯特地質系統，由4億年前的古生代演化至今，所發現的罕見地理景觀包括：地下伏流、梯形洞穴、懸洞、樹枝狀洞穴……等多種，已足夠讓科學家興奮不已，而全區共有300多個洞穴，總長度達70公里，目前陸續開放給大眾進入參觀，包括峰牙洞、天堂洞、黑洞以及韓松洞等等，每個洞窟都各具原始奇妙景觀。

⑥ 順化遺址

Quần thể di tích Cố đô Huế / Complex of Huế Monuments

【登錄時間】1993年

【遺產類型】**文化遺產**

　順化是越南最後的獨立王朝——阮氏王朝的首都，也是文化和宗教的重鎮。氣勢恢宏的順化京城興建於1805年，對稱的格局和形制與北京京城相似，但裝飾其間的鑲嵌藝術，又表現了越南的文化特色。流貫市區的香江，連接了京城與郊區的佛學重鎮——天姥寺，以及沿岸的阮氏王朝歷代皇帝之陵墓，皇陵多半是皇帝生前為自己所興建，因而表現了皇帝本身的文化品味，其中以明命、嗣德和啟定皇陵最具代表性。上述這些京城建築、寺廟與皇陵，全在世界遺產的保護之列。

⑦ 會安古城

Phố Cổ Hội An / Hội An Ancient Town

【登錄時間】1999年

【遺產類型】**文化遺產**

　會安在15~19世紀時因繁榮的海上貿易而興起，來自中、日、法、荷、葡等國家的商旅集聚於此，多元文化反映在建築式上，展現土洋結合的風格。會安後來因水道淤積而沒落無息，古老的街道與帶著各種文化特色的建築，如時光暫留一般，完整地保留下來，直到1999年被列入世界文化遺產，世人的眼光才再度回到這個曾經風雲一時的海港。漫步在會安老街，民家、會館、寺廟、市場、碼頭等各種不同樣式的建築集中於會安古城，為中古時期象徵東方的城市提供一個最佳例證。

⑧ 美山聖地

Thánh Địa Mỹ Sơn / My Son Sanctuary

【登錄時間】1999年

【遺產類型】**文化遺產**

　美山聖地是曾經繁盛一時的占婆(Champa)帝國的宗教中心，這個曾在4~12世紀雄霸越南中部的帝國，留下許多令人驚異的大型宗教建築，其中又以美山聖地的規模最大，可惜歷經近代頻繁又無情的戰爭，以致遺蹟更形殘破。占婆帝國以海上貿易為主要經濟來源，驍勇善戰，最早以婆羅門教為國教，因此美山聖地裡的建築屬於印度式，崇奉的也都是印度神祇，10世紀左右宗教重心轉為佛教，因此也有少數佛教之遺蹟。占婆帝國的重心受北邊大越族的壓制而往南遷移，最後消失在芽莊和藩朗(Phan Rang)一帶，成為越南少數民族之一，徒留巨大遺蹟見證曾經的輝煌歷史。

History of Vietnam
越南簡史

文●墨刻編輯部

早期的越南歷史與文化，深受北方大國——中國的影響，也因此在越南古蹟上，總是看到熟悉的中文字。進入現代，又是一連串的強權殖民與戰爭，越南人為了爭取獨立，寫下了壯烈的篇章，也因此塑造出溫柔而剛毅的越南性格。

史前及青銅器時代

越南先民歷史帶有濃厚的神話色彩。越南的大越史記全書記述，炎帝神農氏三世孫帝明南巡五嶺時，娶仙女為妻，並生一子為涇陽王。涇陽王之子崇纘又與仙女結合，生下了100位兒子，其後在西元前2798年建立了越王國，後來崇纘之子雄王建立文郎國，成為越南最早的朝代。西元前500~200年間為青銅器時代，現今仍留有許多象徵財富和權勢的大型銅鼓；約同時期的越南中部沿海地區，屬於沙黃文化，貿易十分興盛，是占婆文化的前身。

中國統治時期

西元前111年，中國漢朝軍隊攻入越南，越南大敗，被收為漢朝領土的一部分，設立交趾、九真、日南3郡，開始了中國人直接統治越南局面，時間長達1,000年，於是越南人使用漢語，並將中國的政治組織、音樂、藝術、以及服飾帶入越南。

東漢末年(西元192年)，占族人殺死漢朝的日南郡象林縣令，獨立建國，以印度教為國教，占據原日南郡的大部分地區，也就是現在的越南中部。另一方面，越南抵抗中國的積極行動從未終止過，直到唐朝末年，越南吳權打敗中國，越南終獲獨立。

越南王朝

越南的政治局面並未隨著獨立而呈現穩定狀態，吳權死後，國家陷入混亂。980年黎桓建立前黎朝；1010年李公蘊建立李朝，並遷都昇龍(今河內)。1225年陳煚建立陳朝，陳朝接連3次擊退了蒙古大軍的侵略，陳興道被視為抗元的民族英雄。

1407年中國明朝成祖趁越南皇朝內亂之際，出兵越南，並在昇龍設立交趾布政司，越南再度受中國統治。1428年，黎利擊敗明朝軍隊，建立後黎朝，越南獨立，並且大力向南擴張，消滅占婆，將領土擴展到今廣南、廣義地區。

1527年，後黎朝南北分裂，北部由鄭氏家族控制，南部則由阮氏家族控制，直到1771年，西山王朝統一南北，長達200多年的分裂才終告結束。1802年，阮福映在法國支持下滅西山朝，建立阮氏王朝，曾接受中國清朝嘉慶帝的冊封為「越南國王」，而這也是越南最後一個王朝。

法國殖民時期

阮福映受到法國軍隊的大力協助，才得以滅西山朝，建立阮氏王朝，卻也種下了法國在越南擴張與殖民的根基。1859年起，法國以保護傳教士和天主教徒的名義，逐步占領湄公河三角洲及西貢，更進一步於1884年控制整個越南，1883年與越南的宗主國清朝爆發了清法戰爭，戰勝後的法國得以控制全越南，並為越南重新設計了一套文字系統，也就是現在所使用的拼音文字。在法國殖民時期，反抗運動從未間斷，1930年起革命家胡志明得到蘇聯的協助，組建越南共產黨(ICP)，並開始在北越領導對抗殖民運動，直到1945年日軍戰敗，胡志明發動8月革命，在河內宣告獨立建國，並迫使阮氏王朝的保大皇退位。

獨立建國

雖然胡志明宣布獨立建國，但法軍的勢力仍盤踞越南，1946年法越爆發戰爭，8年後法軍在奠邊府戰役中敗北，自此法國全面由越南撤軍。不過，由於世界局勢的影響，導致越南形成南北對峙的局面：北方是由胡志明領導的「越南民主共和國」，簡稱北越；南方則是吳廷琰為總統的「越南共和國」，簡稱南越。雙方分別有國際強權在撐腰，北越有中共與蘇聯的支持，南越則是美國的傀儡政府。1965年南北越爆發越南戰爭，由於支持南越的美軍傷亡慘重，迫使兩方進行和平談判，之後美軍自越南撤軍。1975年4月30日北越軍隊進入胡志明市，結束了南越政府，1976年7月2日南北越正式統一，成立越南社會主義共和國，定都河內。

Local Experience in Vietnam
越南限定體驗

文●李曉萍‧墨刻編輯部
攝影●墨刻攝影組

認識一個國家最好的方式，自然是走進當地人的生活中，透過各種接地氣活動，打開五感體驗越南，寫下獨一無二的旅行日誌。

動手做越南料理

體驗地點：胡志明市、河內、會安、順化

說起越南菜，想到的是河粉還是春捲？如果你的認知只停留在這裡，那麼參加廚藝課程絕對認識越南風味最快入門的方式。

常見的廚藝課程會從拜訪市場展開，和大廚碰面後朝附近的市場邁進。一行人像劉姥姥逛大觀園，跟著大廚辨識香草外觀、名稱與用途：紫蘇、細香蔥、檸檬葉、香蕉葉、薑黃……等，透過觸碰與嗅聞，了解它們在料理中扮演的角色。

返回廚房後，重頭戲才正要展開。每人或兩人一組分配到一份食材、佐料及廚具，大廚先俐落的示範調理步驟，並不時傳授些實用小技巧，例如切好的香蕉花淋上一點檸檬汁，才能保鮮不至於黃掉；捲春捲的米紙既薄且乾，使用前最好先用濕毛巾擦拭一番…實際動手烹飪時，大廚和助教也會穿梭全場，隨時協助並親授烹調進度。最吸引人的時刻，當然是一同品嚐親手料理的成果，在歡樂中結束課程。

廚藝課大多為2~4小時，有的只從事料理教學，有的包括上菜市場採購，最特別的是會安，廚藝課還可包含體驗竹簍船和釣螃蟹，遊客可依循個人需求和預算取決。可洽詢大城市的五星級飯店，或在Klook、KKday等旅遊平台上購買行程。

欣賞水上木偶劇

體驗地點：河內

發源於農村的水上木偶劇，是平民智慧的充分展現。農暇時的農田和水塘，變成為表演用舞台，利用水的遮掩和浮力操控木偶，使演出完全看不出人為控制的痕跡。色彩鮮豔的木偶，動作十分靈活，偶然還會出現的雜耍特技團才看得到的動作，充滿趣味的表演，讓不懂越文的遊客，一樣看得樂不可支。

既然舞台是水塘，演出的內容當然和水脫不了干係：忙著插秧的農夫、在牛背上吹笛的小牧童、用竹簍子捉魚的老夫婦、甚至是李太祖還劍的故事，農村生活百態一覽無疑。而金龍噴火、仙女團舞等聲光效果特佳的橋段，更讓人驚呼連連，隨著時代的發展，木偶劇的劇本也增添了現代元素。

搭人力三輪車逛老街

體驗地點：河內、順化、會安、胡志明市

走在河內或會安街頭，不時見到人力三輪車徐徐穿梭巷弄間，乘客一派優雅閒散，令人好生羨慕。人力三輪車是越南的特色交通工具，法國殖民時期才出現在越南街頭，二次大戰後逐漸成為主流，然而，90年代摩托車開始流行，快速取代人力三輪車的地位，而今已幾乎退出交通市場，只留下觀光用途，描繪一段復古印象。

有別於東南亞其他國家，越南的人力三輪車設計是乘客在前、司機在後，乘客視角無阻礙，能靜靜欣賞緩慢流動的市景。安坐略微後傾的軟椅上，穿越「印度支那」風格的奶油色洋房、或是掛滿燈籠的紅瓦老屋，搭乘人力車遊賞這些建築，應該是最對味兒的旅遊方式了！需注意的是，乘車前務必先議價，一小時大約150,000越盾，已足夠逛遍河內或會安的老城區。

水上咖啡杯轉轉樂

體驗地點：會安、美奈

會安秋盤河和美奈漁村的海灣常見這種圓形小船，船身以竹片編織而成，稱為「簸箕船」（竹籃船），戴斗笠的漁民使用單槳划船，就像坐在大臉盆裡，模樣有趣。簸箕船可乘載2至4人，吃水不深，適合近海淺沙岸或平靜的河流。

原本只是捕魚和補給的交通工具，會安觀光興起後，發展出讓遊客體驗的新玩法，由漁民或當地婦女划船，帶旅客賞遊秋盤河和釣螃蟹，有些遊程還會與廚藝課程結合。坐在竹籃船中，漂浮於河面上享受清風吹拂，正感覺愜意時，船夫忽然起身，利用重心移動搖晃竹籃船，船身越晃越高，有種搭海盜船的刺激感，接著У怕我們太安逸似的，忽然開始高速轉圈，濺起一片水花和驚叫聲。至於美奈的簸箕船主要還是捕魚用途，沒這麼多花招，若有興趣嘗試，可直接找岸邊漁民議價。

變身奧黛美人

體驗地點：會安、胡志明市

身著合身長衫的婀娜女子是越南街上最美風景，她們身形窈窕的秘密來自被稱為越南國服的「奧黛(Ao Dai)」。奧黛是包含上衣和褲子的套裝，通常使用絲綢類質料輕薄的布料做剪裁，上衣長及腳踝，在胸部及腰部收窄，並在腰間以下開岔；褲子是闊腳長褲，穿起來和中國的旗袍有幾分相似。

這種服飾原本流行在皇室貴族之間，因為端莊的形象符合上層社會對女性的期待，越南共產黨執政後將奧黛視為資本主義的不良影響，因此禁止人民穿著。直到1990年代越南改革開放後奧黛開始被不分階層、年齡、職業的婦女所接納，至今已成為越南女性在節慶或日常生活中十分喜愛的穿著。

會安和胡志明市有不少業者提供奧黛租借服務，可在旅遊平台上事先預約，於指定時間抵達，店內有花樣、材質、顏色各異的多種款式，試穿到滿意再離開，講究一點，還能現場買一雙手工涼鞋搭配。換上奧黛走逛會安老街或胡志明市的殖民風建築，拍下極具越南風情的打卡美照，絕對是IG上的流量密技！

騎機美食小旅行

體驗地點：胡志明市

來到摩托車王國越南，許多旅人都想嘗試騎機車走逛城市，卻又擔心不熟悉交通狀況。這幾年胡志明市吹起一陣機車嚮導風潮，由當地人帶路探訪私房景點、品嚐導覽人員的口袋美食。機車騎士也是你的私人導遊，他們會幫你準備好安全帽，騎機車到約定的旅館門口接送，機車嚮導大多是打工的大學生或社會新鮮人，英文大致上溝通無礙，所以就像結交在地朋友，一路上多聊天，能深入了解胡志明市的生活、越南的文化習俗。

機車美食之旅的行程大約3.5~4小時，也有包含觀光景點的一日遊行程，有些主打穿奧黛的越南美眉騎士、有些主打經典的偉士牌機車、有著重夜市小吃、也有主攻酒吧行程，單人也能參加，可根據喜好選擇行程。可在Klook、KKday等旅遊平台上比較購買，或是入住當地旅館時洽詢櫃檯。

Best Taste in Vietnam
越南好味

文●李曉萍‧墨刻編輯部
攝影●墨刻攝影組

和印象中的南洋料理不同，越式美味不重辣、味清淡。常見的春捲、腸粉、蓮荷飯等，和中式料理很相似，其中最大的不同是大量使用魚露，這種以魚和鹽發酵而成的調味聖品，豐富了越式料理的口感。越南料理的另一項特色是大量使用蔬菜，通常是涼拌或包裹著米紙食用。同時，越南人也擅於利用香草調味，著名的酸蝦湯、順化烤牛肉，可都是加了越南特有的香草呢！因著地理環境，每個地區的料理也略有不同：北越重香料選擇，以精燉高湯的河粉為最有名，而河內的鱧魚鍋也是遠近馳名；中越的料理以順化的宮廷料理為一絕，菜色較精緻，同時會有多道小菜；南越則受華僑的影響較深，口味較偏甜。

沙拉 Món Gỏi

　　沙拉在越南食物中扮演非常重要的角色，只要在菜單上看到「Gỏi」就是涼拌菜。除了大家熟知的青木瓜沙拉外，還有以香蕉花、蓮藕莖、甚至牛肉等食材一同入菜的沙拉，醬汁大同小異，多半以魚露為底，加上糖、鹽、胡椒、檸檬汁和切碎的辣椒，至於碎花生、洋蔥、芝麻和香菜則是必備的裝飾配料，部分還會搭配蝦餅一同食用。

蓮藕莖沙拉 Gỏi Ngó Sen

牛肉沙拉 Gỏi Bò Bóp Thấu

香蕉花沙拉 Gỏi Gà Bắp Chuối

炭烤豬肉米線
Bún Chả

　　這是一道結合烤豬肉和米線的常見菜餚，口味各有不同，通常是炭烤豬肉、特製調料並附上一大盤蔬菜的組合，吃法如同沾麵。

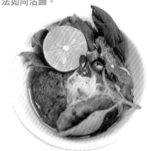

法國長棍三明治
Bánh Mì

　　法國殖民時期傳入的法棍麵包至今仍然很受歡迎。如今在越南改良成當地的口味，他們喜歡將法棍麵包塗上肝醬，夾火腿、番茄、黃瓜等配料進去，最後加上酸甜的泡菜畫龍點睛，清爽的口味和多層次的豐富口感讓人一口接著一口停不下來。

越南河粉 Phở

說到越南美食，大部分腦中立刻浮現的必定是河粉，這是道越南人怎麼也吃不膩的小吃。南北各地口味略有不同，但可簡單區分為牛肉和雞肉兩種，一般來說，南方人喜歡牛肉河粉，北方人則偏愛較為清淡的雞肉河粉，經常被當作早餐。在越南中、南部點河粉時，通常會附上滿滿一盤香菜，有九層塔、越南薄荷、豆芽菜和檸檬，吃的時候可加入想要的份量，再拌入魚露和生辣椒調味。

牛肉河粉 Phở Bò

可以選擇生牛肉或熟牛肉，另外還有順化牛肉河粉，除牛肉片外還有肉丸與辣油。

雞肉河粉 Phở Gà

炒河粉 Phở Chiên

一般的河粉都是有湯的，但是當然也有炒的河粉，而且也很常見。加上蛋、各種肉類和蔬菜一起炒，香氣十足，是便宜、簡單但不失美味的一個選擇。

春捲 Nem Rán

春捲也是越南常見的食物，各地特色不同之外，像是河內以豬肉為主且體積較大，胡志明多採用海鮮為料，大小約為河內的三分之二，至於會安則多以蟹肉為內餡，形狀則為三角形。除此之外，春捲的烹調方式也有新鮮(生)、油炸和蒸煮等方式。

越式炸春捲 Nem Rán

外型類似中式炸春捲，內餡包絞肉、木耳和切碎的冬粉，以米紙包裹油炸，通常會附上生菜葉，可包裹後再沾魚露一起食用。

鮮蝦生春捲 Gỏi Cuốn

以米紙當外皮，內部包著豬肉、蝦子、生菜、米粉等的配料，視覺瑩透、口感清爽，可沾著魚露一塊吃，是越南最經典的前菜。

豬肉蒸粉捲 Bánh Cuốn Thịt

越式料理的靈魂：魚露

越南料理中大量使用魚露，從餐廳到日常生活隨處可見，不論是拿來當春捲的沾醬，還是拿來拌沙拉，這種以魚和鹽發酵而成的調味聖品，豐富了越式料理的口感。製作方法是將魚去鱗片、清除內臟、清洗乾淨後加海鹽裝進木桶放置在陽光下曝曬，因為製作難度不高，許多越南人會直接在家製作。食用時可加檸檬、糖、辣椒、蒜、並用開水調鹹淡，富含蛋白質。

鴨仔蛋 Bột Vịt Lộn

已成形卻未孵出之鴨蛋煮熟製成，食用時先由蛋的底部氣室敲開一小洞，把汁吸乾，接著拌入金桔、辣椒和胡椒鹽調味，再用湯匙把小鴨挖出，搭配叻沙葉（rau ram）一起吃。越南的年輕女性很愛吃鴨仔蛋，認為營養滋補，但由於食用時胚胎和半成形的小鴨清晰可見，外國旅客多半無法接受，被形容為越南的暗黑料理。

米食 Cơm/ Bánh

越南是產米大國，也因此當地人食用大量米食，其中最常見的包括炒飯和蒸飯，或加入海鮮，或放入蓮子，要不放進椰子裡增香。除此之外，也有許多以米為原料製作成餅的變化型。

荷葉蓮子飯Cơm Sen

椰子飯 Cơm Dừa

東南亞飲食文化中，椰子是不可或缺的食材。以椰奶蒸煮米飯至軟爛，因為吸飽了椰奶的香氣，即使沒有配菜，直接吃也很過癮。

越南米煎餅Bánh Xèo

以黏米粉、薑黃粉和水調製米糊，煎炸至金黃酥脆，內包豆芽菜、豬肉片、蝦仁和生菜，可直接吃或用米紙捲起越式煎餅，搭配薄荷和紫蘇等香菜一起食用。

米糕Bánh Nậm

與浮萍粿使用類似配料，但包裹了芭蕉葉去蒸。

浮萍粿Bánh Bèo

起源於順化宮廷料理的菜色，將搗碎的米粒、蝦米、蔥花一起放入小碟中蒸熟，有點類似碗粿的美食。傳到民間演變成街邊小食，用米粉和木薯粉混合製成粿，再撒上蝦鬆、蔥油等。

肉類 Thịt

肉類也是越南料理中經常出現的主菜，雞、牛、豬、羊都出現於菜單之中，串燒、快炒、油炸和燉煮都是處理方式。比較特別且地區限定的是順化烤牛肉，將醃製後的碎牛肉以野芭蕉葉包成長條狀，直接以炭火燒烤。

檸檬葉烤雞肉串 Gà Nướng Lá Chanh

將去骨雞肉以魚露等調味料醃製後，包裹檸檬葉後燒烤，味道清新爽口。

順化香茅烤肉捲Nem Lụi

先將烤豬肉捲及蔬菜，用米紙包起來，再蘸著帶花生味的特製醬料一起吃。

越式燉牛肉 Bò kho

越式燉牛肉源自法式紅酒燉牛肉，圓盤中盛有燉牛肉、半熟蛋、豬肉丸及滿滿紅燒醬汁，搭配越式法國長棍一起享用更對味。

陶鍋雞Gà Kho Gừng

混合了雞肉塊和薑，一同放進陶鍋裡長時間燉煮，讓滋味更濃郁。

海鮮 Hải Sản

由於擁有綿長海岸線，再加上境內河流縱橫，越南各地不乏海鮮或河產，新鮮漁產加上清爽的調味，能將食材本身的鮮香發揮極致，無論簡單炭烤、燉煮或添加香料都十分美味，而各地也均有海鮮食材發展出的特色料理。

甘蔗蝦 Cháo tôm

把蝦仁搗碎和著蕃薯粉成泥狀，包裹於去皮甘蔗周圍，油炸成金黃色，食用時用春捲皮包裹剝下的蝦肉、紫蘇、生菜、九層塔、韭菜，並沾以蒜、辣椒、白蘿蔔絲、花生粉及醬油調成之醬料。

炸象耳魚

象耳魚又稱為皇帝魚。這是湄公河地區特有的料理，以整條魚去油炸到魚鱗呈捲曲狀，用春捲皮包裹挑起的魚肉、楊桃、紅蘿蔔、小黃瓜、香茅和芭豆，並沾蒜醬食用，但因加了檸檬，感覺酸酸甜甜的。

蟹肉蒸蛋 Trứng Hấp Càng Cua

以淡水小螃蟹碎肉搭配雞蛋做成蒸蛋。

陶鍋魚 Cá Kho Tộ

以魚露、辣椒、椰汁等長時間燉煮而成，大多使用淡水魚，口味辣中帶甜。

炸魚餅 Chả Cá

加了香料與魚肉泥煎成的魚餅，食用時沾著魚露吃非常可口，是一道街邊也常見的平民小吃。

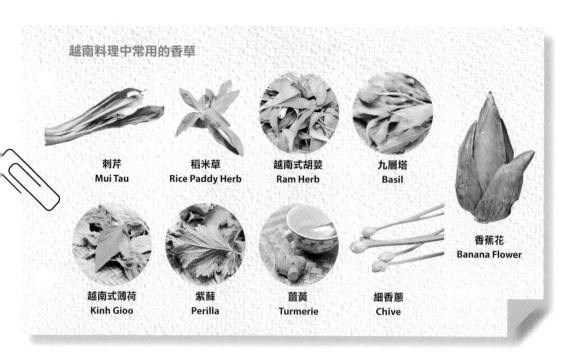

越南料理中常用的香草

刺芹
Mui Tau

稻米草
Rice Paddy Herb

越南式胡荽
Ram Herb

九層塔
Basil

香蕉花
Banana Flower

越南式薄荷
Kinh Gioo

紫蘇
Perilla

薑黃
Turmerie

細香蔥
Chive

Best Buy in Vietnam
越南好買

文●墨刻編輯部
攝影●墨刻攝影組

越南的手工藝品價美物廉，不論是混合法越特色的「印度支那」風格的木造家具、風格多樣的安南燒、繡工精美款式多樣的衣物提包、用色大膽對比強烈的漆器、利用水牛角製作而成的筷子與髮簪，在在吸引人掏腰包買下。近年來許多來自世界各地的設計師，運用越南的藝術圖案，以及手工精巧的工匠，設計出驚豔世界的作品。不論是世界級的精品，或是市場裡的平民貨，越南的雜貨及工藝品，總讓人愛不釋手！

家飾和雜貨

越南的家飾反映了一路以來的歷史，從最早的中國風，進而轉變到20世紀的法式殖民風，以及東西文化兼容並蓄後的「印度支那」風，可謂非常精采！

燈籠可說是一大特色，以多彩布料為燈罩的越南燈，散發出濃濃的獨特風味。充滿溫潤色調的木頭仿古家具，連法國人都迷戀不已。更不要說以手工縫製的繡花抱枕、椅墊、桌巾、鳥籠等雜貨，何不為你的家增添些許東風情調。

手袋和藤編包

越南人精細的手工技巧，再加上一些創意，一個個提袋或包包，就宛如新生般美麗動人。不管是街上的精品店或是市場內的小攤子，都是挖寶的好地方，以竹或藤編的提藍再搭配繡花、典雅的刺繡錢包、鑲上亮片的創意提袋及以少數民族織布為底的包包等，讓人不心動也難，恨不得全都帶回去。

訂製服裝

越南可說是另一個上海，是一個訂製天堂！一家家服飾專賣店比林而立，各色布料、多變款式一字排開，你可以選擇越南國服奧黛，無論是傳統或改良款式一應俱全，如果你想要新潮現代的設計，只需出示圖片或設計，一樣能為你「量身打造」。除了河內或胡志明市外，前往會安的人一定更能感受訂製的魅力，當地商家最常掛在口中的一句話：「你要什麼，我做給你！」除了衣服之外，訂製鞋店更是鱗次櫛比，往往離開時行李中多了好幾樣東西。如果沒有時間訂製衣鞋也沒關係，許多現成的衣物同樣令人愛不釋手，特別是許多歐洲和日本設計師進駐後，讓這些衣服充滿了更獨特的設計風格。

骨物

水牛骨或水牛角製品也是一項越南傳統的工藝技術，或許是以米立國之故，水牛成為越南不可缺少的動物，而越南人聰明地運用來設計出筷子、湯匙、飾品等一些生活用品，簡直是將水牛利用到最高點。

絲綢

越南的紡織業有上千年悠久歷史，出色的紡織技術流傳至今，通風、透氣是一大特色。此外各式各樣的花紋十分討人喜歡，有簡單有趣的圖案，也有繁複、製作耗時的圖案，每個城市的中央市場都有很多商家販售，記得貨比三家才能挑到喜歡又划算的絲綢。

漆器

越南在12世紀起便開始種植漆樹，由於漆能保護器物免於損壞，因此廣泛使用於家具、樂器、武器和食器等物品上，也因而發展出當地的漆器工藝藝術，甚至創造出越南特色的磨漆畫。

漆器的製作過程非常繁瑣，每一層漆不但要等上好幾天風乾，而且也不能有任何損壞或刮痕，更別說上方如果要雕飾圖案又得費上另一番工夫，也因此更顯矜貴，上越多層漆價值自然也更高。而今，西方設計師加入後，越南漆器品的顏色大膽、造型也多變，讓這項漆器藝術更為發揚光大！

陶瓷器

越南製作陶瓷的歷史至少有8百年，期間因為經常和中國與日本間有著貿易往來，因此在陶瓷的設計上也有一些淵源。

傳統的越南瓷器花紋以菊紅色、綠色或黃色的「紅安南燒」最為普遍，其花紋多為蜻蜓、菊蔓藤花、梅花、螃蟹及鳳凰等，這在全越南大大小小的工藝品店都可以看到。另外還有純藍色花紋的「安南藍紋」瓷器，花樣也是以蜻蜓、螃蟹、漢字為最多見。而青綠色的青瓷、黑色的黑瓷多受外國設計師的青睞，市場上也出現了日式禪風的設計。

Coffee in Vietnam

越南潮咖啡

越南自19世紀法國殖民時代開始生產咖啡，到如今已經成為僅次於巴西的咖啡生產大國。越南人也非常喜愛喝咖啡，從一早就可看到人們在路邊咖啡館喝起咖啡，而且喝的數量驚人，有人一天會喝到5杯，所幸當地咖啡價格實惠而且隨手可得。在越南，每個城市都可以找得到咖啡館，無論高檔或平價連鎖咖啡，現在當地也興起了不少走文青路線的風格咖啡館，而手沖咖啡也逐漸在新咖啡館中展露頭角，成為年輕人的新寵兒。

文●李曉萍・墨刻編輯部　攝影●墨刻攝影組

喝一杯香甜濃越式咖啡

　　法國人在殖民年代初期即把咖啡豆帶到越南，但一直到二十世紀末，咖啡產業才開始蓬勃，除了合宜的氣候與土壤條件之外，政府政策也大力配合，正巧世界咖啡價格高漲，吸引更多咖啡農擴張種植範圍。

　　越南咖啡產量最大宗為羅布斯塔咖啡豆（Robusta），因當地天氣濕熱，較適合這種品種的咖啡。相較於一般的西式咖啡多採用阿拉比卡（Arabica）咖啡豆，羅布斯塔的特色在於其咖啡因是前者的兩倍，帶有更濃厚的苦澀味道，而為了配合滴濾式咖啡壺的沖煮方式，咖啡豆的烘焙時間都較長，以提升咖啡的醇厚感。另一個特色是越南咖啡習慣加入煉乳飲用，過去是因為鮮奶難以取得與保存，以方便的煉乳取而代之，反而巧妙地以甜味融合苦澀和酸味，形成獨特的風味。

咖啡變奏曲

　　以濃郁苦澀的黑咖啡為基底，越南咖啡發展出許多變化，其中以蛋咖啡和椰奶咖啡最經典。

蛋咖啡ca phe trung

　　蛋咖啡當然不是在咖啡中打一顆生蛋，而是將蛋黃、保久乳和砂糖打發成綿密豐厚的奶泡，厚厚一層覆蓋於黑咖啡上。蛋咖啡的靈感也的確來自卡布奇諾，開創者是1940年代任職河內Metropole Hotel調酒師的Nguyen Van Giang，當時他常常煮卡布奇諾給西方旅客，希望本地人也能嚐到這種美味，但在物資短缺的年代，奶油和牛奶都昂貴且取得不易，所以改用平價的砂糖和雞蛋代替。細密香濃的奶泡融合咖啡的苦，對河內人來說，蛋咖啡是飲品也是甜點，上桌時通常會放在裝有熱水的小碗中保溫。

越南咖啡沖煮方式

　　沖煮越南咖啡時，熱水與咖啡粉的比率可請購買的店家建議，或依個人喜好加入。一般來說，越南咖啡非常濃郁，有的店家是20克粉，注入65C.C.的水，之後再加入冰塊及煉乳稀釋，就成為一杯道地的越式咖啡。

Step ❶

在底部玻璃杯倒入煉乳（約1/4杯）。

Step ❷

在濾杯中放入適量咖啡粉。

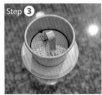

Step ❸

將蓋子放入壓住咖啡粉後開始注入熱水，可分兩次注水。第一注水約為20C.C.，並等待30秒後，再次注水45C.C.。

Step ❹

待咖啡滴濾完畢，再與底部的煉乳攪拌均勻，即可飲用。

Step ❺

欲喝冰牛奶咖啡（ca phe sua da），可準備一杯裝滿冰塊的杯子，將熱咖啡倒入就可以了。

椰奶咖啡
ca phe cot dua

　　這是相當具熱帶風情的飲品，作法是將濃郁黑咖啡淋在一大杯椰奶冰沙上，冰涼消暑，在唇齒間溢散一抹椰奶香，非常適合越南炎熱的氣候。

哪裡喝咖啡

連鎖咖啡館

越南最常見的咖啡品牌分別是高原咖啡(Highlands Coffee)、中原咖啡(Trung Nguyen)、以及走懷舊路線的越共咖啡(Cong Caphe)，在觀光客聚集的大城市都能找到這三間咖啡館。除了坐進店內享用一杯咖啡，也可購買咖啡相關商品當伴手禮。這三款咖啡豆在超市都買得到，不過大都是已經研磨過的咖啡粉，店內的咖啡粉相對比超市銷售的更新鮮，並有較完整的系列商品，此外，也有三合一即溶咖啡的擇選，也能找到附了沖煮器具的紀念款組合。

Trung Nguyên Legend

中原咖啡在全越南的連鎖店相當多，光是胡志明市背包客聚集的碧文步行街附近就有3間風格大小不同的分店。

中原咖啡的招牌款又分為創造1號(Sáng Tạo 1)到8號，價格也隨數字愈多愈貴。不同編號使用的豆子成分也不一樣，中原咖啡運用羅布斯塔與阿拉比卡豆來為不同編號做調配，最經濟的創造1號咖啡是使用羅布斯塔豆烘焙而成，風味最為強烈。此外店裡也供應義式咖啡、美式咖啡、卡布奇諾及拿鐵等。

🏠 219 Lý Tự Trọng, Phường Bến Thành, Quận 1, Thành phố Hồ Chí Minh 🔽
🕒 6:30~21:00 💲 Sáng Tạo 1(熱) 46,000越盾／杯、Sáng Tạo 8(熱)90,000越盾／杯 🔸
www.trungnguyen.com.vn

風格咖啡館

在河內、胡志明市、峴港和會安這些城市，講究裝潢的咖啡館俯拾皆是，為了吸引年輕世代，現在裝潢漂亮已經不再是重點，必須要有自己的風格，拍出來的照片才吸引人，工業風、簡約、街頭元素、懷舊等這些才是年輕人所在意的，胡志明市的「咖啡公寓」(P.186)就是一處匯集各種風格咖啡館的代表性景點。除了裝潢外，咖啡豆還得是自家烘焙或是使用公平貿易咖啡，讓人們拍得開心也喝得放心，而咖啡沖煮方式也不限於越式咖啡，越來越多時尚咖啡館走向手沖路線，並提供多樣化的甜點和早午餐。這類咖啡館品質好、氣氛佳，但通常價格也較高。（更多峴港和胡志明市的風格咖啡館，詳見P.147、P.194）

The Workshop Coffee

The Workshop位於胡志明市一棟法國殖民時期建築的二樓，室內空間挑高敞亮，中央吧台為視覺焦點，時髦工業風設計受到年輕人歡迎。打破越南人喝咖啡的習慣，不賣加了煉乳的越式咖啡，主打以越南及其他國家咖啡豆手沖的精品咖啡，希望人們品嚐咖啡豆的原始風味。為了控制品質，堅持用自家烘焙的越南咖啡豆，並固定一至兩週更換咖啡豆，確保新鮮度，此外，每一位員工皆受到3至4個月專業咖啡沖泡的訓練，從食材、沖煮、品飲到空間，全方位創造高質感的體驗。

🏠 27 Ngô Đức Kế, Bến Nghé 🔽
📞 (24)3824-6801 🕒 8:00~21:00 💲 咖啡 70,000~85,000越盾

Hanoi House

Hanoi House 是一間位於2樓的咖啡館，就在大教堂對面一棟民宅裡，你必須從一旁的巷子裡進入，透過後方的樓梯往上爬，才能抵達這處溫馨的小地方。挑高的室內空間分為上下兩層，書架區隔出小小的空間，木頭桌椅搭配刺繡抱枕，空間雖小卻異常溫馨，而它最受歡迎的座位，就屬位於陽台上那一小排甚至無法錯身而過的座位。入夜後也是一間雞尾酒吧，許多小情侶在此談心，可謂河內的約會勝地之一。

🏠 2F, 47A Lý Quốc Sư, Ha Noi 📞 086-555-1847 🕒 9:00~23:00

街邊咖啡館

即使再小的城市都可以找到咖啡館,當地除了高檔的風格、連鎖咖啡館,也有將座椅放到路邊,很像路邊攤的咖啡攤販,一杯咖啡常常比可樂、汽水還便宜,大約10,000~15,000越盾,不妨學越南人坐在路邊,感受庶民的日常悠閒。只是路邊咖啡小攤的氣氛固然道地,但越南食品安檢處也發現,不少流動攤販為了節省成本,使用假咖啡或參雜化學合成粉末的劣質咖啡,所以為了健康與安心,體驗一下就好,喝咖啡還是建議找有信譽的連鎖咖啡館。

咖啡器具選購

越南咖啡沖煮器具與手沖咖啡及義式咖啡機相較,可說非常平實經濟,只要購買越式咖啡專用的滴濾式咖啡壺,下面使用家裡的玻璃杯承接咖啡即可。

滴濾式咖啡壺的材質常見為鋁製及不鏽鋼製,當地人多用鋁製,據說保溫及沖泡效果比不鏽鋼要好,但缺點就是容易變形。滴濾壺在越南隨處都買得到,可以到專營咖啡豆及沖煮用具的店家購買,超市和一般紀念品店也有販售咖啡粉加上滴濾壺的組合。滴濾壺又分大小,小壺為一人分量,價格大約2萬越盾左右,大壺價格更高些。

咖啡豆選購

咖啡熟豆可在超市、紀念品店、咖啡豆專賣店,或是自家烘焙的咖啡館購買,追求便利性,也可以選擇三合一包裝的咖啡。在河內的咖啡豆專賣店如Café Huệ,還提供試飲服務,店內擺滿琳瑯滿目用透明罐裝的咖啡豆,店內賣最好的就是麝香貓咖啡,咖啡豆每100克售價約在100,000~200,000越盾。此外,購買咖啡豆再加買濾杯可獲折扣優惠。在一般紀念用品專賣店,也常有濾杯及咖啡豆的禮盒組合推出。

芹苴有些咖啡豆專賣店,會販售摻有玉米一起烘焙的咖啡豆,據說當地人喜歡這種滋味,混入玉米的咖啡豆價格也較便宜。

Café Huệ

📍26 P. Hàng Giấy, Hàng Buồm, Hoàn Kiếm, Hà Nội 📞0912-151-552 🕐9:00～22:00

奢華海濱假期

文　墨刻編輯部　攝影　墨刻攝影組

遼闊的南海，面積廣達350萬平方公里，範圍從中國一路往南延伸直抵越南，是被各國所圍繞的陸緣海。在這一脈隨南海分布的國家中，以地形狹長的越南最具優勢，其東岸幾乎全緊貼著南海，漫長的海岸線加上未受過度開發的破壞，使它成為歐美遊客眼中新興的濱海度假天堂，其中特別是峴港、會安、芽莊到美奈一帶，幾乎成為國際頂級度假飯店的兵家必爭之地，而這兩年被越南政府列為重點觀光發展區的富國島，更是炙手可熱的後起之秀，度假村一間比一間更奢華。
綿密細軟的白沙灘、透明度高的湛藍海水、繽紛的海底世界、溫柔的接待、頂級的Spa、美味的食物⋯⋯想了解慢活的意義和度假的真諦，就讓越南告訴你！

隱匿山茶半島
InterContinental Danang Sun Peninsula Resort

山茶半島（Son Tra Peninsula）自峴港東北角突出向越南東海，滿覆茂密雨林，是多種珍稀動植物的棲地，被劃為國家自然生態保護區。InterContinental® Danang Sun Peninsula Resort是島上唯一的頂級奢華度假旅宿，由鬼才大師 Bill Bensley所設計，依山坡高度劃分四層區域——天堂（Heaven）、天空（Sky）、陸地（Earth）及海洋（Sea），以發想自當地竹籃船的纜車連結。

Bill Bensley從越南佛寺汲取靈感，將佛寺常見的黑漆木構、燈籠、精雕細刻的燭臺及樑柱、裝飾紋樣等，轉化成古雅黑白色調及設計語彙。低調雅致之中，Bill Bensley 招牌的奇幻想像當然不會缺席，俏皮點睛的鮮活亮色、佇立浴缸畔侍浴的鑄鐵鴕鳥、洋溢海洋氣息的衝浪板造型露臺桌等，每一個細節都述說著屬於自己的動人故事。

InterContinental® Danang 不僅是峴港最頂級的奢華旅宿，亦以法國餐廳「La Maison 1888」成為美食

家的朝聖地。餐廳建築宛如一座豪邸，Bill Bensley 以天馬行空的想像創造一個虛構家庭，以空間設計述說這家人的故事，餐點則由法國米其林三星大廚 Pierre Gagnaire 總監，在法式料理的味道和靈魂裡糅合越南元素。

位於海洋層的「HARNN Heritage Spa」，由泰國頂級香氛品牌 HARNN 的創辦人 Paul Harnn 打造，以山茶半島的自然環境，結合亞洲古老療癒智慧和大地能量，設計重建身心靈平衡的療程。此外，度假村也設計了各種精彩活動，諸如水上運動、健行、晨間瑜伽、料理課或傳統工藝體驗，並在每週二傍晚提供「自然生態工作坊」，帶領旅客認識山茶半島的動植物、鳥類及昆蟲，幸運的話，還能與瀕臨絕種的白臀葉猴相遇。

🏠 Bai Bac, Son Tra Peninsula, Da Nang
☎ (236)393-8888
🌐 www.danang.intercontinental.com

自然綠意療癒五感
Naman Retreat

峴港奢華海灘旅宿 Naman Retreat 是越南在地品牌，由越南在地的建築事務所 Vo Trong Nghia Architects 及 MIA Design Studio 共同設計建造，以自然共生為概念，與世界分享峴港的純淨自然之美。

Naman Retreat 坐落峴港市郊、被譽為祕境的朗挪海灘（Non Nuoc Beach），Naman 一名意為擁有美好大自然之地，設計上以「無牆」為概念，創意運用天然建材及植栽，在海灘築造一方洋溢開放感及自然氣息的度假天地。度假村每個角落都滿植在地花木，或以植物搭建圍籬與帷幕牆，綠意消去了建築與自然的邊界，使置身其間的人心緒平靜。

主建築「Hay Hay Restaurant」以傳統建材「竹」巧妙搭建，29座竹編立柱撐起中央氣勢恢弘的挑高圓穹頂，裝飾以象徵豐收與希望的米粒雕塑；室內空間以石砌成，屋頂則是熱帶意象的草茸，自然元素無處不在，這座主建築也為 Naman Retreat 贏得了2016年世界建築獎的綠建築設計大賞及亞洲設計大獎。

度假村共36座別墅、四種房型，一式留白療癒的當代極簡。其中花園景觀別墅「Garden View Villa」非常適合與親友共享度假時光，佔地500平方公尺，附設的3座臥室各擁獨立空間，別墅前庭滿植草木，徹底隔絕外界的吵嚷，落地玻璃牆及天窗漫入明亮日光，海天一色近在眼前，讓到訪的每一個人領略峴港最美好的療癒體驗。

🏠 Trường Sa, Road, Ngu Hanh Son
📞 (236)395-9888
🌐 namanretreat.com

因為遺世所以美好
Six Senses Ninh Van Bay

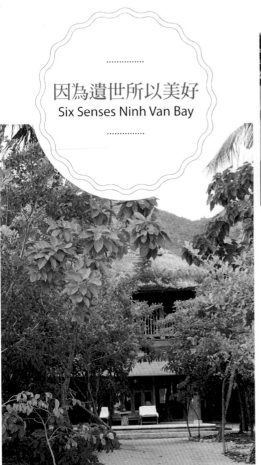

Six Senses Ninh Van Bay坐落於芽莊附近一處與世隔絕的海灣上，儘管前往度假村的路途有些舟車勞頓，卻更讓人充滿期待，當巨石與綠意間浮現一棟棟木造建築，逐漸取代一望無際的海平面，「探險」般快感頓時油然而生。直到踏上碼頭、在管家的帶領下前往Villa，你會發現自己其實置身於一座熱帶叢林中！

58棟大大小小的Villa，或面山或面海全都利用大自然地形興建，部分Villa的私人泳池甚至直接開鑿巨石而成，儘管視野不同，卻同樣坐擁美景。室內空間也一樣寬敞，每棟Villa僅配備一間客房、一個比客房還大的半開放式浴室，以及半露天的客廳，讓人奢侈的擁抱天寬地闊。

Six Senses Ninh Van Bay由Six Senses Resorts & Spas集團經營，重視環保也是該飯店集團的理念之一，因此在Six Senses Ninh Van Bay中，你會發現度假村的路燈僅維持足以照明的最低限度設置，外觀上也以竹子裝飾，避免破壞大自然外觀同時節能，此外在家具方面更選擇棕櫚樹、竹子、柚木、桑樹等自然材質，在床單的選擇上，也都採用未經染色或化學加工的天然棉花，至於一般人擔心叢林間的昆蟲問題，度假村也定期在海灣邊噴上以油菜籽油製成的天然產品控制蚊子的數量。

為了享受寧靜，度假村中的餐廳和Spa禁止使用電話，實際上度假村有多條自然步道，還提供腳踏車、浮潛設備、小船、風帆、網球場、甚至出海釣魚等豐富的設備與活動，有這麼多親近自然的體驗，誰還有時間上網和打電話呢！

從芽莊的Cam Ranh機場必須先搭乘60分鐘的車，然後從度假村的私人碼頭搭乘約20分鐘的快艇

Ninh Van Bay, Ninh Hoa, Khanh Hoa, Vietnam

(258)352-4268

www.sixsenses.com

濱海小鎮人文風情
Victoria Hoi An Beach
Resort & Spa

古岱海灘上的Victoria Hoi An Beach Resort & Spa和會安古鎮相距不過5公里遠，與人文古鎮相應，度假村也洋溢著會安當地特殊的建築風情，給人一種溫暖且悠閒的感覺。

度假村以當地的傳統漁村為設計藍圖，窄窄的街道串連起一棟棟的村屋、水池與庭園，整體略呈迷你棋盤狀的規畫，讓人彷彿置身於一座古樸小村落。客房內別有洞天，在它109間面河或面海的客房中，5種不同等級的房型還分成經典法式、傳統越南式等裝潢風格，以當地的手工藝融合現代飯店的舒適，此外，每間客房均擁有私人陽台與躺椅，即使不跑沙灘，也能悠閒享受私人日光浴。

雖然只有一間餐廳，不過L'Annam Restaurant卻是從6:00~22:00全天候提供越南與國際美食，這間緊鄰游泳池、坐擁海灘風光的餐廳，推薦佳餚當然是當地新鮮現捕的海鮮。而接待大廳後方Faifo Bar，提供輕食與飲料，是感受午後微風徐徐、或入夜後聆聽現場音樂表演的好去處。

度假村中Spa設施不可或缺，多樣化療程任君挑選，除了室內Spa館外，還有2間位於海灘旁的露天Spa室，按摩的同時，規律海浪聲同樣療癒。此外，還能安排浮潛、潛水、清晨太極、或是越南菜烹飪等課程，各式各樣的活動讓假期更豐富精彩。而為了解決住客的交通問題，度假村提供往返會安古鎮的免費接駁車，方便你遊走於城市與自然之間。

Cua Dai Beach, Hoi An Town
(235)392-7040
www.victoriahotels.asia

分區導覽
Area Guide

北越

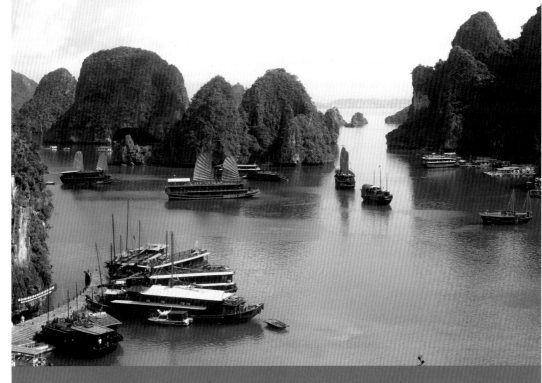

North Vietnam

越南的國土綿長，一般區分為北、中、南越三個部分，其中從河靜或榮市一帶以北的區域，稱之為北越。

北越以越南首都河內為中心，該市位於紅河三角洲上，擁有多達72座湖泊，昔日李太祖在此創建李朝後，傳說看見一尾長龍自紅河中騰躍，因此命名為昇龍，到了阮朝時，因為四周圍繞著紅河，故更名為河內。1945年二次大戰結束，越共在此成立越南民主共和國，由於一直受越共控制至今，比起南越大城胡志明市，河內受西方資本主義的影響較淺，感覺上更為傳統且保守。

下龍灣是北越最著名的景點，星羅棋布著大約3,000座石灰岩島嶼，乘船穿梭其間，令人產生時空倒錯的感覺，特別是親近深幽的洞穴和高聳的奇石怪岩，更能感受自然力量的神奇！此外，北越境內多達四分之三的地形為海拔高度1,000公尺以上的高原、森林地形，充滿神秘色彩的少數民族也是當地的一大特色，他們主要分布在北越老街省(Lao Cai)的北河市和沙壩市。熱愛健行的人前往沙壩，除了可以欣賞少數民族風情外，還可以挑戰征服中南半島第一高峰番西邦峰(Phăng Xi Păng)的健行路線。

北越之最 Top Highlights of North Vietnam

下龍灣Vịnh Hạ Long
下龍灣一直是越南人氣居高不下的景點，搭船探訪鐘乳石洞穴和奇石怪岩，將為旅程留下難忘回憶。（P.92）

胡志明博物館及靈寢 Bảo Tàng Hồ Chí Minh
胡志明是越南社會主義的創始者，有關他的博物館在越南大小城市皆可見，而在河內，除了博物館，還有他的故居及靈寢開放參觀。（P.76）

華閭古都Cố đô Hoa Lư
華閭古都在李朝遷都河內之前，一直是各朝首都，景區內兩座雕刻精美、對聯語意優美的皇祠，說明了當時受到中國文化影響之深。（P.91）

昇龍皇城Hoàng thành Thăng Long
第一個越南王朝李朝的所在地，有些遺跡自當時就矗立至今；近代這裡又是越戰時北越的軍事指揮中心，保持舊時陳設，帶人回到河內一段段的歷史中。（P.77）

沙壩健行Sapa Trekking
滿山梯田和少數民族村落是沙壩最迷人的風景，一段村落山區健行最是不能錯過，可自行購票進入貓貓村，或是參加導遊帶領的一日之旅。（P.102）

How to Explore North Vietnam
如何玩北越

北越自古即為越南的政治、文化中心，以河內為旅行據點向外探索，東邊是寧平和下龍灣的自然絕景，西邊有山區的少數民族，無論自行搭乘巴士，或參加河內出發的1至3日旅行團，都能輕鬆感受豐富多元的越南。

寧平 Ninh Bình

　寧平是一大片河道遍佈的喀斯特地形，李朝遷都昇龍皇城以前，位於此區的華閭一直是丁朝和前黎朝的首都。來到寧平除了拜訪古都皇祠，不能錯過搭船遊覽Sông Ngô Đồng河，感受「輕舟已過萬重山」的愜意，或是騎腳踏車穿梭村落，享受恬靜鄉野風光。

代表性景點：三谷、華閭古都

沙壩 Sa Pa

　沙壩是認識西北部高山區少數民族的起點，參加當地健行團，走過連綿起伏的山巒梯田，與村落中穿著傳統服飾的族人打招呼，或是起個大早前往北河趕市集，發現與城市截然不同的越南。沙壩距離河內較遠，建議預留2~3天的時間。

代表性景點：玫瑰聖母堂、貓貓村

番西邦峰
Phăng Xi Păng
(3143M)

老街
Lao Cai

沙壩
Sa Pa (Sapa)

紅河 Sông Hồng

沱江 Sông Đà

奠邊府
Điện Biên Phủ

馬江 Sông Mã

巴莊
Bát Tràng

河內
Hà Nội
(Hanoi)

拜洲
Bãi Cháy

海防
Hải Phòn

下龍灣
Vịnh Hạ Long

寧平
Ninh Bình

北越區域圖

河內 Hà Nội

　　河內自帶一股沈穩優雅，深受中國文化影響的底蘊，加疊法國殖民時期建築，在河內市區交織出獨特的氣質。走訪市區內的皇城遺址、老街古寺、在還劍湖畔悠閒散步，融入河內人熱鬧又從容的生活中。

代表性景點：還劍湖、昇龍皇城、胡志明陵寢、36條古街區

下龍灣 Vịnh Hạ Long

　　1994年被列為世界遺產的下龍灣由海面上一連串奇岩怪石組成，搭乘仿古舢舨船穿行期間、划獨木舟穿越鐘乳石洞，彷彿進入電影《神鬼奇航》的奇幻場景。若行程時間有限，可參加河內出發的一日遊行程，但匆匆來去未免太辜負下龍灣美景，建議至少停留2天，體驗海上過夜的浪漫。

代表性景點：驚訝洞、穿洞

河內
Hà Nội/Hanoi

文●墨刻編輯部　攝影●墨刻攝影組

河內位於越南北部紅河三角洲，地勢低窪，市區內共有大大小小72個湖。在中國統治時期，河內稱為大螺(Đại La)或螺城，西元101年李公蘊推翻中國統治，建立李朝，人稱李太祖(Lý Thái Tổ)；傳說他在紅河看見一隻龍自騰躍，因而將這裡改名為昇龍(Thăng Long)，並遷都至此。

昇龍自李朝之後，成為多個皇朝首都，但陸續曾改名為東都、東京、中都、北城等，直到阮朝才遷都順化。阮朝明命皇帝根據這城市被紅河所圍繞的地理特色，於1831年將昇龍改名為河內。1873年法軍占領河內，並以河內為法屬印度支那總督府的所在地。1945年二次大戰結束，越共成立越南民主共和國，以河內為首府，與南越分庭抗禮。1975年越戰結束，沿續以河內為首都。因為一直受越共所控制，河內受西方資本主義的影響並不深，展現了和南越大城胡志明市迥異的風貌。

河內舊市區以還劍湖為中心，這個充滿黎朝神話色彩的地區，現在是觀光客聚集遊覽之處，咖啡廳和高級購物商店林立；湖的北岸則是充滿懷舊氣息的36條古街區，值得在清晨或午後，慢慢閒逛，體會古城的風味。

舊城區西邊的要塞區是11世紀李朝皇宮的所在地，可惜的是李朝皇宮早在19世紀末時被毀壞，現今這個區域最令人印象深刻的建築是主席府，還有周遭的胡志明靈寢和博物館；另外還有興建於李朝時期的文廟和一柱廟。法國區裡仍保有很多法式宅邸，只是在共產制度下，

一幢獨屋由許多家庭合住，擁擠雜亂又年久失修的建築如今徒留遲暮的滄桑；然而漸漸地，許多優雅的法式宅邸改建為博物館，餐廳或商店也選擇在這類法式宅邸開業，多少讓旅人感染了法國殖民時期的氣息！

INFO

基本資訊

人口：約800萬
面積：約3,358平方公里
區域號碼：24

如何前往

◎飛機

中華、長榮、越南、越捷等航空公司都有台北直飛河內的航班，航程約3小時。國內航線每日有十多班飛機從胡志明飛往河內，需時2小時，其他城市如峴港、大叻、芽莊、順化、洞海及芹苴等，也都有航班飛往河內。

河內的機場稱為內排國際機場(Sân Bay Quốc Tế Nội Bài／Noi Bai International Airport)，位於市區北部45公里處，規模僅次於胡志明市的新山一國際機場，為越南第二大國際機場。新蓋好的二航廈在2014年啟用，設施非常新穎，一航廈供國內航班使用。

內排國際機場
☎(24)3886-5047
🌐vietnamairport.vn

◎火車

河內火車站(Ga Hà Nội)位於還劍湖以西約2公里處，這裡是火車的起點站，每天都有往來於胡志明市、海防以及中越邊境老街等城市之間的班車。從火車站搭乘計程車前往市區約5~10分鐘車程。

◎巴士

河內共有三座巴士站，分別連接越南境內的各大城小鎮。

想前往下龍灣和海防的人，必須在Bến Xe Gia Lâm巴士總站搭車，這裡的車子主要開往北部和東部，該巴士站距離還劍湖約30分鐘車程。

往老街、沙壩等北方或西北城鎮的巴士，停靠於河內以西、車程約30分鐘的Bến Xe Mỹ Đình巴士總站，此外，這裏也有開往下龍灣的巴士。至於前往順化、胡志明市等中南部城鎮的巴士，以位於河內南側、距還劍湖車程約25分鐘的Bến Xe Giáp Bát巴士總站為停靠站，不過巴士車票最好事先預定。

若沒有足夠時間前往距市區較遠的巴士站，河內旅行社有推出前往各地的長途巴士，甚至也可前往中國、寮國。長程距離使用有上、下鋪臥的巴士，車上有廁所，中途還會到休息站暫停後再出發，非常便捷。

巴士站
Bến Xe Gia Lâm 🚌巴士總站：(24)3827-1569
Bến Xe Mỹ Đình 🚌巴士總站：(24)3768-5549
Bến Xe Giáp Bát 🚌巴士總站：(24)3864-1467

機場至市區交通

◎計程車

搭乘計程車往來於機場和市區之間，是最方便的交通方式，車程約在40~60分鐘左右，視交通情況而異，車資約在20~25美金左右。在機場入境大廳的遊客中心有專門服務人員，可協助預訂，或是請旅館安排接機，也可手機中下載叫車APP「Grab」，前往舊城區約30萬越盾，這些都會比搭乘當地拉客的計程車司機安全，因為常會有亂加價的情況，有時會告知無法跳表或繞路。

◎巴士

第一航廈的入境大廳外可搭乘航空公司的接駁巴士，越南航空的巴士終點為Quang Trung街上的越南航空辦事處，越捷航空的終點為Tran Nhan Tong街，捷星航空也是抵達Quang Trung街。航空公司接駁巴士為45人坐大巴士，人滿才發出，平均約30~45分鐘一班次，每人車資40,000越盾。

另有民營的15人座迷你巴士，第一和第二航廈外的車道接駁至市中心，不過費用需要講價，車資沒有公定價格，並且要人滿了車子才會開走，有時可能會等很久。

86號巴士(Bus Express 86)是觀光目的的市區接駁巴士，服務人員不但會講英文，而且到站時還會提醒旅客下車，路線是從內排機場第一航廈發車，經第二航廈、環劍湖再到河內火車站，全程約45分鐘至1小時。每25至30分鐘一班，班次固定。每人車資35,000越盾，上車跟站務人員購票，僅接受現金，車上可找零。內排機場的巴士發車時間從6點18分到22點58分；河內火車站服務時間為5點5分至21點40分。

市區交通

◎計程車

在河內搭計程車很方便，跳表收費，計程車的起跳價為10,000~15,000越盾，之後每公里再加一千多越盾。只不過計程車時常亂開價，甚至跳表也不保險，因為許多計程碼表都被動過手腳，在越南旅遊計程車最好選擇白底綠字的Mai Linh計程車，這家公司在越南全國都有營運，相對有保障，或是請旅館叫車，也是比較保險的方式。另外還有一些較少發生爭議的計程車公司如Hanoi Taxi、Van Xuan等，也可參考。

計程車公司
Mai Linh 📞：(24)3833-3333
Hanoi Taxi 📞：(24)3853-5353
Van Xuan 📞：(24)3822-2888

河內市區

西湖
Hồ Tây

主席府與胡志明故居
Nhà Sàn Bác Hồ

胡志明靈寢
Lăng Chủ Tịch Hồ Chí Minh

一柱廟
Chùa Một Cột

胡志明博物館
Bảo Tàng Hồ Chí Minh

↖往越南民族博物館
Bảo Tàng Dân Tộc Học Việt Nam
←往Crowne Plaza West Hanoi

Hồ Thủ Lệ

Văn M

文廟入口

Hồ Đống Đa

圖例 ◎景點 ⑪餐廳 ⑪商店 ⑭飯店 ⑳市集

Pan Pacific Hanoi
Summit Lounge

鎮國寺
Chùa Trấn Quốc

白竹湖
Hồ Trúc Bạch

真武觀
Đền Quán Thánh
Quán Thánh

正北門
Chính Bắc Môn

Bắc Sơn

東雙市場
Chợ Đồng Xuân

舊東門Cửa Ô Quan Chưởng

昇龍皇城
Hoàng Thành Thăng Long

白馬最靈寺
Đền Bạch Mã

36條古街紀念館
Memorial Tube House

旗塔Cột Cờ

越南軍事歷史博物館
Bảo Tàng Lịch Sử
Quân Sự Việt Nam

同春夜市
Chợ Đêm Đồng Xuân

昇龍水上木偶戲院
Nhà Hát Múa Rối Thăng Long

越南藝術博物館
Bảo Tàng Mỹ Thuật Việt Nam

Đắc Kim

玉山祠
Đền Ngọc Sơn

紅河
Sông Hồng

歌德咖啡館
Cafe Goethe

Lee & Tee

Moca Café

Craft Link

KOTO

河內大教堂
Nhà Thờ Lớn Hà Nội

龜塔
Tháp Rùa

還劍湖
Hồ Hoàn Kiếm

Hotel Sofitel Legend
Metropole Hanoi

Mercure Hanoi La Gare

好吃館Quán Ăn Ngon

革命博物館
（歷史博物館分館）

火車站

火爐監獄博物館
Hỏa Lò

Mövenpick
Hotel Hanoi

Meliã Hanoi

國立歷史博物館
Bảo Tàng Lịch Sử Quốc Gia

河內歌劇院
Nhà Hát Lớn Hà Nội

越南女性博物館
Bảo Tàng Phụ Nữ Việt Nam

◎摩托計程車

由摩托車司機搭載1位乘客，市區各處常見等待攬客的摩托車。容易塞車時段或巷弄窄小的區域搭乘摩托計程車很靈活，但議價各憑本事，一般的行情是1公里(少於或等於)最少15,000~20,000越盾，超過一公里則每公里7,000越盾。

◎租摩托車

在河內租機車價格約為一天150,000~250,000左右，油資另計，摩托車又分自動及打檔兩種，價格依車型而定，通常打檔的價格較便宜，舊城區的Gust House常有提供租借服務。

租賃摩托車可以省掉不少跟計程車或人力車議價的時間，不過越南的交通比較亂，尤其是大都市，車流量大且不遵守秩序，連行人在河內舊城區過馬路都常是個挑戰，因此若一定要租摩托車的話，騎車時請務必小心。

在一些觀光景點會有設摩托車停車場，停車時收費員會給你一張小單子或是夾在車上，離場時繳回單子並付費，由於停車費的資訊不透明，價格常常是收費員說了算，不過停車費用通常不會太貴，在文廟、胡志明博物館這些地方停車，費用約為5,000越盾。

◎人力車

這種交通方式很有復古風情，常在36條古街區可見到外國人悠閒地坐著人力車遊覽，需特別注意的是搭乘人力車常有糾紛發生，務必在出發前議好價，若是兩人一同搭乘，也要跟司機確認講定的價格是兩個人一起算的。人力車的費用每小時或是單程搭到較遠的景點，每人每小時約150,000~200,000越盾左右，短程的話價格會再低一些。

旅行社

在河內舊城區走幾步路就可以遇到旅行社，提供各種旅遊行程、巴士車票的銷售，前往寧平、下龍灣等交通不便的熱門景點，參加旅行社行程輕鬆的多。購買行程建議多比較，並找較多人推薦的旅行社，品質比較有保障，也可直接向住宿旅館或青年旅社詢問，找到合適行程。

在越南全國都有駐點的The Sinh Tourist是價格實惠的旅行社，也因此常常可看到名字相彷的旅行社，可能差一個字或是取為Shin Café等，Shin Café是The Sinh Tourist以前的名稱。

Grab在手，通行無礙

Grab其實就是盛行於東南亞各國的Uber，APP的叫車介面與Uber相似，輸入目的地後可事先估算車資，也可看到司機的評價，減少許多行車糾紛，車資通常比直接招手叫車便宜（交通尖峰期和下雨天可能比較貴），可綁定信用卡付款，也可現金付款。胡志明、河內、峴港等大城市均有提供服務，除了一般房車，也可使用摩托計程車的叫車服務。

申請Grab帳號需綁定手機門號，若不打算使用越南當地SIM卡，可事先在台灣完成註冊，抵達越南開啟WIFI叫車。不過有些司機喜歡打電話給你，確認上車地點，使用台灣手機註冊無法直接通話，僅能使用Grab內的訊息功能，有時候司機無法即時聯繫你可能會棄單，使用越南的網卡註冊則無此問題。

The Sinh Tourist HaNoi
📍52 Luong Ngoc Quyen St.
☎(24)3926-1568
🕐8:00~17:00
🌐www.thesinhtourist.vn

購買SIM卡

初次抵達越南，建議可以在河內機場先購買可上網的SIM卡，對於越南旅遊會便利許多，不同的電信業者提供不同套裝組合，可依在越南當地停留的時間來選擇，越南的大型電信公司包含MobiFone、Vinaphone、Viettel。

SIM卡主要分成「純網路流量」，以及「通話＋網路流量」，建議選擇包含通話額度的方案，若遇上需聯絡Grab司機、飯店或旅行社的情況比較方便；此外，雖然有無限上網方案，不過網路速度稍慢，若停留天數不多，可選擇以流量計算的方案，上網速度較快，餘額用完時，可在電信公司直營店、手機店或便利商店加值（Top Up）。

城市概略
City Guideline

河內的精華景點，主要集中在還劍湖四周及西湖以南，其中又以還劍湖一帶為中心，附近無論是景點、購物、餐廳……等相關旅遊元素齊備，購買旅遊行程、兌換越幣等都可以在這裡完成，古往今來的歷史與人文全都濃縮於此，值得花時間慢步走訪還劍湖所在的舊城區。

胡志明博物館、胡志明陵寢、文廟及昇龍皇城等景點，距環劍湖較遠，需搭車前往，由於這些景點占地廣大，入口處常只有一個，最好詢問入口處所在位置，以免繞一大圈。西湖位置於胡志明博物館及陵寢更北的地方，湖上有馳名的古老廟宇，也可以加入一起遊覽。

河內行程建議
Itineraries in Hanoi

◎如果你有3天

第一天漫步河內舊城區，不妨先從女性博物館、火爐監獄博物館開始，女性博物館坐落於一棟現代的建築中，可了解越南女性堅強、勇敢卻又溫柔的一面；火爐監獄博物館則是昔日法國人在北越所興建的最大監獄，曾經囚禁過多位反法殖民的重大政治犯，越南獨立的斑斑血淚，多少能從中一窺究竟。

接著來到河內大教堂，斑駁的外觀很具中世紀古風，也是當地著名的法式建築。大教堂四周的街道上，分布著精品商店和咖啡館，是用餐和逛街的好去處。從大教堂往北走，可以抵達36條古街區，李朝開始為了服務皇室，許多商店和手工業從全國各地被集中到皇城附近定居，為了分享資源和統一管理，每條街獨門一種行業成為它的特色。其中位於北側的東雙市場，可說是河內最具歷史，規模也最大的市場。

最後往南回到還劍湖，在這座和黎太祖神話息息相關的湖中央，聳立著一間寺廟——玉山祠，走過造型優美的木造拱橋前往主殿，裡頭供奉著關聖帝君、文昌帝君、興道王以及一隻巨龜標本。

第二天主要參觀與胡志明相關的景點，包括胡志明故居、胡志明陵寢及胡志明博物館，這三個景點都是同一個入口，不過開放時間各自不同，並且安檢嚴格。由於背包、相機要各自寄放不同的地方，參觀時

要注意時間，以免錯過取回包包的時間。胡志明陵寢位於巴登廣場上，由於民眾無法多做停留，如果排隊人潮不多，很快就可以參觀完畢。出來後可以先到胡志明故居參觀，接著來到胡志明博物館及一柱廟，這兩個景點相近，再加上距離包包寄放處較近，可以最後再參觀。

昇龍皇城被列為世界遺產，展示的史蹟豐富，也是不能錯過的景點，參觀完後不妨依興趣選擇鄰近景點：越南軍事歷史博物館、越南藝術博物館及文廟，軍事歷史博物館展示越戰中除役的戰車和飛機等武器，令人印象深刻。如果對戰爭主題不感興趣，可以前往附近的越南藝術博物館，裡頭展出大量的早期文明雕刻和磨漆畫。至於由五座庭園組成的文廟，主要祭拜孔子及他的四大弟子，落成於1070年的李朝時代。

第三天上午可參加當地的廚藝課程或是將前一天未完行程走完，下午再到河內歌劇院、革命博物館及越南國立歷史博物館一遊。河內歌劇院是法國殖民越南時期的重要建築之一，參照新巴洛克風格的巴黎歌劇院興建而成。而越南歷史博物館原是殖民時期的法國領事館和總督官邸，融合了法越建築特色，館內收藏橫跨數千年的歷史文物，包括大量占婆文化的雕刻，以及描繪陳興道大敗蒙古軍的白藤江戰役圖、華麗的皇族家具和織工精細考究的皇室服飾等。夜晚到湖畔的昇龍水上木偶戲院，欣賞趣味十足的水上木偶劇，此表演非常熱門，記得提前預約購票。

◎**如果你有4~5天**

在河內如果有較多的時間，不妨參加旅行社推出鄰近景點的一日遊行程，尤其不能錯過世界奇觀下龍灣。若還有時間，可以再參加有「陸上下龍灣」之稱的寧平一日遊，同樣也是遊船行程，不過景致全然不同，古王朝留下的古蹟——華閭古都，也非常值得造訪。此外，河內還有推出以「安南燒」著稱的巴莊行程，也可以參考。

河內散步路線
Walking Route in Hanoi

距離：約3公里　　**時間：**約2小時

由於沿途歷史建築、咖啡館和精品小店眾多，因此如果所有景點均想入內參觀，細細感受當地購物、美食樂趣的人，至少需要預留半天到1天左右的時間。

先從①「**革命博物館**」開始，革命博物館與②「**國立歷史博物館**」隔著馬路對望，這兩處均是由法式

建築改建而成，分別象徵著越南的「今世」與「前生」，以19世紀末的革命界線，展出越南備嘗艱辛的獨立歷程，以及跨數千年的越南早期歷史。接著到來③「**河內歌劇院**」，這是參照新巴洛克風格的巴黎歌劇院而建，愛奧尼亞式圓柱和灰色石版磚等建材，都是直接從法國運來越南。

漫步來到④「**女性博物館**」，這裡是越南女性的最佳寫照，藉由「家庭中的女性」、「歷史中的女性」以及「女性時尚」三大主題，娓娓道來她們在社會中一路以來扮演的角色。至於⑤「**火爐監獄博物館**」的前身，是法國人於1896年所建的「中央監獄」，反殖民時期的政治犯或是越戰期間被俘擄的美國空軍，讓這座監獄充滿了傳奇性。

外觀斑駁的⑥「**河內大教堂**」，據說是仿造巴黎聖母院興建而成，教堂內部裝飾繁複的主壇、彩繪玻璃窗以及方形的塔樓，都很有看頭，而對面的Nhà Thờ街，是河內新興的精品商店和咖啡館的聚集區。再往北走，就是河內著名的⑦「**36條古街區**」，河內自從成為李朝首都後，許多商店和手工業從全國各地被集中到皇城附近，一條街代表一種行業。

從老街前往玉山祠之前，會先經過⑧「**昇龍水上木偶戲院**」，不妨查看場次，為自己預約一場充滿趣味的表演。至於河內市中心的重要地標⑨「**還劍湖**」，和黎利將軍的傳說有關，穿過造型優美的木造拱形的棲旭橋，可以抵達湖中的⑩「**玉山祠**」，欣賞深受中國文化影響的廟宇建築與湖中另一座龜塔。

Where to Explore in Hanoi
賞遊河內

MAP ▶ P. 57G3

昇龍水上木偶戲院

MOOK Choice

Nhà Hát Múa Rối Thăng Long

越南經典藝術表演

掃地圖

🚶 從大教堂步行前往約13分鐘　🏠 57b Đinh Tiên Hoàng　📞 (24)3824-9494　🕐 每日3~4場公演，分別為16:10、17:20、18:30，週五至週日增加20:00場次。演出時間可能因季節變動。　💲 100,000~200,000越盾　🌐 thanglongwaterpuppet.com　❗ 因為觀賞的遊客眾多，建議至少提前1日購票

　許多到過越南的遊客會告訴你：水上木偶劇是河內最令人印象深刻的事物之一。的確，這種在水上表演的木偶劇，全世界獨一無二，有著深厚的農耕文化傳統。

　關於水上木偶的起源尚未有定論，但最早的記載可追溯至一千多年前。河內附近的紅河三角洲，地理環境與中國的江南水鄉十分類似，處處有水塘、湖泊與沼澤，加上以水田耕種為主要的經濟基礎，人民的生活可說是與水息息相關。當時人們利用農閒時分，在平日貯水的水塘或水田上架起表演亭，利用現有的水塘為舞台，水上木偶就這樣熱熱鬧鬧地開演了，而表演的目的主要是謝神及祈求來年豐收。

　現在的水上木偶劇演出需要特別的場地，主要舞台為長方形水池，水上木偶的演出者在水深及腰的池裡工作，隱身竹簾後，利用長約2公尺的木棍和多縷絲線，精巧地從水底操縱木偶的動

作，眼看著木偶一個個輕易地翻滾跑跳、捕魚、划船等，總讓人十分好奇木偶到底如何操作，但這種特殊的技藝並不輕易外傳。以水為舞台，不但可掩飾操縱的木棍，水的浮力更是木偶演出的一大助力。

　水上木偶的表演必須搭配一組樂團，開場前照例會來一場樂曲演出，因為古時開演前，總會來場鑼鼓喧天的演出，昭告全村表演開始。樂器除了常見的二胡、琵琶、竹笛等，還有越南獨有的「一弦琴」：雖只有一根弦，卻能發出多種不同的音調。

　水上木偶每場演出50分鐘，內容以農村的日常生活為主：插秧、放牛、捕魚、賽龍舟，甚至還有狐狸抓鴨爬上樹頂呢！另外，關於龍鳳的傳說、李太祖還劍的故事，也都以輕鬆逗趣的方式演出，有寓教於樂的功能。

💡 **看熱鬧也要看門道！**

　雖然來到這裡最大的看點是活靈活現的木偶和絢爛的舞台聲光效果，但是表演全程使用越南語，如果希望能多了解劇情一點，記得在入場前至2樓大廳索取節目單。

MAP ▶ P.57G4

還劍湖

MOOK Choice

Hồ Hoàn Kiếm

舊城區熱門鬧區

掃地圖

🚶 從大教堂步行前往約5分鐘

　　還劍湖是河內市中心的重要地標，其典故與後黎朝的黎利(Lê Lợi)有關，黎利生於1385年，當時越南為獨立國家，15世紀初中國明朝趁越南內亂時，出兵占領越南。黎利對明朝的統治十分不滿，便於家鄉藍山鄉發動起義，經過10年的抗爭，終於打敗明軍，重新恢復越南的獨立主權，建立後黎朝(1428~1789年)，後人尊之為黎太祖(Lê Thái Tổ)。

　　據說黎利在藍山起義成功之前，曾在此湖中撈得一把寶劍，具神秘力量，黎利才得以拒退明朝大軍。在黎利成功建立後黎朝後，有天在湖上遊憩，忽然出現一巨龜取走寶劍，當地人民認為，神龜將寶劍藏於湖底，以備日後越南有難時之需，這個湖也因此被命名為還劍湖。湖中有一座龜塔，就是紀念這個傳說，但遊客無法登島參觀。

　　還劍湖是河內市中心的重要地標，整個舊城區以此為中心向外延伸，因此四周都是背包客和旅行社聚集的地區，是觀光客收集旅遊資訊的大本營。還劍湖同時也是市民重要的休閒場所，不論白天或晚上，總聚集許多民眾，來此納涼或散步，談情說愛的情侶和絡繹不絕的觀光客，形成河內市區內最經典的畫面。

MAP ▶ P.57F3

同春夜市

Chợ Đêm Đồng Xuân

舊城挖寶血拼好去處

掃地圖

🚶 位在大教堂步行5~10分鐘　📍Hàng Đào、Hàng Giấy　🕐 週五至週日19:30~24:00

　　週末夜晚來到環劍湖，除了欣賞夜景外，湖泊北邊的Hàng Đào街上，會擺起長長的攤位，形成行人徒步區，熱鬧的河內夜晚也就此展開。

　　越南的代表性紀念品以生活用品，都能在同春夜市找到，舉凡衣服、皮帶、包包、眼鏡、飾品及電子用品等，不只受觀光客歡迎，當地人也會來採買所需，而且不少商家價格直接就寫在攤位上，省去了殺價的麻煩。除了琳瑯滿目的商品也有小吃攤進駐，一直喧鬧到半夜才會結束。

MAP ▶ P.57G4

玉山祠

Đền Ngọc Sơn

充滿傳說的中式古祠

掃地圖

🚶 從大教堂步行前往約15分鐘　🕐 8:00~18:00
💲 30,000越盾

　　還劍湖的北邊有座玉山島，島上建有玉山祠，穿過造型優美的木造拱形「棲旭橋」，來到得月樓，樓前有座狀似毛筆的毛筆塔，樓後便是玉山祠主殿，殿內供奉關聖帝君、文昌帝君以及和興道王：前二者是受中國影響的儒、道教神祇，而陳興道則是力抗蒙古大軍的民族英雄。

　　玉山祠的歷史已不可追憶，大約建於18世紀黎朝末年，在1865年時由阮朝的文學家阮文超主持擴建，棲旭橋、筆塔和硯台都是當時所建，成今日的面貌。

真正的神龜：世界最大的還劍鱉

　　主祠的左側小廳裡展示了一個巨龜標本，這隻巨龜長2.1公尺、重250公斤。1999年、2000年和2005年間，民眾曾多次在還劍湖目擊一隻巨大的烏龜，這樣的巨龜出現在還劍湖，讓當地人對於還劍湖的傳說更為深信不疑，也有人認為這隻巨龜就是故事中的神龜在還劍湖留下的後代，2016年巨龜過世後才製成標本。

　　拋開傳說的部分，這種巨型烏龜的學名是班鱉，甚至有人稱之為還劍鱉，是世界上體型最大的龜類之一，物種存在已經超過2億年，如今瀕臨絕種，

世界上已知的存活個體剩下3隻，而自1998年後就幾乎再也沒有發現野生存活個體了。

MAP ▶ P.57G3

36條古街區

MOOK Choice

36 Phố Phường

造訪古早河內人的日常

掃地圖

🚶 從大教堂步行前往約5~10分鐘
36條古街紀念館 🏠 87 Mã Mây ⏰ 8:30~17:00
💲 10,000越盾
舊東門 🏠 位在Hàng Chiếu和Đào Duy Từ的交口
白馬最靈寺 🏠 76 Hàng Buồm

　還劍湖北邊的36條古街區，可說是河內風味獨具的旅遊地點了。這個地區原本是紅河和其支流的泛濫區，整個地區的河道交錯，在雨季時河水暴漲達8公尺高，隨著時間流轉，滄海變桑田，河道被馬路所取代，但在許多地方仍可看到河道的遺跡。

　河內自1010年開始成為李朝(974~1028年)的首都，為了服務皇室，許多商店和手工業從全國各地被集中到皇城附近定居，為了分享資源和統一管理，每種行業集中在一條街，例如：陶器街、筆街、紙街、鞋街、布街、魚街、祭祀用品街、金銀飾品街等。

　經過千年的演變，這地區現在已有76條街，街名仍保留原有的行業名稱，有些仍保有原始行業的演進版，如原本就以販售麻織品為主的Hàng Gai街上，併排著眾多服飾店，尤其是手工量身訂做的越南國服奧黛(áo dài)最吸引人；以販售金紙線香等祭祀用品為主的Hàng Mã，則是洋人最好奇的對象；Hàng Tre的店面也仍排了一列列的竹子，等待再製成日用品。

　有些街道則隨著時代的轉變而有不同的風貌，

老街旁的現代藝術

36條古街區附近的Trần Nhật Duật路上，一道鑲嵌馬賽克磚的藝術牆(Ceramic Mosaic Mural)吸引目光，色彩繽紛活潑，主題圍繞越南的歷史和文化，與古街相映成趣。這是河內為了慶祝建都1000年而建的超大型藝術品，全長接近4公里，總面積超過7000平方公尺，2008年完成，曾打破金氏世界紀錄，一度成為全世界最大的馬賽克壁畫。

例如原本以藤編物品為主的Mã Mây，現在則成了小民宿和旅行社聚集的地方。此外，老街區也多了許多咖啡館、餐廳及紀念品店。

不論如何，當你放慢腳步悠然閒晃於36古街區，你會發現空氣裡仍瀰漫著古樸風味。挑著小吃和水果沿街叫賣的小販、圍成一圈打四色牌的老阿嬤，還有不時映入眼簾的老建築，讓人彷彿穿過時光隧道，回到美好的過去。

36條古街紀念館 Memorial Tube House

想了解36條古街的老屋，這間紀念館是最佳選擇。河內的老屋又稱為長屋(Tube House)，特色是從正面看起來很小，寬度大概僅3~4公尺；縱深卻很長，最長的甚至達120公尺長！因為以前依店面大小為課徵營業稅的基礎，為了減少賦稅，每個人都把房子蓋成店面小縱深長，而且每戶都有2~3進，每進的深度約5~6公尺，多半為2層樓高。

古街紀念館興建於19世紀末，但北越建國後，大宅邸成為5戶人家共有，因而做了許多更動。1999年政府撥款重建，才有今日的樣貌，重修後的老屋結構還算完整，是近距離了解河內人民日常起居的最佳去處。

舊東門 Cửa Ô Quan Chưởng

這個城門是昇龍古城遺留至今的遺跡之一。昇龍古城原有16道城門，現在的城牆和城門多半已不見，但2002年起考古學家在附近挖堀到古城的城牆，開始進行大規模的挖掘，考古行動仍進行中。

白馬最靈寺 Đền Bạch Mã

歷史可追溯至9世紀的白馬最靈寺，是河內現存最古老的寺廟。昇龍古城的四個方位都有一座廟，白馬最靈寺是東廟，但現存的建築為1839年重建，中央的鳳形祭壇也是在當時新增。據說當初李太祖建昇龍城時，城牆屢建屢場，直到他向神明Long Đỗ請示，忽然出現一匹白馬，李太祖指示沿著白馬的足跡興建城牆，最後才成功地築起昇龍城的城牆，於是李太祖興建白馬寺供奉Long Đỗ，視之為護國神。白馬寺於2000年被列為國家級古蹟保護。

東雙和杭大市場
Chợ Đồng Xuân & Chợ Hàng Da

位在36古街區北側的東雙市場，可說是歷史最悠久、規模最大的市場。市場所在地原本為湖泊，1889年蓋起了東雙市場，3層樓的建築占地有一街寬，卻在1994年的大火焚毀。1996年重建後再次營業，門面氣派，內部整潔乾淨，沒有傳統市場的積水和臭味。至於位於古街區西南側的杭大市場，規模較小，但前排店面的貨色較高檔，有不少進口貨及乾貨，而且往裡面有些陶磁手工藝品的小販，價格很不錯。

一個行業一條街

在36條古街區很容易注意到這裡的地名裡多半以Hàng做為開頭，Hàng正是從中文裡的「行」字演變而來，指的就是行業。此外Phố和Ngõ也是很常見的字，Phố的意思是街，Ngõ的意思則是巷。通常接在這幾個字後面的字就是各個行業的名稱，代表了那一整條街專門從事的行業。

古街名稱與行業對照表

街名	行業	街名	行業
Bát Đàn	木碗	Hàng Giấy	紙／鞋
Bát Sứ	陶瓷器皿	Hàng Hòm	箱子
Chả Cá	烤魚	Hàng Khoai	地瓜
Cầu Gỗ	木橋	Hàng Lược	梳子
Chợ Gạo	稻米市場	Hàng Mành	竹屏風
Hàng Bạc	銀樓	Hàng Mã	紙錢等祀祭用品
Hàng Buồm	船帆	Hàng Mắm	魚露
Hàng Bút	筆	Hàng Muối	鹽
Hàng Bông	棉	Hàng Nón	斗笠
Hàng Bè	竹筏	Hàng Quạt	扇子
Hàng Cá	漁貨	Hàng Rươi	海參
Hàng Cân	量器	Hàng Than	炭
Hàng Chai	繩線	Hàng Thiếc	馬口鐵
Hàng Chiếu	草蓆	Hàng Thùng	桶子
Hàng Chĩnh	瓶罐	Hàng Tre	竹子
Hàng Da	皮件	Hàng Trống	鼓
Hàng Đào	染色絹	Hàng Vải	布
Hàng Dầu	植物油	Lò Rèn	鐵匠
Hàng Điếu	管樂器	Lò Sũ	棺材
Hàng Đồng	銅器	Mã Mây	藤製品
Hàng Đường	糖	Ngõ Gạch	磚
Hàng Gà	雞	Thuốc Bắc	草藥
Hàng Gai	麻織品		

MAP ▶ P.57H4

河內大教堂

MOOK Choice

Nhà Thờ Lớn Hà Nội

最具代表法式建築

掃地圖

🏠40 Nhà Chung　🕐8:00~11:00、14:00~17:00

　　　　　　　　河內大教堂又名聖喬瑟夫天主堂 (Saint Joseph Cathedral)，是河內最古老的教堂，據說是仿造巴黎聖母院興建而成，極具中世紀古風，也是河內著名的代表性法式建築。

　　興建於1886年，屬新哥德風格，由兩位彩券商所出資贊助。教堂外牆的建材主要是淺灰色的花崗岩，經過多年的風吹雨打，外表看來有點斑駁，但教堂內部裝飾繁複的主壇、彩繪玻璃窗以及方形的塔樓，都很有看頭，內部的彩繪玻璃是在法國完成再運來越南的，如今保存狀態十分良好。

　　教堂的大門只有在舉辦彌撒時才會打開，其餘的時間，遊客需自側面進入，側門位在面對教堂左側的小巷內。

文青和網美必訪的咖啡街

　　越南人熱愛喝咖啡，在咖啡館舒服地打發時間很適合他們的生活步調，因此咖啡館在越南的密集程度就像台灣的手搖飲料店。來到大教堂一定不能錯過對面的Nhà Thờ街，這裡是河內新興的精品商店和咖啡館的聚集區，越共咖啡(Cộng Cafe)和Moca Café都是很受歡迎的店家，慵懶輕鬆的氣氛再加上外頭傳統的法式建築與大樹，整條街洋溢著悠閒與浪漫。

MAP ▶ P.57G5

越南女性博物館

Bảo Tàng Phụ Nữ Việt Nam

看見溫柔的力量

掃地圖

⚲ 40 Nhà Chung ⏰ 8:00～11:00、14:00～17:00
🚶 從大教堂步行前往約15分鐘 🏠 36 Lý
Thường Kiệt 📞 (24)3836-5973 ⏰ 8:00～17:00
💲 全票40,000越盾 🌐 baotangphunu.org.vn

越南女人總給人一種異常溫婉的形象，事實上她們同時也是堅毅的象徵，走一趟越南女性博物館，不但讓人對越南女人有更進一步的了解，也絕對會讓你對她們溫柔的力量，留下深刻的印象。

越南女性博物館由越南政府創立於1987年，坐落於一棟漂亮的白色建築中，在它廣達2,000平方公尺的展覽空間中，收藏了超過25,000件的物品，裡頭包括首飾、織品、餐具、器物與文獻等等。

進入博物館一樓，首先映入眼簾的是一尊金色的《越南母親》(Vietnamese Mother)雕像，常設展展場從二樓開始，分為三層，由下到上分別獻給「家庭中的女性」(Women in Family)、「歷史中的女性」(Women in History)以及「女性時尚」(Women's Fashion)三大主題。除主要展覽外，博物館的附屬展覽室中，也會不定期舉辦大大小小的特展。

家庭中的女性 Women in Family

二樓展廳中，可以看到女性從出生到結婚、甚至成為母親一路以來的歷程，其中特別是各民族對於結婚禮俗的介紹非常詳細。

女性時尚 Women's Fashion

猶如欣賞一場時尚秀，各式各樣的奧黛和少數民族的傳統服飾一字排開，繽紛多變的圖騰花樣和飾品，令人眼花撩亂。

歷史中的女性 Women in History

三樓以法國殖民和越戰時期參與反殖民和抗戰活動的女中豪傑為主軸，透過她們的用品，勾勒出這些女性在越南歷史中扮演著不可或缺的角色。

火爐監獄博物館

MOOK Choice

Hỏa Lò

重現歷史的恐怖牢房

掃地圖

🚶 從大教堂步行前往約12分鐘 🚇 1 Hỏa Lò
(24)3934-2253 🕐 8:00~17:00 💲 全票30,000越
盾 🌐 hoalo.vn

這是法國人於1896年所建的「中央監獄」(Maison Centrale)，但當地人都稱之為「火爐」(Hỏa Lò)，此名稱來自於監獄所在的地區：一處原是製作陶瓷窯爐的村落，越文名稱即為「火爐」。這是法國人在北越興建的最大監獄，當時反法殖民的重大政治犯，全被關在這裡，遭受凌虐、拷問等恐怖待遇。然而，被關在這裡的異議分子，卻也得以互通聲息，更加堅定國族主義的信仰，其中有些人鍥而不捨地挖通地道逃出監獄，再度加入反法陣營，成為日後獨立建國的重要人物。

1954年北越建國後，中央監獄成為國家監獄，收容重大罪犯。1973年南北越戰爆發，當時美國空軍全力轟炸北越，部分轟炸機被擊落，空軍駕駛就被監禁於此，其中最知名的包括美國首任駐越南代表 Douglas Peterson，以及2008年共和黨總統候選人麥坎(John McCain)。

1993年火爐監獄被改建成辦公大樓，只留下東南角約原址1/3大小的地方，保留為監獄博物館。現在博物館裡製作了許多模型和圖片，主要用以展示模擬法國占領時政治犯所遭受的殘忍待遇。

💡 別被展出內容給騙了！

館內展出許多美軍戰犯被關押時留下的文物和照片，可以看到美軍在監獄裡可以打牌還有菸抽，感覺受到不錯的待遇，這是因為越南共產黨至今依舊獨攬大權，希望透過展出內容美化這段歷史。

其實越共同樣以多種非人道方法對付戰犯，恐怖的名聲令美軍取了個「河內希爾頓」的名號來做為反諷，也因此「河內希爾頓」幾乎成了這座監獄的代名詞，1987年有部越戰電影便以「河內希爾頓」為名，描述被關在這裡的美國大兵故事。

MAP ▶ P.57G4

河內歌劇院

Nhà Hát Lớn Hà Nội

法式華麗藝術殿堂

 掃地圖

🚶 從大教堂步行前往約18分鐘　🏠1 Tràng Tiền　☎(24)3933-0113　⏰票房營業時間為10:00表演開始前　💲視表演票價而異　🌐hanoioperahouse.org.vn

　河內歌劇院是法國殖民時期的重要建築之一，參照新巴洛克風格的巴黎歌劇院所蓋，愛奧尼亞式圓柱和灰色石板磚等建材，均由法國直接運往越南，看得出法國當時將越南建設為印度支那首府的用心。

　經過10年的建造，歌劇院在1911年開幕，一直到1945年在歌劇院的陽台上發動8月革命，都被認為是法國在殖民地的文化與建築藝術上的驕傲。獨立後，河內歌劇院變成宣揚社會主義的市民劇院。近年來越南政府重新整修歌劇院，企圖恢復往昔的法式風采：大型水晶吊燈、巴黎式鏡子、以及光亮的大理石階梯，都隨著潮流再度展現華麗的一面。可惜的是河內歌劇院內部並不開放給參觀，想要一睹劇院內的丰采，得買張票入內欣賞表演才行！

MAP ▶ P.57E4

越南藝術博物館

Bảo Tàng Mỹ Thuật Việt Nam

富藏古蹟與在地創作

 掃地圖

🚶 從大教堂搭車前往約8分鐘　🏠66 Nguyễn Thái Học　☎(24)3823-3084　⏰8:30~17:00　💲全票40,000越盾、優待票20,000越盾　🌐vnfam.vn

　越南藝術博物館的建築建於1937年，原本是一座天主教的女子宿舍，因此可以看出殖民地時期法越合璧的建築風格。館藏豐富，總共3層樓及一個特展區，共分為27個展區。

　1樓收藏有大量的早期文明雕刻，其中包括占婆文化時期的印度神祇砂岩雕刻：造型豐滿的鳥神Garuda與蛇、表情兇悍的守衛神(Dvarapalas)；另有多種佛雕像，例如11世紀的石雕佛像、17世紀融合中印特色的千眼千手木雕觀音像，以及受中國文化影響的龍鳳造型淺浮雕。

　其他樓層還有具特色的越南漆畫，隨著時代的演進，漆畫的手法日益精進，有些利用多重的漆料，營造出立體的空間感；有些則在漆上加入碎蛋殼，形成獨特的筆觸。此外，也展示了不同時期的作品，這些藝術品涵蓋了油畫、絲織、雕刻等。

MAP ▶ P.57H4

MOOK Choice

越南國立歷史博物館

Bảo Tàng Lịch Sử Quốc Gia

跨越千年的精彩館藏

掃地圖

 從大教堂步行前往約20分鐘 1 Tràng Tiền
 (24)3825-2853 8:00~12:00、13:30~17:00
 每月第一個星期的週一 全票40,000越盾，門票可同時參觀革命博物館，照相機需另付費30,000越盾 baotanglichsu.vn

歷史博物館位在一棟美麗的法式建築裡，這裡原是殖民時期的法國領事館和總督官邸；1902年起，成為法國遠東學院(École Française d' Extrême-Orient，簡稱EFEO）的研究及展覽場所；1954年法國撤出越南，這裡便改為歷史博物館。融合了法越建築特色，並以雙牆和重簷等設計，保持屋內的通氣涼爽，是河內現存最漂亮的

法式殖民建築之一，2000年時因前美國總統柯林頓的造訪，還曾加以整修，成為今日的面貌。

館內的收藏橫跨數千年的歷史文物，並以古文物為主，其中收藏了大量占婆文化的雕刻，是除了峴港外的占婆博物館之外的占婆藝術重鎮，包括許多美山遺址被破壞前的雕刻作品，例如有著豐滿乳房的梵天大神(Brhama)與鳥神迦樓羅(Garuda)、迦樓羅食蛇雕像、保存良好的7頭蛇神那迦(Naga)之雕像、蓮花狀柱頭雕刻，以及多座象徵濕婆的完整林迦座等。

其他的經典收藏還包括：上古時期象徵財富和權力的超大型青銅圓鼓、擁有2,500年歷史的靈柩船(coffin canoe)、千手觀音木雕、描繪陳興道大敗蒙古軍的白滕江戰役圖、華麗的皇族家具，以及織工精細考究的皇室服飾等，是了解越南文化的起點。

MAP ▶ P.57G4

革命博物館

Bảo Tàng Lịch Sử Quốc Gia

爭取統一奮鬥歷程

掃地圖

🚶從大教堂步行前往約19分鐘 🏠216 Đ. Trần Quang Khải ☎(24)3825-2853 ⏰8:00~12:00、13:30~17:00 💲全票40,000越盾，門票可同時參觀歷史博物館 🌐baotanglichsu.vn

　　革命博物館現被規劃為歷史博物館的二館，以法國殖民為界線劃分越南歷史，兩館分別展出殖民前數千年的文物，以及19世紀末至現代的革命歷史收藏，一張票券即可參觀兩座博物館。

　　乍看革命博物館的外觀，難以聯想到裡頭展出的是越南備嘗艱辛的獨立歷程，優雅的雙層艷黃色法式建築，前身為越南稅務署(Trade Department of Vietnam)，1959年時改建為擁有30座展覽廳的博物館，2008年時展品更擴增為4萬多件。從越南共產黨成立以前對抗法國軍隊的國家解放運動(1858~1930年)、1930~1975年間在越南共產黨的帶領下如何為爭求獨立而奮鬥掙扎，到1976~1994年間越南民主共和國的創建，這整段可歌可泣的歷史，藉由每段時期的英雄人物介紹、武器、勳章、文物等紀念物，娓娓道來時代的悲歌。特別是收藏其中的斷頭台，更令人感到怵目驚心！

優雅又活潑的殖民地建築風格

　　東南亞建築風格受到悶熱的氣候影響，注重通風，設計大多線條簡單，以實木為主要建材。法國人殖民越南後，引進歐式建築，但為了適應當地氣候與文化，建築經過改良，最典型的特徵就是在歐式建築的外觀增加走廊，主要目的為遮陽散熱，此外，拱頂結合中式的木造屋簷、使用原始材料的顏色做搭配等，融合當地建築特色和技術，就形成獨特的殖民地風格建築。

MAP ▶ P.56D3

胡志明靈寢

Lăng Chủ Tịch Hồ Chí Minh

MOOK Choice

向越南國父遺體致敬

掃地圖

bqllang.gov.vn

🚶 從大教堂搭車前往約15分鐘　🏠8 Hùng Vương, Điện Biên　🕐4~10月：週二至週四7:30~10:30、週末和假日7:30~11:00；11~3月：週二至週四8:00~11:00、週末和假日8:30~11:30　🚫週一、週五　💰免費　🌐www.

胡志明靈寢可說是河內最受歡迎的旅遊景點了，對外國人來說，這裡是見證越南社會主義的創始，對越南人來說，是景仰他們所敬重的「胡叔叔」之重要地點。1945年9月2日，胡志明於陵寢前方的巴亭廣場宣讀越南獨立宣言，從此這一天成為越南的國慶日，巴亭廣場也成為人民集會和舉辦重要活動的場所。

胡志明靈寢建於1973~1975年，四方高大的建築沒有過多的裝飾，內部有安置胡志明遺體的玻璃棺，讓人們瞻仰。入口處有衣著光鮮整齊的憲兵站崗，每天早上8:00和下午2:00都有衛兵交接的儀式，別錯過巴亭廣場上整齊劃一又帥氣的動作了！

最高規格的安檢！

胡志明靈寢、胡志明故居、胡志明博物館及一柱廟都必需由統一入口進入，入口在鄰近胡志明博物館的Ngọc Hà 街上。參觀者需先經過安檢，並將背包寄放入口處，再跟隨指示前往胡志明靈寢。抵達靈寢前需將相機寄放在另一個地方，靈寢內部禁止照相，待參觀出來在靈寢門口外統一取回。

此外，入內不能穿短褲、短裙、背心與帽子，請記得務必要保持嚴肅的心態與行為。背包需回入口寄放處領回，寄放處中午有休息時間，過了就要等到下午開放時才能領取，要特別注意。

MAP ▶ P.56D2

主席府與胡志明故居

Nhà Sàn Bác Hồ

悠靜樸實偉人宅邸

掃地圖　🚗從大教堂搭車前往約15分鐘　🏠1 P. Ngọc Hà, Đội Cấn　🕐4~10月：7:30~11:00、13:30~16:00；11~3月：8:00~11:00、13:30~16:00　🚫週一、週五的下午　💲40,000越盾　🌐ditichhochiminhphuchutich.gov.vn

　　這棟建於1906年的黃色法式建築，原是殖民時期印度支那的總督府。胡志明主席於1954~1969年9月在此處理國政。如今主席府只用來接待政府官員，內部並不對外開放。

　　由主席府旁沿著芒果小徑可走到一間毫不起眼的小木屋，這就是胡志明故居。在1958~1969年間，他都生活在此，但有人懷疑這只是讓美軍轉移注意力的錯誤目標。這個以上好木材蓋成的高腳小木屋緊鄰湖畔，依然保持胡志明生前的模樣，屋內共兩層，下層是開放式的接待室，樓上則是臥室與書房，非常樸實無華，入口處依然有兩名衛兵站崗。

MAP ▶ P.56D3

一柱廟

Chùa Một Cột

矗立湖中靈驗廟宇

掃地圖　🚗從大教堂搭車前往約15分鐘　🏠Ông Ích Khiêm (介於胡志明靈寢與胡志明博物館之間)　🕐8:00~18:00　💲免費

　　幾乎已是河內地標的一柱廟，由李朝皇帝於1049年間所建。傳說這位皇帝年事已高卻膝下無子，於是求神賜子。某夜夢見觀世音菩薩坐在蓮花上，手抱一子予他，夢醒告知大臣，不久果得一子，皇帝便建此一柱廟感謝神恩，取其狀如蓮花，除了根據夢境也象徵出汙泥而不染。

　　在法國撤出越南時，曾因內戰的關係而毀壞一柱廟，現今的廟身是1954年重建。廟身為木造，矗立於立在水中的一根石柱上，直徑有1.25公尺，內部供奉觀世音菩薩，有許多越南婦女前來上香祈求子嗣。

MAP ▶ P.56D3

胡志明博物館

MOOK Choice

Bảo Tàng Hồ Chí Minh

了解越南國父生平故事

掃地圖

🚌 從大教堂搭車前往約15分鐘 🏠 19 Ngọc Hà
📞 (24)3846-3757 🕐 週二至週四、週末和假日
8:30~11:00 🚫 週一、週五 💲 40,000越盾 🚇
baotanghochiminh.vn

為紀念胡志明和他對越南的貢獻，胡志明博物館，選在胡志明百年誕辰的生日(1990年5月19日)開幕，這裡是了解胡志明這位革命家最好的起點。博物館詳細介紹了胡志明從出生、就學一直到領導人民的過程，除了整個牆面都是胡志明一

生的圖片及文字介紹，包括相關他的用品、書信、居住房屋的模型等。樓上則是用模型展現了越南傳統文化、抗戰及現代的模樣等。

認識胡志明

胡志明誕生於1890年，原名阮必成，參加革命後又曾改名為阮愛國，1890年5月19日出生於越南中部義安省南壇縣黃稠村外祖父家。父親阮生輝靠教書為生，擔任過官職，後遷到南部當大夫，是個愛國的漢學家。胡志明自幼就有趕走法國殖民者的想法，為了拓展自己的視野，1911年在一艘法國船上擔任廚師工作，航行過北美、非洲及歐洲等地，後來留在歐洲，於短暫居留倫敦之後，便前往巴黎，在那裏修習多國語言，並開始他的印度支那獨立思想。因為在1919年凡爾賽和平會議期間，大量的印製傳單希望鼓吹越南獨立，因此聲名大噪。胡志明於1920年加入法國共產黨，之後到莫斯科學習，並在1941年回到越南成立共產黨，開始他的革命事業。

1945年胡志明領導的越南獨立同盟會(簡稱越盟)趁二次大戰剛結束的混亂時機，發動8月革命，越南名義上的君主保大帝決定讓權給越盟，於是9月2日胡志明在河內巴亭廣場(Quảng Trường Ba Đình)50萬人的群眾集會上，宣讀《獨立宣言》，宣告越南民主共和國的誕生。經過全國普選，1946年3月舉行的越南第一屆國會一致推選胡志明為越南民主共和國主席兼政府總理。 但是法國為了維持在印度支那的殖民勢力，1945~1954年間爆發法越戰爭，胡志明領導越南人民取得了勝利，法國退出越南。深怕共產主義在亞洲獨霸的美國，繼續扶持南越勢力，於是在1960年代，又發生南北越戰，在中國的武力支持下，胡志明再度領導人民進行抗美救國戰爭，於1975年得到最後勝利，全國統一。1969年9月3日，胡志明因嚴重的心臟病不幸逝世，享年79歲。

昇龍皇城

Hoàng thành Thăng Long

古王朝輝煌歷史再現

🚗由環劍湖開車約10分鐘路程。皇城18號遺跡及正北門不在景區內部，不過相距不遠，離開景區後可步行抵達 🏠Số 12 Nguyễn Tri Phương, Ba Đình ☎(24)3734-5427 ⏰8:00~17:00 💲30,000越盾 🌐www.hoangthanhthanglong.vn

昇龍皇城建於11世紀的李朝，於2010年被列為世界文化遺產。當時李太祖推翻了黎朝的統治和中國宋朝的干政，建立王朝，並建都於河內，昇龍皇城象徵著越南獨立的標誌。

此處最早可追溯到7世紀，原是中國在紅河三角洲所建的城堡。經過千年來的毀損和整修，許多遺跡都被埋在地底下，直到2012年發現的18號考古遺址，出土了大量的文物，說明了河內做為越南的政治、經濟及文化中心長達十個世紀，中國、南方的占族古國以及鄰國文化，在這裡交織而成獨特的文化。

皇城內部除了古蹟展示外，還有一間展館陳列著出土文物，從前黎朝開始一直介紹到阮朝，讓人快速對河內的歷史、各朝文化有初步的了解。

端門 Đoàn Môn

黃色的端門是進到昇龍皇城先經過的第一道城門，又被稱為「南門」，端門及前方庭園是皇家進行宗教及政治活動之處。遊客可登上端門，居高臨下眺望遠方，位於正前方的就是旗塔。

端門旁的地底，可見用玻璃覆蓋展示人們挖掘地底發現的遺跡。這些深埋地底的古物，發現了後黎朝(1428~1527)及李朝(1009~1225)時期文物，這也說明了端門自11或12世紀，就已經設於此地。

House D67及地下碉堡

位於地上的House D67建築以及一旁的地下碉堡，是越戰時期重要的指揮中心。戰時北越的高級將領們就聚集在這裡開會，並做出重大決策，在House D67及地下碉堡都模擬了當時開會的模樣，並展示部分使用的物品。

前往地下碉堡需走入地底，經過厚重鐵製大門，才會來到設著大張會議桌及椅子的房間，不難感受當時緊張肅穆的氣氛。House D67也是當時著名的北越將領武元甲工作及休息的地方，現場也還原了當時的情景。

後樓Hậu Lâu

這裡原是皇后及公主的居所，到了阮朝，後樓又成為陪同國王來昇龍皇城時，其跟隨者所居住的地方。可惜後樓在19世紀被催毀，由法國人重建，也就是如今看到的模樣。

敬天殿Điện Kính Thiên

敬天殿是從前皇帝的宮殿，可惜已不復見，不過進到宮殿之前，先經過雕刻精美的樓梯，這是當時的古蹟，建於1467年。總共9個階梯，兩條石龍將樓梯分為三個部分，中間是皇帝才能行走的。

展覽室

這裡展出的大部分是李朝和陳朝的文物，從日常用品、藝術品到兵器，種類繁多，對認識越南文化和歷史有很大的幫助，從建築上的雕刻裝飾以及宗教文物等，可看出各朝代的藝術風格，其中一只皇帝專用的器皿，在光線照射下，從側邊竟可看出兩條精美的龍形紋路，令人讚嘆當時的工藝技術。

此外還能看到中國和日本的文物，可以了解到當時越南透過貿易和其他地區頻繁交流，並受到這些地區很深的影響。

「昇龍」的由來

11世紀初當時的河內名字是大羅城,李朝太祖李公蘊推翻了前黎朝建國,他在選擇都城時認為大羅城的位置居天下之中方便治理,且物產豐饒,是設置都城的理想之地,於是定都於此。據說當他在遷都時乘船抵達城外,忽然有一隻黃龍從水中騰空飛起,李太祖認為這是吉兆,表示遷都至此地是順應天意。因此他將大羅城改名為昇龍,從此昇龍就成了李朝、陳朝和後黎朝的三朝首都,一直到阮朝時才改名為河內。

皇城18號遺跡

離開昇龍皇城景區,別忘了來到位於地址於18 Hoang Dieu Street的遺跡參觀。2012年這裡進行大規模的挖掘,發現了自7世紀開始一直到20世紀,不同朝代遺留下的遺跡,在這塊土地上依次往上堆疊。

目前挖掘考古工作仍在進行著,現場也展示考古人員發現的遺跡,包括黎朝時期木船,還有李朝時期的地基,由此可看出當時的建築格局。其他出土文物還有銅錢、珠寶及武器等,不過現場沒有展示出來。

正北門Chính Bắc Môn

正北門建於1805年,是皇城唯一倖存的城門,城門上的「正北門」3個字,仍清楚可見。在城門左下方還留有戰爭時被炸毀的痕跡。城門上目前是供奉著兩位為對抗法國軍隊而喪命的英雄。參觀正北門可以不用買票進到昇龍皇城裡,由於免費參觀沒有時間限制,可以先造訪昇龍皇城最後再來這裡。

旗塔Cột Cờ

🏠 28A Điện Biên Phủ (位於越南戰爭歷史博物館的戶外展覽區旁)

這座外觀斑駁的旗塔,也屬於昔日昇龍古城的一部分,由阮朝皇帝嘉隆(Gia Long)下令興建。

旗塔建於1805~1812年,塔樓高約40公尺,成金字塔狀分為3層,每層面積遞減,寬度一層比一層窄,高度卻是一層比一層高。塔身四周共開了36扇花型窗與6扇扇型窗,以增添塔內採光。由於擁有極佳的視野且不易攀爬的特性,因此在法國統治時期,這座旗塔被當成軍營使用,也因而躲過了遭摧毀的命運。

MAP ▶ P.57E3

越南軍事歷史博物館

Bảo Tàng Lịch Sử Quân Sự Việt Nam

豐富館藏嘆為觀止

掃地圖

從大教堂搭車前往約8分鐘 ⏰28A Điện Biên Phủ ☎(24)6253-1367 🕐8:00~11:30、13:00~16:30 週一、週五 💰40,000越盾、照相機30,000越盾 🌐baotanglichsuquansu.vn

為了慶祝1954年時法越戰爭中最後一場戰役——奠邊府戰役越南人民的勝利、越南人民和軍隊長期對抗法國殖民的奮鬥與努力，以及推廣越南共產黨的政策，越南國防部於同年底準備興建武器博物館，也就是今日越南軍事歷史博物館的前身。

武器博物館於1956年在胡志明總統的主持下開幕，不過隨著後來遍及南北越的戰事，武器博物館逐漸調整其角色，成為研究、保存和保護從戰場上除役的武器設備的地方，同時以特展激勵士兵與人民達到解放南越，直至1975年統一全國為止。

2002年起，武器博物館更名為越南軍事歷史博物館，裡頭的展覽也以建國之初到胡志明領導時期的越南軍事歷史為主，例如：編號985的T54B

埋葬無情的戰爭

一走進博物館，就會被看起來殘破不堪的紀念碑給吸引，這座紀念碑的組成是由美軍和法軍的戰鬥機殘骸推疊而成，既像紀念碑又像是墳墓。紀念碑上有一大張彩色照片，描述的是一名背著步槍的越南少女在海灘上拖著美國軍機的殘骸前進，令人震撼的畫面和飛機殘骸形成強烈的呼應，讓人感受到戰爭的可怕。

戰車隸屬於北越陸軍，曾經參與越戰和入侵柬埔寨的戰爭；編號4324的米格21戰鬥機寫下擊落14架敵機的輝煌紀錄。展覽空間占地廣闊，分為室內外展區，收藏大約16萬件物品，並以每次約4,000件展品輪流展出。

MAP ▶ P.57E4

文廟
Văn Miếu

融合中越的獨特文化

ⓘ 從大教堂搭車前往約13分鐘 ⌂58 Quốc Tử Giám ☎(24)3747-2566 ◷4月15日~10月15日7:30~17:30，其他日期8:00~17:00 ＄成人30,000越盾，優待票15,000越盾

文廟的全名為「文廟-國子監 (Văn Miếu - Quốc Tử Giám)」，算是全河內保持完好且最美的古蹟。祭拜孔子及其四大弟子的文廟，建於1070年的李朝時代，而1076年皇帝又下令興建國子監，以教育皇室及貴族子弟，或是優秀的平民學生；

雖然在超過900年的時間裡屢經整修與重建，依然能保持原始的風格。

建地廣達55,027平方公尺，包括五座庭園、文學之湖、國子監公園以及用紅磚圍起的內院。

第一座庭園
由入口處大門廊沿伸到中庭大門，中庭大門旁的兩座小門，代表達到才能與伴以德性。

第二座庭園
中庭大門伸展至奎文閣。奎文閣建於1805年，是河內歷史文化的象徵。而在此閣兩旁有代表文學結晶及文學偉大之兩小門。

第三座庭園
稱為碑文園，左右有兩道長廊置放由石龜所馱負之82座碑林，上面刻有1484~1780年之間舉行的82次考試通過之1,306位舉人的姓名及出生地，藉此以表達對學者的尊崇。

第四座庭園
又稱為賢明園，中央禮堂的兩旁有2座小屋，原本是用來安放孔子的72位門生和越南文學家朱文安(1292~1370年) 的祭壇之用。中央禮堂則是祭拜孔子和他的4大弟子: 復聖顏回、宗聖曾子、述聖子思、亞聖孟子。

第五座庭園－國子監
1076年由皇帝下令興建，以教育皇室及貴族子弟，或是優秀的平民學生，但於1947年戰爭遭法國焚燬，如今是整修後的面貌。這裡時常有學子前來祈求考試順利，據說登上主建築環繞一周會更靈驗。國子監裡還供奉著越南儒學大師朱文安，他在越南的地位就像是孔子一般。

鎮國寺

Chùa Trấn Quốc

香火鼎盛的千年古寺

 🚗從大教堂搭車前往約25分鐘 🏠Thanh Niên路旁，位於西湖東側的島上 🕒7:30~11:30、13:30~17:30 💲樂捐

　　這是全越南最古老的寺廟之一，建於541~548年之間。寺廟建於第6世紀前李南帝時，初名開國寺，建於珥河津口安華村地分 (即今屬安阜坊)。1440年改號安國寺。後黎敬宗皇弘定時1616年間，寺廟遷建于金魚灘，號為鎮國寺。不過，也有說法是鎮國一名起自李、陳朝，中國軍民打敗北寇之後。1639年鄭王修繕鎮國寺，興建左右走廊，此後屢經重修新建。

　　鎮國寺的歷史在廟方有詳細紀載，包括李八葉時，倚蘭太后常於寺內大開齋宴，以向諸僧問道。至阮朝1842年紹治皇帝改寺號為鎮北寺，但民間仍稱為鎮國寺。1959年印度總統波羅薩來越南訪問期間，還親自將釋迦牟尼禪坐成道處的菩提樹，種植於寺內。

真武觀

Đền Quán Thánh

中文對聯意喻優美

🚗從大教堂搭車前往約15分鐘 🏠入口位於Thanh Niên和Quán Thánh兩條路交會口 🕒8:00~17:00 💲成人10,000越盾、優待票5,000越盾

　　真武觀是河內最大的道觀，大約建於11世紀李朝太祖時期，觀內供奉玄天上帝。最著名的是以黑銅鑄造的真武帝君像，有3.72公尺高，重達4公噸，腳踩石龜，手執寶劍，劍身有蛇纏繞。據越南傳說，從前有一九尾狐精在此為非作歹，使城門屢建屢崩，玄天上帝應金龜之請求，降伏狐精，皇帝便建觀供奉之。

　　觀內外有許多漢字提寫的對聯匾額，例如觀門掛有鍾孤竹所提之詩：「佳氣熹微落照紅，巍然臺觀倚高空，神仙幻化千年劫，今古桑滄一夢中。」意境頗為悠遠。

埃第族長屋

埃第族算是占族的分支，為母系社會，他們的房屋為長形的高腳屋，裡面的成員為女兒及孫女兒所共同形成的大家族，長屋旁還有一些較小的房屋。長屋的長度可擴充，從房屋的長度就可看出是幾代同堂，甚至從窗戶的數目就可算出這家族裡的女性成員數量。而房屋正面有2組樓梯，1組供家人，另1組供客人使用；樓梯上刻了1對女性乳房，這是埃第族的神聖標誌，也代表了母系社會的家族體系。

MAP ▶ P.56A3

MOOK Choice

越南民族博物館

Bảo Tàng Dân Tộc Học Việt Nam

一次網羅越南少數民族

掃地圖

🏛 從大教堂搭車前往約30分鐘（距市中心約8公里）🏠 Đường Nguyễn Văn Huyên ☎(24)3756-2193 ⏰週二至週日8:30~17:30 休週一 💲全票40,000越盾，優待票15,000越盾，相機收費50,000越盾 🌐www.vme.org.vn

民族博物館無論館藏或設備，在越南全國都算得上數一數二，可認識54個民族的文化與生活，精彩豐富。

博物館分為室內和室外兩區，室內展示各個少數民族的服飾、樂器、婚喪喜慶用品、祭祀用品，甚至日常耕作器具、刀具等也都在展示之列。戶外展示區則請來不同族群部落的人，搭建該民族的特色屋舍，包括岱族(Người Tày)的高腳屋、巴拿族(Người Ba Na)的公共空間、嘉萊族(Người Gia Rai)的墓室、埃第族(Người Ê Đê)的長屋，越族(Người Việt)的屋舍、傜族(Người Yao)半穴居房、占族(Người Cham)的雙層屋頂房等。特殊的住房形式代表各族適應環境的需求，也反映了不同的社會組織與宗教信仰，是十分有趣的展覽並值得深入了解。

巴拿族高頂屋

這個茅草屋獨特的高尖屋頂有17公尺，是巴拿族的社區中心，所有的祭祀活動都在此舉行，而這裡也是未成年男子在此學習狩獵、編織竹籃、學習傳統道德、聆聽祖先的傳說與故事等的地方。不過，為何會以這如此獨特的造型來呈現，至今學界尚未有定論，有一說是高高的屋頂得以直達天聽，被視為溝通天地訊息的橋梁。

嘉萊族墓屋

嘉萊族的人去世後，與母系的親族，合葬於部落裡的墓屋。墓屋的四周以許多大型人像雕刻為裝飾，代表這些人將陪伴死者前往另一世界。而房屋4個角落的人和動物代表僕役，也將隨之前往來世。祭祀死者的儀式結束後，整座墓屋會被砸毀。

MAP ▶ P.57F4 **Moca Café**

🚶從大教堂步行前往約1分鐘 🏠14-16Nhà Thờ ☎(24)3825-6334

掃地圖

　這家咖啡廳很適合走累時進來休息，大大的落地窗讓你可觀賞來往的行人，但坐在裡面的人，也成了櫥窗的風景之一。

Moca Café是當地的老字號咖啡，也是當地人很愛的時髦去處，除了來享用可口的咖啡，較新潮的當地人喜歡到這裡吃早午餐。除了可頌很不錯之外，菜單的選擇很多，像是西式簡餐以及越南春捲等亞洲式食物都有，基本上每季都會更換一次菜單，讓食物更有變化。

MAP ▶ .57E4 **歌德咖啡館Cafe Goethe**

🚶從大教堂搭車前往約11分鐘 🏠56 Nguyễn Thái Học ☎(90)482-1963 🕐10:00~22:00

掃地圖

　想嘗嘗不一樣的食物，或許可以試試歌德咖啡館，坐落於文廟附近的歌德學院(德語語言中心)內，餐廳擁有靜謐的氣氛。食物以德國菜為主，從湯品、沙拉、主菜到甜點齊備，主菜除了牛排、燉牛肉外，還有維也納炸豬排、匈牙利牛肉等食物，選擇非常多樣，價格也算合理。如果你沒有時間坐下來好好享用美食，餐廳外還有供應土耳其烤肉Kebab，讓你可以邊走邊吃。

MAP ▶ P.57E4 **KOTO**

🚶從大教堂搭車前往約13分鐘 🏠39-41 P. Văn Miếu ☎(24)6686-7736 🕐10:00~14:00，16:00~20:00 🌐www.kotovanmieu.com

掃地圖

　我們常說：「給人魚吃，不如教他釣魚」，位於文廟對面的KOTO餐廳，則是這句話的具體實踐。1996年來自澳洲的Jimmy Pham，為了協助流浪街頭的青少年，開設KOTO餐廳讓這些社會弱勢者有機會習得一技之長與美語，取得一份合理的工作。經過多年的努力，KOTO已幫助許多青少年打破貧窮的惡性循環，許多學生因而進入五星級旅館工作。來此用餐，不只是可滿足口腹之慾，也算是為這些流浪街頭青少年，期許一份美好的未來，餐廳的所有盈餘都投入訓練課程。

MAP ▶ P.57E1 **Summit Lounge**

🚶從大教堂搭車前往約需15分鐘（位於河內泛太平洋酒店內）🏠1 Thanh Niên ☎(24)3823-8888 🕐16:00~00:00 🌐www.panpacific.com

掃地圖

　位於河內泛太平洋酒店的頂樓，由昔日的閣樓套房改建而成，前往Summit Loung必須轉搭另一座獨立的電梯，讓人有種前往密室的感覺。然而一出電梯後，空間豁然開朗，四面落地玻璃讓人將周遭的美景盡收眼底，如果這樣還嫌不過癮，戶外的露臺更讓你直接擁抱西湖居高臨下的視野。儘管這不是餐廳，卻是享用晚餐前後最適合喝一杯的地方，特別是當打扮成法國女傭的女服務生端來一杯調酒後，更讓人有種身為大亨的錯覺。

MAP ▶ P.57E4 **好吃館 Quán Ăn Ngon**

🚗 從大教堂搭車前往約10分鐘　🏠18
Phan Bội Châu　🕐6:45～22:00

　位在花園宅邸裡，沿著牆排列許多攤位，販售各式越南小吃：河粉、越式春捲、醃蔬菜沙拉、奇特的蝸牛湯、鰻魚粥、現烤的烤肉飯、烤海鮮串等，還有五顏六色、類似摩摩喳喳的甜點Chè sương sa hạt lựu，四溢的香氣勾得人腸胃咕嚕嚕，客人可以到每一攤前，現點現做。如果你在盛暑的中午來此，可選擇室內有冷氣的座位，如果是黃昏後就比較建議在庭院裡用餐，可配上一杯冰涼的啤酒，享受路邊攤的美味與氣氛。

MAP ▶ P.57F3 **Đắc Kim**

🚶 從大教堂步行前往約5分鐘　🏠1
Hàng Mành　☎(24)3828-7060　🕐
9:00～21:00　💲Bún Chả 70,000越盾

　在河內舊城區路邊的Đắc Kim，是當地老字號的餐廳，店家說自1966年就開始營業。餐廳最有名的餐點就是炭烤豬肉米線Bún Chả，餐點的製作過程就在一樓進行，以應付絡繹不絕的用餐人潮。

　Bún Chả是越南常見美食，口味各有不同，在這裡店家會端上烤肉、米粉、特製調料並附上一大盤蔬菜，可依喜好自行調味，餐點的分量不小，吃起來非常過癮。用餐時刻一到，常可看到外國人熟門熟路地自行上到2樓用餐。好吃的春捲也值得一試！

MAP ▶ P.57F4 **Lee & Tee**

🏃 從大教堂步行前往約25分鐘 🏠 164 P. Hué ☎ 869-885-225 ⏰ 8:30~22:00 🌐 leeandtee.vn

　　Lee & Tee在越南有不少分店，在河內、胡志明市、大勒等大城都有設點。店內沒有多餘的裝飾，櫃上擺滿各式包款，讓人一目了然，包括皮夾、手拿包、手提袋、側背包、旅行帶以及公事包等，應有盡有，雖然全部都是以合成皮製成，不過仿製的模樣還是非常有質感，而且價格實惠，大部分的包款在30萬越盾左右，不論男、女或小孩，都可以在這裡找到適合的包包。

MAP ▶ P.57E4 **Craft Link**

🏃 從大教堂搭計程車前往約13分鐘 🏠 51 Văn Miếu ☎ (24)3733-6101 ⏰ 9:00~18:00 🌐 www.craftlink.com.vn

　　Craft Link是非營利組織，以越南境內少數民族風格獨具的手工藝品為特色，他們邀集志願的專家，踏訪少數民族村落，收集各種手工藝品及布料紋路，重新設計包裝成為適合現代人使用的商品，使村落居民有工作，產品有銷售的管道，減少中間商的剝削，使工作者得到合理的利潤。這裡有來自不同村落的布料紋飾，產品架上也有關於製作村落的文化背景介紹，使購買者更深入了解產品的內涵。除了布料，產品種類還包括繡花肩背包、手提貝殼包、繡花筆記本套、圍巾、牛骨做的湯匙和髮飾等。

H Where to Stay in Hanoi
住在河內

MAP ▶ P.57G4
索菲特傳奇大都會酒店
Sofitel Legend Metropole

🚶 從大教堂步行前往約12分鐘　🏠15 Ngô Quyến　☎(24)3826-6919　🌐all.accor.com

索菲特傳奇大都會酒店以優雅的姿態靜靜地佇立在河內的法國區，這間百年飯店不只是飯店，更是河內的地標：1916年越南首部電影的放映地、1930年代歐洲上流人士喜愛的場所、越戰和越共統治期間外國記者和外交官的基地……輝煌的歷史讓它成為一則「傳奇」。曾經下榻於此的貴賓不勝枚舉，包括了各國總統與總理等，更別提在此度蜜月的卓別林夫婦、凱薩琳丹妮芙、奧立佛史東和安潔莉娜裘莉等明星！而英國作家葛拉罕格林(Graham Greene)也曾在此停留以完成他的小說《沉默的美國人》，他最愛喝的苦艾酒成為旅館內Le Club的招牌雞尾酒——Graham Greene Martini！

MAP ▶ P.57E4
Mövenpick Hotel Hanoi

🚶 從大教堂步行前往約20分鐘　🏠83A Lý Thường Kiệt　☎(24)3822-2800　🌐www.movenpick.com

以瑞士為基地的Mövenpick Hotels & Resorts飯店集團，目前在全世界擁有近百家飯店。位於河內的這間坐落於市中心的西南方，距離火爐監獄博物館僅在幾步之遙，飯店建築採法式殖民風格，現代化設備帶來舒適的居住環境，154間客房以極簡高雅的裝潢，營造出奢華的氣氛。

MAP ▶ P.57F4
Meliã Hanoi

🚶 從大教堂步行前往約15分鐘　🏠44 Lý Thường Kiệt　☎(24) 3934-3343　🌐www.melia.com

這間五星級飯店就位於火爐監獄博物館旁，擁有238間客房和68間套房，飯店雖未附設Spa中心，卻提供三溫暖和蒸汽浴的設備。餐飲方面，El-Oriental供應精緻的越南料理，El Patio則主打地中海美食，時髦現代的CK Bar，入夜後在DJ的帶領下讓人陷入熱舞，想要悠閒的喝杯咖啡，Cava Lounge會是不錯的選擇。

河內近郊
Around Hà Nội/Around Hanoi

文●墨刻編輯部　攝影●墨刻攝影組

除了河內這座大城本身之外，在它的近郊也有一些小鎮，適合展開一日小旅程，像是陶器的故鄉巴莊、以質樸版畫聞名的東湖，以「陸上下龍灣」著稱的寧平、或是洋溢著海港城市氛圍的海防……，而其中又以巴莊和寧平最為熱門。

　　巴莊生產陶器的歷史可回溯至11~12世紀，至今依舊保持著樸實的氣氛，到此遊覽不但可以參觀製陶工廠，也能體驗彩繪陶器的活動。寧平則以喀斯特地形著稱，因地理位置重要，10到11世紀的越南王朝都曾建都於此，名為「華閭」，也是越南著名的古都。幸運未受戰爭破壞，水岸嶙峋奇岩間，綴著古寺廟與祠堂，擁有世外桃源般的動人風光，2014年，包含華閭古都、三谷與長安等景點共同被登錄為世界自然與文化雙遺產（P.28）。

河內近郊

圖例 ◎景點

河內
Hà Nội

巴莊
Bat Trang

C08

AH14

Đồng Lạc

紅

AH1

河

C01

府里市
tp. Phủ Lý

南定
Nam Định

Gia Vân

菊芳國家公園
Vườn quốc gia Cúc Phương

華閭古都
Cố đô Hoa Lư

Gia Sinh

寧平
Ninh Bình

碧峒Bích Động
三谷Tam Cốc

N

INFO

如何前往

◎寧平Ninh Bình

火車：從河內火車站出發，每天約有4~6班車，車程大約2小時15分，單程票價約120,000越盾。

巴士：河內Bến xe Giáp Bát總站有許多巴士公司提供服務，班次頻繁，平均每15~20分鐘一個班次，車程大約是2~2.5小時，迷你小巴的行程時間較短。大部分往返河內和順化的Open Bus，也都會經過寧平站，單程票價約80,000越盾。抵達寧平市區後，再轉車前往市區西南方約9公里處的三谷，車程約15分。

旅行團：最方便的方式，是直接在河內購買前往寧平的一日遊行程。旅行社有推出三谷、華閭古都的套裝行程，也有長安加佛教園區Bai Dinh Pagoda的行程，費用各為30美元左右，行程包含飯店接送、車資、午餐、門票、導遊等。此外三谷、華閭古都行程還可選擇含一段騎自行車遊村落，享受寧平田間的恬靜風光。

◎巴莊Bát Tràng

從河內龍邊車站(Bến xe buýt Long Biên)搭乘47A或47B號巴士至終點下車，車程約40分鐘，單程票價約7,000越盾，或是在河內的旅行社購買套裝行程。

◉ Where to Explore around Hanoi
賞遊河內近郊

MAP ▶ P.89B1

巴莊

Bát Tràng

越南版景德鎮

掃地圖

⌖ 位於河內南方約13公里處

距離河內約40分車程的巴莊，自12世紀以來便以生產陶土、瓷器聞名。村內居民不少都是從事生產瓷器的工作，品質優異，河內商店常見的越南傳統瓷器器皿「安南燒」，很多都是出自巴莊。

這裡的商店有大型且數層樓的專門店，也有小小一間的自營店，樣式大同小

異，包含有碗盤、茶具、酒瓶、湯匙、大花瓶、燈柱、神像、香爐等，雖然這些東西在河內也買得到，不過想觀看陶瓷的製作流程卻是非到這裡不可。瓷器的價格取決於品質和類型，購買前除切記「殺價」是必要的不二法則之外。

寧平

Ninh Bình

越南古王朝建都之地

掃地圖

🏠 位於河內南方約100多公里處

　　寧平距離河內約2小時車程的地方，是一大片遭水侵蝕的石灰岩地型，只是不靠海，僅有一條曲折小河蜿蜒其中。該處擁有非常寧靜的鄉村景色，也較少受到戰爭的破壞，在它林立的美景中，以寧平市附近的三谷(Tam Cốc)以及再往山中深入約2公里的碧峒(Bích Động)最受歡迎。

　　碧峒是一座沿著山壁而建的佛寺，建於約10世紀的丁、黎朝時期，共擁有3層結構，每層各供奉著一座廟宇。下層的寺廟全以木頭卡榫，不用釘子，古色古香，入寺記得脫鞋並小心碰頭。再順此往上爬，可以不同高度欣賞寧平奇石，而且中間有段黑洞，入口處備有油燈，令人發思古幽情。布政使杜兼善曾題下這樣的文字：「耽溪有碧洞，洞與我為鄰。華洞千重下，菩提萬劫春。陵含三谷水，近挹太徽雲。喜我歸來日，黃花得故人。」

三谷Tam Cốc

💲 成人120,000越盾、優惠票60,000越盾。遊船每船150,000越盾，外國人每船僅能乘坐兩人　🕐 7:00~15:00　❶ 搭乘遊船時需注意防曬，坐在船上的時間很長，且一路上沒有遮蔽物，記得帶傘及防曬用品。此外，在三谷遊船結束後，船夫就開始跟遊客要小費，一船約為1美元，不過船夫還是常常會往上加價，而發生跟遊客討價還價的情形

　　三谷見名思義，由三座洞穴組成，最大的那座長達125公尺，遊客可搭乘小船沿著Sông Ngô Đồng河遊覽其中。一路上有厲害的船夫用雙腳或雙手輪流划船，小船沿清澈的河流穿梭在群峰之間，有時可見漁夫捕魚，有時又突現在地人居住的屋宇，四周盡是層巒相疊的碧綠景致，悠靜河中只有船夫划槳的聲音，這裡彷彿遺世獨立的村落，令人頗有置身世外桃源之感。

　　當船經過一座座山洞時，美麗的鐘乳石乍現，黑暗洞穴中，只有遠處洞口日光微弱地照射進來，若在酷熱的夏季來訪，行經洞窟將是非常享受的事，陰暗涼爽的洞窟可暫時一掃暑氣。熱門的三谷行程，沿途常可與一團團旅客擦身而過，當船划到終點時又將原路回程，約兩小時的船程，記得做好防曬。

掃地圖

華閭古都Cố đô Hoa Lư

📞(0229)362-1890 🕐7:00~17:00 💲成人20,000越盾、優惠票10,000越盾

華閭古都自丁朝歷經前黎朝，一直到1010年李朝遷都河內的昇龍皇城，一直是各朝代的首都。此地四周有山區圍繞，具有防禦功能，景區內部有丁先皇祠(Đinh Tiên Hoàng)及黎大行祠(Lê Đại Hành)，祠內祭拜的就是兩位皇帝及其他皇族，祠內牌匾、對聯等，都是用中文字撰寫，寓意優美，而從建築格式中，也可看得當時受到中國文化影響極深。

丁先皇創建了丁朝(968~980年)，國號大瞿越，不過他只在位11年就被殺害，王朝也跟著畫下句點。祠內精美的木雕、彩繪

及石雕等，看得出歷經歲月洗禮，祠內樹立的五色旗：紅、藍、黃、白及綠，則分別代表了火、水、金、土、木，因其皇帝的身分，丁先皇祠不時可見龍的雕刻裝飾。

距丁先皇祠不遠處即可來到黎大行祠，黎大行原名黎桓，他創立了前黎朝(980~1009年)，祠堂的形式與丁先皇祠雷同，特別的是，祠內供奉了黎大行、兒子黎龍鋌(Lê Long Đĩnh)以及他的皇后楊雲娥(Dương Vân Nga)，楊雲娥本為丁先皇的皇后，丁先皇死後她又嫁給黎桓，成為前黎朝的皇后，據説在黎大行祠中，她的坐像朝著丁先皇祠的方向，代表她仍思念第一任丈夫。

掃地圖

下龍灣
Vịnh Hạ Long

文●墨刻編輯部　攝影●墨刻攝影組

頂著世界遺產的光環，下龍灣每年吸引數以萬計的遊客前來一親芳澤。下龍灣面積廣達1,553平方公里，包含約3,000個石灰岩島嶼。這些石灰岩地形是由中國東南的板塊延伸而出，經過億萬年溶蝕、堆積，加上海水侵蝕，形成壯麗非凡的景觀，也就是所謂的喀斯特地形。

根據傳說：下龍灣是天上神龍下凡，協助越南人民對抗外敵，吐出龍珠攻擊敵軍，最後敵軍被擊退，掉落海上的龍珠，變為目前看到星羅棋布的石灰岩島，神龍功成後潛藏於海底。又有一說：有隻母龍以其長身，護住下龍灣，使人民不受巨浪侵擾，而母龍帶著小龍，因此下龍灣東北側的海域便名為拜子龍灣 (Vịnh Bái Tử Long)。不論哪個傳說，都代表了下龍灣在當地居民心目中神聖的地位。拜子龍灣也在世界遺產的保護範圍內，同時受保護的還有卡巴島(Quần Đảo Cát Bà)和島上的國家公園。這兩處地方因為觀光發展較晚，保留較多原始景緻，但也因為距離較遠，停留天數要較長才能前往。

下龍灣一連串的多重形狀島嶼就像人間天堂般，尤其當舢舨船穿梭其間時，更會令人產生時空倒錯的感覺。若想親身體驗自然力的神奇，當然要搭船去親近深幽的洞穴和高聳的奇石怪岩。這裡的許多島嶼都是中空，內有溶洞，溶洞裡的石鐘乳、石筍、石柱，構織出一幅幅怪誕奇異的畫面。

下龍灣

A B

Bai Chay

1 1

● 下龍市

遊船碼頭

天宮洞
Động Thiên Cung

香爐石　　木頭洞
Đỉnh Hương　Đầu Gỗ

鬥雞島
Hòn Gà Chọi

三客洞
Hồ Ba Hầm

基托夫島
Đảo Ti Tốp

2 2

驚訝洞　　穿洞
Hang Sửng Sốt　Hang Luồn

迷宮洞
Mê Cung

卡巴島
Quần Đảo Cát Bà

3 3

N

A B

INFO

如何前往

◎套裝行程

　下龍灣的套裝行程多樣，依船隻的等級價位相差也很多。從河內出發的一日行程，每人約25~35美金；兩天一夜的行程從55~500美元不等，還有三天兩夜的行程。因為船的種類和等級實在是太多，如果是過夜的行程，為了保險起見，還是選擇五星級或口碑和服務較好的船。

◎自行前往

　前往下龍灣需搭乘巴士至Bãi Cháy站，在河內的Bến Xe Gia Lâm和Bến Xe Mỹ Đình巴士總站都有許多公司經營這條路線，車程約3小時，班次頻繁，不過Bãi Cháy巴士站距離市區約有6公里之遙，若在市區過夜，下車後要再搭車進市區，費用約30,000越盾。此外，河內的飯店和旅行社都有販售前往下龍灣的共乘小巴票券，可至飯店接駁，直接抵達下龍灣市區，省去轉車的麻煩。

　抵達Bãi Cháy巴士站後，搭乘遊船需再自行搭車前往秦州島遊覽船碼頭Cảng tàu khách Quốc tế Tuần Châu購票，遊船費用依所選行程而定，許多船公司

搞懂複雜的票券！

　自由行才需要購買船票和門票，如果參加套裝行程都會包含在內。船票分為4小時100,000越盾和6小時150,000越盾兩種，行駛的路線稍有不同，除了欣賞奇岩怪石、參觀水上人家，4小時會遊覽天宮洞，6小時則前往距離較遠的驚訝洞。

　遊船費用以外，需另付下龍灣景區入場券290,000越盾（包含1座洞窟的入場費）。

提供巴士總站到碼頭的免費接駁服務，可於官網查詢詢問。由於交通上會花費相當多時間，若旅遊時間有限，建議購買旅行社的套裝行程較方便。

旅遊諮詢

下龍灣旅遊資訊：

🔴www.halongbaycruise.vn、www.visithalongbay.com

MAP ▶ P.93A1

搭乘仿古船暢遊下龍灣

MOOK Choice

Visit Vinh Ha Long by Junk

踏上夢幻島嶼探祕旅程

◎兩天一夜行程4~5星級遊船，每人費用約在150~500美金之間，但依船型、新舊、房態和淡旺季有很大的差別。另外也有三天兩夜及跨年行程等多樣選擇。

下龍灣遊船資訊
🚢 Paradise Elegance Cruises：www.paradisevietnam.com
🚢 Bhaya Cruises：www.bhayacruises.com
🚢 Violet Cruise：halongviolet.com

遊覽下龍灣，最好不要來去匆匆，否則無法真正體驗下龍灣寧靜的美。若參加從河內出發的一日團，大約中午才能抵達下龍灣的Bãi Cháy遊船碼頭，真正遊覽的時間只有半天。再加上下龍灣的午後，通常是霧氣瀰漫，宛如中國潑墨山水畫。最好是等下過一場午後雷陣雨，這時的下龍灣有種清麗脫俗的美；清晨的下龍灣，則是最容易捕捉藍天白雲的時刻。為了能多角度地貼近下龍灣，建議你最好參加2~3天的下龍灣遊船行程，在下龍灣的水上過一夜，細細欣賞她的美麗。

下龍灣遊船有兩種，最常見的是仿中式平底帆船 (Junk)，另一種則是現代化的遊船 (Cruise)。木造的仿中式平底帆船揚著紅、黃色的大帆，點綴在碧波山影間，煞是好看。不過，現在這種仿中式平底帆船也都是以動力引擎前進，不是利用風力，所以行進間的船都不揚帆，只有下錨定點時，才會張起大帆。別被仿中式平底帆船的仿古外觀所誤導，船上的設備很現代化，十分舒適，而且精心提供的海鮮大餐，也會讓人大呼過癮。

遊覽下龍灣，在欣賞溶洞等世界級美景之餘，也可以租用獨木舟在附近海域小小探險一番。這樣的旅行，保證將讓你回味不已！

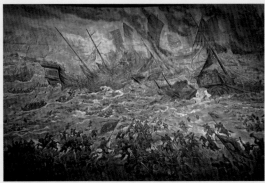

天宮洞Động Thiên Cung、木頭洞Hang Đầu Gỗ

掃地圖

天宮洞是最著名的鐘乳石洞之一，和木頭洞位在同一座島上。在這個巨大的鐘乳石洞裡，彷彿可以看到威武的獅子、跳舞的大象、盤踞的大蟒……。當地人發揮想像力，將這景象虛構成為一則有趣的傳說：天宮洞是仙女和龍宮太子結婚的場地，洞中央有4支大柱子，便是「天宮之柱」，來自四面八方的仙人貴客和動物們，齊聚一堂歡慶這件喜事，天宮洞也因此得名。走到最深處，可看到3漥小池塘，根據傳說，婚後仙女生了100個小孩，這裡便是她為小孩洗澡之處。

木頭洞則是下龍灣規模最大的一個溶洞，其名稱來自民族英雄陳興道(Trần Hưng Đạo) 打敗蒙古大軍入侵的歷史事件。1288年，陳興道為了阻擋蒙古大軍的攻擊，趁著漲潮之際，於下龍灣附近的白藤江埋下木樁陷阱，到了快退潮時引蒙古軍入陷阱，急退的潮汐使木樁外露，將蒙古大軍的戰船全數破壞，獲得大勝。後人在這裡發現了一些殘留木樁，木頭洞因此得名。除了動人的歷史故事，木頭洞裡的鐘乳景色也是十分壯麗，入口處還留有1917年啟定皇來此遊覽後，所留下稱頌美景的石碑文。

穿洞 Hang Luồn

掃地圖

穿洞距離下龍灣的遊船碼頭約14公里，大型遊船無法進入，必須換上舢板，更棒的方法是划獨木舟進去。慢慢進入低矮的山洞後，原以為會進入幽暗的洞穴，但眼前忽然豁然開朗，原來是一個由峭壁包圍的湖內湖。四周的山壁十分陡峭，長滿垂榕和蘭花，偶而可見猴子在樹上的身影，無波如鏡的湖面，映著藍天白雲，真是一幅世外桃源景色。

奇岩怪石

由於下龍灣的石灰岩經過百萬年的風化、侵蝕、海水入侵，形成千奇百怪的島嶼形狀，沿著最熱門的旅遊路線，浮在水面的香爐、宛如人頭的大石、端坐海面的青蛙，或是最具代表性的鬥雞島(Hòn Gà Chọi)。這些小島不可登岸只可遠觀，但就在船的忽遠忽近中，更能欣賞大自然鬼斧神工的奧妙。

驚訝洞 Hang Sửng Sốt

　　驚訝洞是下龍灣最漂亮的石灰岩洞之一。從下船處得登上50級階梯才到入口。這是個規模十分龐大的石灰岩洞，約有10,000平方公尺，可大致分為前後兩大石室，洞頂上自然形成的小圓穴，宛如現代歌劇院裡為了音效而設計的天花板。而洞內形形色色的鐘乳石、石筍、鐘乳石柱，數量大得驚人，展現了大自然堅定的力量。

　　被命名為驚訝洞的主因，是在後室裡有根巨大的鐘乳石柱，石柱上有個狀如男性生殖器的石筍，實在是神似卻又顯得很突兀。保守的越南人，只好將其稱成為驚訝洞。

掃地圖

基托夫島及海灘 Đảo Ti Tốp

　　基托夫島上有處潔白的沙灘，因為是下龍灣裡少數的沙灘之一，因而相當受到歡迎。基托夫這個名稱的由來，是因為1962年胡志明總統帶著來訪的蘇聯太空人基托夫(Ti Top)到此遊覽，胡志明便將這無名島命名為「基托夫」。

掃地圖

　　除了可在海灘遊玩，還可爬上島上高高的山丘，那裡是俯瞰下龍灣景色的最佳地點。基托夫島附近正好是保護區所規定的遊船下錨處，如果運氣好遇上好天氣，下龍灣的青山碧水間，點綴揚著紅、黃大帆的仿古遊船，顯得格外迷人。

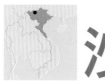

沙壩
Sa Pa

文●墨刻編輯部　攝影●墨刻攝影組

位在中、越邊境的沙壩，是個具有山城風情的城市，海拔超過1,500公尺，是北越高原中一座依山而建的小城鎮。由於氣候涼爽、空氣清新，1922年開始，成為法國殖民時期的避暑勝地，山城仍可見法屬時期的建築，日落時分，從沙壩湖往小鎮望去，常令人有置身歐洲小鎮的錯覺。

越南54個少數民族，有一半以上聚集在老街省(Lào Cai)，位於老街省的沙壩，隨處可見充滿神秘色彩的少數民旅，其中又以苗族(H'mong)最多，苗族還分為花苗、黑苗及白苗，其次還有瑤族 (Dzao)，在當地常見的是紅瑤，此外還有京族(Kinh)、岱依族(Tay)等等，遊客辨識少數民族最直接的方法，可從「婦女」所著服裝的顏色、樣式，飾品的類別等區分，如黑苗的服飾多以黑色為底，綴以蠟染或補花；花苗的衣服和黑苗類似，但常有色彩鮮艷的刺繡。

除了少數民族，沙壩山區的健行路線也很著名，沿途盡是原始的山路，以及與世隔絕的梯田風光，將令人留下難忘的回憶。若時間有限無法參加健行，自行前往貓貓村也能感受梯田及少數民族風情。

INFO

如何前往

◎巴士

沙壩距離河內約376公里，從河內搭巴士約需5.6~6小時，班次頻繁，價格依巴士等級而有不同，單程約350,000~500,000越盾，都是舒適的臥鋪，若想要訂到比較好的時間，最好提早訂票。通常巴士公司會派廂型車到各旅館載客，再一起搭上巴士，所以乘客必需提早在巴士開車前，就準備好在旅館等車，購票時服務人員也會告知何時在旅館等待。內排國際機場也有巴士直達沙壩，車程約4.5小時，

沙壩巴士站在沙壩市場前面，這裡離熱鬧的沙壩教堂步行將近半小時，由於是上坡路段，若是旅館位在教堂附近，又要扛著大件行李，最好搭車前往旅館或請飯店叫車。

此外，由於有些巴士會沿途載客，或是回程時間正好遇到河內大塞車，那行車時間會再往後延長許多，若回河內之後還有行程安排，最好搭早一點的車次回去。

◎火車

沙壩沒有火車站，在高速公路未開通前，遊客前往沙壩通常都是搭火車到老街 (Lào Cai)，火車車程約8小時。接著再由老街轉搭巴士或汽車前往沙壩，距離38公里，車程約需1小時，可請旅館來接送，約3~5美金。

除了一般的火車，另外也有許多公司經營的特殊列車，包括豪華的維多利亞快車 (Victoria Express Train)，由越南高級度假村集團Victoria Hotels and Resorts經營，該列車僅限房客搭乘，附餐和舒適的軟臥鋪。介於中間等級的特殊列車還包括 Violette Trains SP3、New Livitran express Train、Laman Express、Sapaly Express等，每人單程費用約在850,000~1,000,000越盾，價格依車廂等級而有不同。

市區交通

沙壩市區由於是高低起伏的路況，步行或租摩托車是比較好的選擇，若要到比較遠的瀑布或是造訪少數民族村落，就要搭車前往。摩托車的租金一天約5~8美金，價格依車型而定，通常在專門的租車店租會比飯店便宜，不過在飯店租的好處除了便利，也不用趕著回去還車。

氣候

遊覽沙壩最佳時期是9月到11月或是3到5月，此時

氣候最宜人，適合健行。在12月到2月的冬季，可於清晨在山谷看日出，有時還會降雪，迷人風景吸引大批遊客湧入這座美麗山城。 當地早晚溫差大，夜晚要注意保暖。

旅遊諮詢

遊客中心可以幫忙遊客訂購行程，不過沒有什麼資料可索取，出了遊客中心往後走，就是沙壩博物館。

◎沙壩遊客中心

🏠 2 Fansipan, street, Sa Pa

🕐 7:45~17:30

🌐 sapa-tourism.com

Where to Explore in Sa Pa
賞遊沙壩

MAP ▶ P.98A2

沙壩博物館

MOOK Choice

Bảo Tàng Sa Pa

認識少數民族文化

掃地圖

⚲ 2F,2 Fansipan　☏(214)3871-975 ⌄
8:30~11:30、13:30~17:00

　　博物館展示空間主要在2樓，這裡展示了當地少數民族的生活文化，包括傳統房屋模型、介紹當地如何製作銀器、各種種植稻米所使用的傳統工具等等，此外，也有模擬慶典時舉行儀式的場景，場景貼滿寫上中文字的紅色對聯，現場並展示寫著中文的書籍，顯示當地受到中國文化影響極深。

　　館中也展示了不同少數民族的穿著，在鎮上經常會看到穿著傳統服飾的少數民族，不妨從這裡了解她們所屬的族群。依據館內2009年的資料統計，在沙壩5萬多人口裡，各族比例分別為苗族51%、瑤族23%、京族17%、岱依族4%、解族(Giay)1%等。

MAP ▶ P.98A2

聖母玫瑰堂

Nhà Thờ Đá Sapa

山城信仰中心

掃地圖

⚲ Nhà thờ Sapa, thị trấn Sapa　☏(214)387-3014
🌐 www.sapachurch.org

　　靜靜矗立廣場旁的聖母玫瑰堂由石頭堆砌而成，是沙壩的重要地標，在1925年時已有教堂及神父的住所，後來由於戰爭，教堂幾乎荒廢，直到1995年政府修復了教堂，這裡才又熱鬧了起來，目前教友以苗族最多，為沙壩留下的法國殖民時期建築中最完整的一個。

　　這座醒目的教堂平時不開放參觀，只有活動時才開放教友進入，平日開放禱告時間為早上5點、晚上6點半及7點，假日則是早上8點半、9點及晚上6點半，只見時間一到，民眾聚集在純白色殿堂中，在神父指引下，開始神聖又莊嚴的宗教活動，此時不開放民眾進入，只能在門口觀看。

MAP ▶ P.98B1

沙壩市場

Chợ Sapa

好吃好買摩登商場

掃地圖

◆6:00~18:00

沙壩市場位於巴士站牌旁,原來的舊市場位在聖母玫瑰堂附近,後來才改遷到這裡。有別於傳統市場原始、老舊的模樣,這新穎、偌大的建築分為兩層樓,中間挑高的空間彷彿大型購物商場,數十個攤位銷售各式紀念品,包括茶葉、乾貨、服飾、圍巾、包包等,不時可見小朋友在自家攤位門口嬉戲,為市場增添幾許趣味。

市場後方是小吃區及菜市場,在這裏用餐不怕語言不通,因為店外用英文列出所有小吃及價格,雞肉湯、牛肉湯或是米粉春捲(Bún Chả),全都只要約3萬越盾,價格實惠,用餐的不只觀光客,也有不少當地人在這裡飽餐一頓。

MAP ▶ P.98沙壩周邊A1

銀色瀑布

Khu du lịch Thác Bạc (Silver Waterfall)

如仙境般奇景

掃地圖

◆從沙壩市區騎車約20~30分鐘 ◆San Sả Hồ, Sa Pa ◆20,000越盾(銀色瀑布);70,000越盾(愛情瀑布)

銀色瀑布距離沙壩市區約12公里,沿途都是山路,瀑布就位在路旁,不容易錯過。只見如絲絹般的瀑布從山頂一層層傾瀉而下,十分壯觀。遊客可以購票進入參觀,沿著山壁上的階梯,一層層往上爬,更近距離地欣賞銀色瀑布的美。

傍晚收費員下班後,景區可以免費進入,不過階梯沿途沒有燈光,最好注意安全,且夜晚山區易起霧並且燈光不足,需小心騎車。過了銀色瀑布再沿山路續行,還有一座愛情瀑布(Love Waterfall),每年春季,杜鵑花沿路綻放,相當迷人。

MAP ▶ P.98沙壩周邊B1

MOOK
Choice

北河市集

Chợ Bắc Hà

跟著少數民族趕集去

掃地圖

◆由沙壩開車前往需3小時,可參加旅行社安排的套裝行程,每人約在15美金左右 ◆距沙壩市中心約100公里 ◆週日6:00開始,大約10:00~12:00最熱鬧

北河市集為北越高原中規模最大的市集,每週日無論天晴或天雨,少數民族一定如期前往北河市場趕集。北河市周圍有許多少數民族村落,以花苗為大本營,其餘如黑苗、儂族、瑤族等,也都會在週日的市集中買賣日常貨物,只要掌握各民族的「服裝」辨識要點,就不難發現他們的身影。

因為北河市集以少數民族的日常用品為主,也有花苗的編織品,及各族群的錫製手環、戒指、項鍊、擺飾品等。如同在沙壩市,賣給觀光客的起價,絕對比當地人貴,殺價是絕對必要的。

MAP ▶ P.98沙壩周邊A1

貓貓村

MOOK Choice

Cát Cát Village (Cat Cat Village)

最易到達的苗族聚落

掃地圖

🚲由市區前往約3公里，可步行或騎車前往，但沿途有一大段是陡峭的下坡路段，需小心騎車 💲每人90,000越幣，也可選擇參加有導遊帶的半日團體行程 🕐6:00~18:00

　來到沙壩，來一段健行是不可或缺的，否則將無法真正欣賞到山城原始、壯觀的景致。貓貓村是最靠近市區的村落，也是可以自行購票進入健行的地區。貓貓村乍聽之下很有趣，其實這裡跟貓一點都沒關係，這是直譯苗族語言而來。

　這個村落以苗族為主，進入參觀可從一號檢查站、二號檢查站購票，一號檢查站在半山腰，從這裡進入一路上是下坡的階梯，眼前展開恬靜的梯田風光，還有苗族傳統的木造建築以及汲水設備等，一路上商家多是紀念品店，除了手工藝品外，也展示了傳統織麻工具及商品，有些主人還會歡迎遊客進入參觀。

　續下行可見瀑布、藝術表演中心以及當地小學，藝術中心可欣賞到苗族樂曲演奏及舞蹈，健

行全程約1小時，沿途都是起伏的山路地形，記得準備一雙好鞋。

MAP ▶ P.98沙壩周邊A1A2

村落健行之旅

MOOK Choice

Sapa Trekking

與世隔絕的桃花源

💲當地推出不少一日套裝行程，拜訪不同少數民族的村落，這些村落包括Lao Chai、Ta Van、Giang Ta Chai、Sin Chai、Matra等，各個路線行經的村落不同，可依喜好選擇，一日行程團費約為20~30美金，價格依人數而有不同。另外，當地也有推出在村落裡過夜的2~3天Homestay行程

鄰近沙壩市區分布各個少數民族的聚落，各部落的分界不明顯，再加上沿途都是原始的山路小徑，行走其間很容易迷路，旅客通常會參加當地推出的健行行程，原始的山區健行考驗著每個人的體力，參團之前最好選擇適合自己的路線，並詢問清楚全程步行的公里數。

以Lao Chai村、Ta Van村及Giang Ta Chai村一日行程為例，去回都有車子接駁，全程18公里的路線中，只有用完午餐後的一小段搭車，其餘都是深入原始村落的健行路線。沿途山路崎嶇，健行前記得做好防曬，尤其是夏季，可攜帶帽子、遮陽外套或是雨傘，準備健行專用鞋，並帶上足夠飲水，不過，一路上也會有少數民族販售飲水及紀念品，一瓶水約2~3萬越盾。

行程由貓貓村進入，接著通往Y Linh Ho Village，隨著地勢高低起伏，眼前所見盡是滿山遍野綠油油的梯田，轉個彎變成在地人養豬的豬圈及傳統屋舍；一開始是平坦小路，跨越河流，又變成泥濘的樹林；好不容易越過一座山頭，可能接下來又是難行的竹林小路。行程中導遊會視

路況調整路線，不過一路上沒有明確的指標及分界，其實分不出來已經進到另一個村落。

一路上常見一群穿著傳統服裝的少數民族，跟隨在一群遊客後方，她們會協助遊客登山健行，尤其是上下坡易滑路段，等到一段行程結束之後，她們就會開始兜售紀念品或是跟接受幫助的旅客要小費，紀念品以包包為例，售價大約5~10

萬越盾；過程中也會看到一群少數民族站在路中間，邀請遊客到家中一起享用午餐，接受邀約前可先談妥價格，費用依餐點而定。

　　據當地導遊表示，雖然進到村落裡，觀光客需買票，但這些費用都是收歸政府所有，在村落生活的人只能自力更生，主要工作就是務農，當地稻米一年一穫，收成的米其實不足以供應村落三餐食用，因此必需從外面購入。除了4~8月種稻期，其他時間大家只能種植蔬菜、玉米，或是做手工藝來維生，也因此不論大人小孩，全都跑到鎮上或是向健行的遊客販售紀念品了。

　　行程最後在小瀑布旁小憩後，踏上歸途，路途雖然辛苦，然而遠山的煙嵐疊翠、住家的炊煙裊裊，一派與世無爭的感覺，將成為此行最美好的回憶。

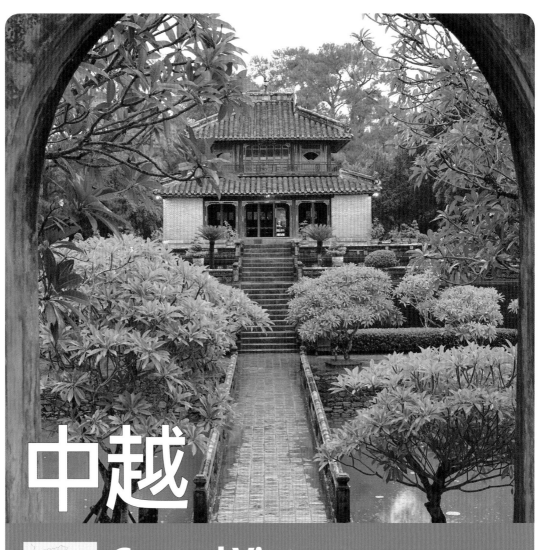

中越

Central Vietnam

中越主要介於河靜和歸仁之間，這裡有鄰近峰牙－己榜國家公園而受歡迎的洞海、越南最後一個王朝——阮氏王朝的首都順化、自古就是國際貿易港的峴港、至今仍瀰漫著古都風情的會安，和曾是占婆帝國宗教中心的美山聖地等等，在越南的8處世界遺產中，中越就占了一半，而這些地方也是許多遊客前往越南的熱門目的地之一。

坐落於香江河畔、擁有倚山面河的優越地理條件，順化在成為阮朝首都以前，就已是占婆帝國中位居要角的占城，19世紀初阮福映稱帝，自稱為大南國嘉隆皇，並定都順化，同時仿效北京紫禁城興建了一座層層戒備的京城。

而身為中越門戶的峴港，擁有美麗沙灘外，也是許多前往中越旅行的外國遊客出入站；洞海市區同樣散布幾處沙灘，一座座不斷對外界開放的神秘鐘乳石洞窟，讓造訪的遊人愈來愈多；位於秋盤河畔的會安，是16~18世紀時東南亞最重要的國際港之一，中式會館和古宅邸成為它最大的特色。來到這裡更別錯過美山聖地，昔日雄霸一方的帝國，如今以遺跡向世人見證曾風光一時的歷史！

中越之最 Top Highlights of Central Vietnam

會安古宅Nhà
　會安老街保留了大量的黑瓦木造老宅，這些建築結合了中、日、越式建築手法，至今仍有許多古宅保留舊時格局並開放參觀，有些則改成咖啡館或藝廊。（P.154）

順化京城
Kinh Thành Huế
　規模龐大的京城是以北京的紫禁城做為參考，氣勢恢宏，有許多建築和文化之美可以欣賞，是順化最受歡迎的景點。（P.119）

峰牙洞
Dộng Phong Nha
　峰牙－己榜國家公園知名度最高的峰牙洞，需乘船進入，洞內可經陸路近距離欣賞鐘乳石，或經由水路深入洞穴內部。（P.111）

DMZ非軍事區
Demilitarized Zone
　南北越分界的DMZ非軍事區，昔日兩邊對峙的肅穆氣氛已不復見，留下的軍事基地和地下隧道成為熱門觀光景點。（P.134）

美山聖地Mỹ Sơn
　占婆，至今仍充滿著謎題的古老帝國，有著極為精湛的建築技術與知識，使其建築屹立數百年至近代。（P.166）

How to Explore Central Vietnam
如何玩中越

近幾年中越旅遊熱潮崛起，越來越多航空公司增加航線直飛峴港。以峴港為起點，向南遊覽會安古城和美山聖地、向北拜訪順化皇城，都只要2~3小時車程。

洞海Đồng Hới

　　來到洞海的旅人，都是為了峰牙－己榜國家公園，無論是需乘船進入的峰牙洞、壯闊的天堂洞，或是可以玩滑索、洗泥漿浴的黑洞都有令人讚嘆的自然景觀。想換換口味，還可以參加一日團前往北緯17度的DMZ非軍事區，親臨昔日越戰場景。

代表性景點：峰牙洞、天堂洞、DMZ非軍事區

美山聖地Mỹ Sơn

　　美山距離峴港和會安都大約1.5小時車程，適合安排兩地出發的半日遊。美山聖地由許多印度教建築組成，是占婆帝國留下的遺跡，當時是帝國的政教中心，全盛時期足以媲美吳哥的盛況，可惜因戰亂和天災，美山的保存狀況較差，不過仍然是越南數一數二的熱門景點。

順化Huế

　　阮氏王朝在順化留下講究的皇城建築及風格迥異的皇陵群，讓人見識到深受中國文化影響的精湛藝術美學。順化京城是最主要也最受歡迎的景點，沿香江南下，還有數個皇家陵寢，時間充裕的情況下建議購買兩日聯票較划算，而留傳下來的宮廷美食，更是不能錯過！

代表性景點： 順化京城、啟定皇陵、嗣德皇陵

安南山脈

● 河靜 Hà Tĩnh

洞海 Đồng Hới

峰牙-己榜國家公園
Vườn quốc gia Phong
Nha-Kẻ Bàng
(Phong Nha-Ke Bang
National Park)

● 東河 Đông Hà
● 廣治 Quảng Trị

安南山脈

DMZ
(非軍事區)

● 順化 Huế
峴港 Đà Nẵng
● 會安 Hội An

美山聖地
Mỹ Sơn
(My Son Sanctury)

● 廣義
Quảng Ngãi

中越區域圖

會安Hội An

　　會安曾是東南亞重要的國際港口之一，來自各國的商船雲集此處，一間間保存完好的中、日商人古宅，向世人展現老城曾經繁華的過往。換上一身奧黛，搭人力車穿梭古街，乘小舟緩緩划入秋盤河的燈籠夜色裡，這裡沒有大山大水或富麗皇城，只有值得細細品味的溫婉人文氣息。

代表性景點： 進記古宅、來遠橋、秋盤河

峴港Đà Nẵng

　　峴港是中越的商業中心，也是此區主要對外門戶。市區本身沒什麼特殊景點，腳步稍微向外擴展，綿長細白的沙灘、高級設計旅店、濱海度假村、以及巴拿山上的主題樂園都是不退燒的IG熱搜畫面。

代表性景點： 美溪海灘、五行山、巴拿山

洞海
Đồng Hới/ Dong Hoi

文●墨刻編輯部
攝影●墨刻攝影組

洞海市是廣平省省會，鄰近峰牙－己榜國家公園(Vườn quốc gia Phong Nha-Kẻ Bàng)，因為世界最大的鐘乳石洞窟在這裡被發現，為這個小城帶來不少觀光客。

遊客最常造訪的包括第一個開放的峰牙洞(Dộng Phong Nha)、壯闊的天堂洞(Động Thiên Đường)，還有可以玩高空滑索、洗泥漿浴的黑洞(Hang Tối)等，絕對都是不可思議的夢幻美景。目前發現世界最大的鐘乳石洞為韓松洞(Hang Sơn Đoòng)，全長約9公里，最高處約243公尺，相當於40層樓高的建築，不過造訪韓松洞需要參加由Oxalis特許經營的4天3夜健行行程，耗費約3000美金的代價，造訪難度相當高。

4~6月為最佳參觀季節，7~9月叢林區高溫炎熱，11~1月進入雨季可能關閉洞穴。若是不易到達的行程，將由導遊帶領，穿越叢林、山谷，一段刺激的探險也在這裡展開。遊客參加洞窟的行程，長短天數應有盡有，當地並且持續在開發新的洞窟，可依照喜好、停留天數做選擇。

因為洞海鄰近北邊的DMZ非軍事區，越戰時曾遭受到猛烈攻擊，尤其1965年的戰事，炸毀了城市的大部分，當時炸毀的殘存教堂，如今被留下來作見證。除了國家公園鬼斧神工般的奇景，鎮內還有壯闊的沙丘、度假沙灘以及不同時期遺留下的古蹟，更棒的是這個小鎮仍保持原始純樸風貌，值得細細品味。

INFO

基本資訊

人口：約12萬人
面積：156平方公里
區碼：232

如何前往

◎火車

　　從胡志明市到洞海每天有4~6個班次，約需23~25小時；從峴港出發，經順化、東河到洞海，每日4~6班次，需時約5.5~6.5小時；河內每日有7個班次，需10.5~11.5小時；順化搭火車約需3~4.5小時。火車站離洞海市區約3公里，搭計程車約50,000越盾。

vietnam-railway.com

洞海

洞海機場

廣富沙丘
Cồn Cát Quang Phúe

Cao Thắng

往峰牙洞、天堂洞方向

南 海
Biển Đông

N

日麗海灘
Bãi Biển Nhật Lệ

Trương Pháp

Hữu Nghị

Lý Thường Kiệt

Đồng Hải

Riverside Hotel

Sun Spa Resort

Nam Long Plus Hotel

Geminai Restaurant

保寧海灘
Bãi Biển Bảo Ninh

Tree Hugger Café & Crafts

Trần Quang Khải

Lý Nam Đế

譚東亞教堂
Tam Tòa Church

Iced Coffee

銀行

Cầu Nhật Lệ

Trần Hưng Đạo

Nguyễn Hữu Cảnh

東門

Mother Suot 英雄雕像
Mẹ Suốt

洞海市場
Dong Hoi Market

Hương Giang

日麗江
Sông Nhật Lệ

Thống Nhất

廣平關
Quảng Bình Quan

Lê Lợi

圖例 ◎景點 ⑪餐廳 ✈機場 ⑪飯店 🚉火車站

◎飛機

機場位於洞海市區北方6公里處，從胡志明可搭越南航空、越竹航空或越捷航空前往洞海，航程約1小時40分，每天約6個班次；從河內到洞海航程約1小時，每日約3班次。

◎巴士

越南主要大城有幾間巴士公司可從河內、會安、峴港、順化等主要城市直達峰牙－己榜國家公園，例如：Hung Thanh，或可搭當地的巴士抵達洞海巴士站，再自行租車或搭計程車前往國家公園區域。順化搭乘巴士前往洞海，車程約5小時。

從洞海前往其他城市，可搭乘Hung Long Bus Company的巴士，當地也有共乘的廂型車從洞海旅館直接送到下一站的旅館，車程約需4小時。

Hung Thanh
🌐hungthanhtravel.com.vn

Hung Long Bus Company
🌐hunglong.net

市區交通

◎計程車

計程車起跳價約為每公里11,500越盾，依車型及計程車公司而有些不同。

Mai Linh ☎(232)385-8585

◎租摩托車

洞海市區車子不多，非常適合租摩托車旅行，一天大約150,000~200,000越盾。油資自付。

◎租腳踏車

想要悠閒地感受洞海尚未過度開發的純樸，可以租腳踏車造訪市區景點，一天大約60,000越盾。

旅遊資訊

洞海沒有旅客中心，由於是新發展的觀光城市，旅

遊資訊較不易取得，Tree Hugger Café 館內提供豐富的洞海旅遊資訊，還有免費地圖可索取。

參觀峰牙－己榜國家公園最方便的方法是報名當地旅遊行程，洞海或順化市區都有旅行社提供行程，或事先於KLOOK網站報名峰牙洞和天堂洞行程。

◎Oxalis Adventure

📍Phong Nha Town, Bo Trach District, Quang Binh Province
☎(232)367-7678
🕐7:30~12:00，13:30~17:30
🌐oxalisadventure.com

MOOK Choice

峰牙洞

Dộng Phong Nha (Phong Nha Cave)

乘船一窺水路雙奇觀

掃地圖

🚗距離洞海市區約47公里 🏠TI 20, Phong Nha Town ☎0918-841-455 💲成人150,000越盾，船資每船550,000越盾(最多可坐12人)。峰牙洞加天堂洞一日遊每人大約1,050,000越盾，含車資、船資、門票及午餐等。參加峰牙洞4.5公里行程，每人1,530,000越盾，最少需2人參加。另外也有峰牙洞下午的遊程可選 🕐夏季7:30~16:30；冬季7:30~16:00 🌐phongnhatourism.com.vn

峰牙－己榜國家公園裡有超過300座的洞窟，當地政府也一直在開發新的洞窟，峰牙洞是最早開發、也是知名度最高的一座。峰牙洞最早被發現於1899年，在越戰時期曾被當成美軍的醫護站並藏匿設備，事實上在國家公園的洞窟，有許多在當時也被用於軍事用途。

乘船進入

進入峰牙洞會先搭乘小船，航行在松河(Son river)河上，船程約半小時。此時自然原始山景一覽無遺，兩岸是居民生活的聚落，孩童們就在河邊嬉戲，看見遊客還會友善的回應，一副與世無爭的模樣。

峰牙洞口

河流一直延伸到峰牙洞裡，接著進入由大自然力量形成的隧道。在洞口處，船伕還會貼心地先將遮陽的船蓋收起，以便進入洞穴時能將已存在億萬年，形成各種驚人的鐘乳石奇景盡收眼底。

水路及陸路景觀

峰牙洞裡分為水路及陸路段。峰牙洞內一路都打上彩色燈光，可見各種奇形怪狀的鐘乳石，狀如佛陀、獅子等，一般遊客約參觀洞內1公里的景觀。在1.2公里之後洞裡沒有架設燈光，若想要探訪更原始的洞窟面貌，必須參加由導遊帶領的4.5公里行程，時間約7小時，包含獨木舟、游泳、午餐等。

回程時船將停在半路讓遊客下船，走一段陸路的峰牙洞，近距離接觸這座神祕洞穴，從這裡再步行回到洞口。時間若還足夠，可以前往洞口外不遠處的峰牙谷祠參觀。

若遇到9月至隔年1月的雨季，河水上漲淹沒洞口，將使得船隻無法駛入，遊客此時需在峰牙洞口下船步行前往洞內，只能欣賞洞內陸路景觀了。

中越⋯洞海 Đồng Hới

MAP ▶ P.109A2

MOOK Choice

天堂洞

Động Thiên Đường (Paradise Cave)

歷億萬年神祕巨型溶洞

掃地圖

🏠 天堂洞距離洞海市區約70公里 🏠 Km 16, Ho Chi Minh Highway - West Branch, Bo Trach, Quang Binh ☎(232)350-6777 💲成人250,000越盾，7公里探索行程2,000,000越盾，至少2人成行；電瓶車：4人座單程60,000越盾、來回100,000越盾，6人座單程90,000越盾、來回150,000越盾。也可參加峰牙洞加天堂洞一日遊，每人大約1,050,000越盾，含車資、船資、門票及午餐等 ⏰7:00~16:30 🌐www.dongthienduong.com ❗夏季參觀人潮眾多，最好安排上午進入

天堂洞最早是由一位農民所發現，後來英國洞窟研究協會於2005年進入研究發現，這個洞窟形成於4億年前，總長31.4公里，包含超過18座洞穴，遍佈無數的巨大鐘乳石及石筍。洞窟最高處約100公尺、寬約200公尺，大自然歷經億萬年的鬼斧神工之作，每座都各有其獨特風貌。

天堂洞一直到2010年才對外開放參觀，目前遊客可以自行進入造訪天堂洞內部約1公里，所需遊覽時間約2~2.5小時。若想深入7公里的行程，必需事先於官網預約報名，由導遊帶領，一整天的行程包括溶洞導覽、午餐和一小段地下河流的獨木舟體驗。

天堂洞位於森林裡，進入景區後，需要步行1.5公里才能來到洞口，也可付費坐一段電瓶車，在最靠近洞口的地方下車，很難想像穿過這座森林，裡頭就隱藏著如此壯觀的洞窟。

一開始的1公里行程都架起木棧道，一到洞口，就能感受一股涼風迎面吹來，全年溫度約在21度左右，夏季來此備感舒適。進入裡頭一開始就是一段直接深入洞窟底部的階梯，愈往內部深入，愈能見到令人屏息的夢幻美景。有狀如越南茅草屋、蓮花塔、玉兔、梯田以及吊燈等，雖然一旁僅用越南文標註，不妨發揮想像力猜測這些巨型鐘乳石的形狀。

MAP ▶ P.109C4

洞海市場

Chợ Đồng Hới

貼近在地生活好去處

掃地圖

🚶 從譚東亞教堂步行前往約20分鐘　🏠 Mẹ Suốt, Hải Đình　🕐 漁市場5點開始

　　洞海市場從清晨5點開始拍賣當日捕獲的新鮮漁獲，早晨8點半之前來此處，都可感受忙碌與熱鬧的氛圍，平時則有一些蔬菜、水果和日常用品的攤販。

　　從這裡可以看到遠處矗立一座英雄雕像，當地人稱Mother Suot(Mẹ Suốt)，這位阮婆婆(Nguyen Thi Suot, 1908-1968) 原為船伕，越戰時期，當其他船伕都逃離此處，年已60歲的她，冒著生命危險，用一艘小木船載運越南士兵及武器，跨越日麗江到對岸，也因此她被視為越南人的女英雄。可惜1968年，她在一場美軍的攻擊之下喪生。她的雕像於是被矗立在江畔，供後人勉懷。

MAP ▶ P.109C4

廣平關

Quảng Bình Quan

象徵洞海地標古蹟

掃地圖

🚶 從譚東亞教堂步行前往約20分鐘　🕐 38 Quang Trung

　　矗立在大馬路旁的廣平關，與四周現代建築形成強烈對比，廣平關原建於1631年，在阮朝時期用紅磚及石頭重建，目前仍清楚可見用紅磚砌成的城門，其上是一座中國風格的建築，兩旁城牆只殘存了一小段，倒是城門上的「廣平關」3個字仍清晰可辨。這座城門可說是洞海的象徵，至今已經過多次整建。

　　距離廣平關不遠處，有一座同樣是殘存的古蹟——東門，建築風格與廣平關相似，同樣都是紅磚所築。

MAP ▶ P.109C3

譚東亞教堂遺址

Chứng tích Nhà thờ Tam Tòa

荒廢教堂見證越戰

掃地圖

🏠 Nguyễn Du

　　建於1866年的譚東亞教堂，是一座古老的天主教堂。越戰時期，譚東亞教堂不幸在1965年2月11日遭受美軍空襲炸毀，目前殘存教堂立面、鐘塔及部分地基。幾年前天主教會曾努力抗爭，希望原地復建天主教堂，繼續供教友們祈禱，甚至在與政府的抗爭中，不少人因此受傷，不過越南政府仍堅持將此地改建為公園，開放大眾參觀，也作為美國侵略越南的象徵，而新的譚東亞教堂也即將於市區的另一頭完工。

廣富沙丘

Cồn Cát Quang Phú

體驗飆沙競速快感

 掃地圖

🏠距離市區約5公里　🚗從譚東亞教堂開車前往約10分鐘　🌅日落後這裡沒有燈光

從市區一路往北前進，經過一座座美麗的度假沙灘後，在左手邊看去，一望無際的沙丘將乍現眼前。周末時分，這裡是在地人的休閒勝地，車輛直接停滿路旁，大家爬上沙丘頂，在這片廣闊沙漠嬉戲，或放風箏，或租借滑沙板，從沙丘頂端一路滑下，暢快又刺激。

爬上沙丘遠望，一邊是無際的湛藍海洋，另一邊則是高低起伏的沙丘景觀，日出日落，在沙丘都能感受不同時刻各具風情的景觀。

MAP ▶ P.109D3

保寧海灘

Bãi Biển Bảo Ninh

垂手可得的悠閒

 掃地圖

🏍從譚東亞教堂開車前往約7分鐘

洞海在越戰時期，被炸得滿目瘡痍，如今已是越南人的海灘度假勝地，自北到南依序有不同的沙灘，包括日麗海灘及保寧海灘等，也讓洞海市區，瀰漫著一股悠閒的度假氛圍。

跨過日麗江上的大橋後，一直往南海前進，走到路的盡頭就是保寧海灘。保寧海灘免費進入，沙灘上也有業者提供茅草搭蓋的遮陽傘及躺椅，讓遊客悠閒地坐在這裡享受一杯沁涼飲品，另外，還有推出水上摩托車供遊客飆浪。

MAP ▶ P.109C3

Nam Long Plus Hotel

在地最受歡迎旅館之一

 掃地圖

🏠旅館距洞海火車站約3公里，搭計程車約50,000越盾　🏠28 Phan Chu Trinh, Dong Hoi, Vietnam　☎0918-923-095　💲一晚22~35美金　🔗namlonghotels.com

在洞海備受背包客歡迎的旅館Nam Long Hotel已經營10年，這間旅館是Nam Long Hotel老闆新開的分館，相距僅需步行10分鐘路程。Nam Long Plus Hotel新穎舒適，還有電梯可達各樓層，旅館

推出的套裝行程、代訂車票及機車租借，價格合理，任何交通或旅遊問題，都能給予詳盡協助，甚至有些服務生還特別喜愛跟遊客聊天，熱情親切的服務也是一大賣點。

Where to Eat in Dong Hoi
吃在洞海

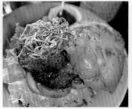

MAP ▶ P.109C3 **Tree Hugger Café**

🚶 從譚東亞教堂步行約3分鐘 🪑30
Nguyễn Du ☎0935-983-831 ⏰
7:00~22:00 💲咖啡15,000~35,000越
盾、主菜及輕食40,000~65,000越盾
www.treehugger-café.com

掃地圖

Tree Hugger Café店內總是坐滿外國觀光客，老闆十分注重環
保，店內使用的家具、裝潢多為天然製品，並盡可能使用當地新
鮮食材入菜，想要享受美味的洞海美食，來這裡準沒錯。

Tree Hugger店內隨處可見勵志小語貼在牆面上，餐廳全天候
供應早餐，也有越式、西式咖啡，旅客一坐下服務生就馬上端
上一杯消暑的冰茶。而除了美味餐廳，還提供豐富的洞海旅遊
資訊，讓遊客免費索取及查閱，就放在櫃台旁的架子上。餐廳
提供代訂車票、火車票等服務，酌收取手續費，想要自行購買
的旅客，店內也有詳細介紹購買方法。

MAP ▶ P.109C3 **Geminai Hotel & Café**

🚶 從譚東亞教堂步行約3分鐘 🪑56
Nguyễn Du, Đồng Mỹ ☎(052)393-
8888 ⏰6:30~22:30 💲主菜
35,000~60,000越盾，披薩120,000越盾

Geminai有飯店及餐廳兩部分，餐廳到了
晚上就變成熱鬧的Pub，提供各種特調咖啡、優酪飲品及酒
類，料理則有越式、西式以及素食餐點可選擇。

Geminai用透明的玻璃窗隔出室內及戶外座位區，裝潢設計
摩登又帶點慵懶。餐廳前方就是公園及河岸，晚上一到，當
地年輕人在這裡聚會活動，好不熱鬧。

掃地圖

MAP ▶ P.109C3 **Iced Coffee**

🚶 從譚東亞教堂步行約3分鐘 🪑34
Nguyen Du Street, Dong My Ward
093-595-1333 ⏰6:30~22:30 💲咖
啡豆大約250克188,000~750,000越盾

距離Geminai餐廳不遠處，可見咖啡館
Iced Coffee，這間位於洞海鎮上的咖啡，提供精緻的咖啡飲
品。Iced Coffee老闆擁有咖啡農場，位於越南中部高原，店
內咖啡飲品即是使用自家生產的咖啡豆，同時也有販售烘好
的咖啡豆，分為淺焙及中深焙，還有阿拉比卡及羅布斯塔等
選擇。

掃地圖

順化
Huế / Hue

文●墨刻編輯部
攝影●墨刻攝影組

位在景色如詩的香江河畔，順化有著倚山面河的優越地理條件。最早的歷史記載始於西元前3世紀，中國於秦朝時開始在此設置「象林縣」治理，又稱「林邑」；直到2世紀左右，占婆勢力開始興起並建立龐大的帝國，此城成為中國史書中的占城，西元1471年時，黎朝打敗占婆，結束占城歷史。

直到1637年，阮氏王朝開始在此紮根經營，首先是阮潢在順化建城，稱為廣南阮氏王朝。阮潢將此地更名為富春，阮氏王朝在此興盛發展，順化逐漸成為重要的城市。1771年爆發叛變，阮岳建立西山(Tây Sơn)王朝，但不過30年的光景，阮潢的後代阮福映，在法國的軍事支持下，又推翻西山朝，重新取得順化的統治

權。阮福映於1802年稱帝，自稱為大南國嘉隆皇，將富春改名為順化，並定之為國都。也因為藉法國之力取得政權，阮氏皇帝與法國開始了複雜的愛恨糾葛，甚至有幾位皇帝因為不甘受制於法國，與法國對抗，最後被流放海外。

1945年日本戰敗，第二次世界大戰結束，胡志明領導的越盟在河內成立臨時革命政府，並要求保大皇退位。雖然日本人提議可合作殲滅越盟，但保大皇為了國家的和諧，拒絕這項提議，於8月25日下詔退位，結束順化作為皇城的歷史。

越戰期間，順化正好位於南北越交界附近，受到嚴重的砲火轟炸。其中又以1986年的農曆春節期間，美國的一場轟炸，將順化城裡的歷

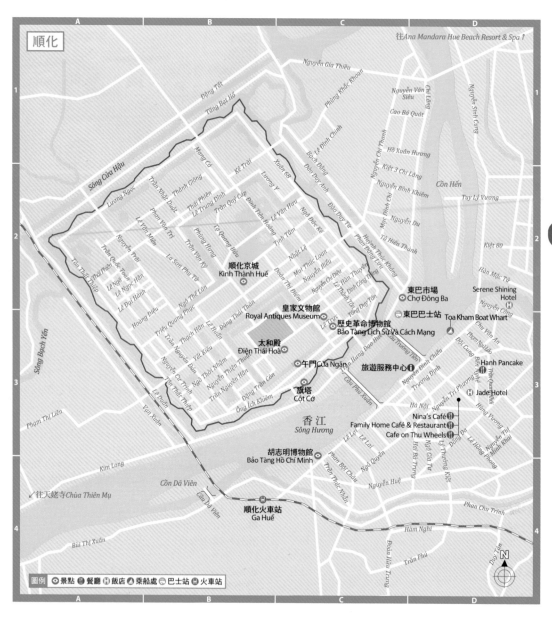

順化

往Ana Mandara Hue Beach Resort & Spa↑

中越…

順
化 Huế

Sông Cửa Hậu

Sông Bạch Yến

順化京城
Kinh Thành Huế

皇家文物館
Royal Antiques Museum

太和殿
Điện Thái Hoà

午門Cửa Ngăn

旗塔
Cột Cờ

歷史革命博物館
Bảo Tàng Lịch Sử Và Cách Mạng

東巴市場
Chợ Đông Ba

東巴巴士站

Serene Shining Hotel

Tòa Kham Boat Whart

旅遊服務中心

Hanh Pancake

Jade Hotel

Nina's Café
Family Home Café & Restaurant
Cafe on Thu Wheels

香江
Sông Hương

胡志明博物館
Bảo Tàng Hồ Chí Minh

往天姥寺Chùa Thiên Mụ

Cồn Dã Viên

順化火車站
Ga Huế

圖例 ◎景點 ⑪餐廳 Ⓗ飯店 ⚓乘船處 🚌巴士站 ⓖ火車站

史建築破壞殆盡。1993年順化歷史建築群被列入世界遺產，在聯合國技術與資金的挹注下，順化再度以新面貌向世人展現輝煌的皇室歷史。較著名的遺產包括完整的順化京城、散布香江南岸山嶺上的順化皇陵，以及在越南歷史上有著舉足輕重地位的「天姥寺」。

流經順化中心的香江，是昔日的交通要道，也是欣賞順化之美的最佳方式。遊客可沿江前往天姥寺、順化皇陵、鬥獸場等旅遊景點，更可順道欣賞水上人家捕魚、洗衣、採河砂的場景，香江南岸有多處登船處，行程選擇也很多樣化。

INFO

基本資訊

人口：約65萬
面積：約266平方公里
區域號碼：234

如何前往

◎飛機

順化的Phú Bài機場(Sân Bay Quốc Tế Phú Bài)由軍用機場改建而成，距市中心約15公里。從河內及胡志明市飛往順化，約需80~90分鐘，越南航空和越捷航空每天提供多班固定航班往返順化。

◎火車

從河內或胡志明市每天約有5~6班火車前往順化。順化距河內688公里，快車約需12~16小時，其中4班為午後發車、隔天抵達，可節省住宿費和時間，車資視軟硬座和軟硬鋪而異，約在24~42美金之間；順化距胡志明市1,038公里，快車約需19~23小時，所有班次都必須在車上過夜，由於時間過長因此不建議搭乘火車。順化距峴港約103公里，搭火車約需2小時40分鐘。

◎巴士

雖然河內和胡志明市都可搭乘巴士前往順化，且大約每1~3小時就有一班車，不過非常耗時，光是搭車時間可能就必須耗掉13~24小時。從峴港平均每小時就有一班車前往順化，車程約3小時。從洞海可以請旅館預訂共乘的廂型車，從洞海旅館直接接送到順化，車程約4小時，每人約150,000越盾。

機場前往市區

從機場前往順化市區距離約15公里，車程約30分鐘，機場巴士費用每人約50,000越盾，計程車車資約250,000越盾。市區的機場巴士上、下車地點為：Ha Noi St. 20。

市區交通

◎遊船

在順化很適合搭乘遊船順著香江旅行，行程選擇也非常多樣，可以單點來回或是選擇一整天的行程，價格從5美金到20美金都有，依搭乘船型的等級、大小以及停留地點而有不同。以參觀天姥寺以及3個皇陵為例，從早上8:30出發，到下午3點結束，費用大約每人350,000越盾。也可以選擇搭乘摩托計程車，每人大約12美金，同樣是參觀3個皇陵及天姥寺。

◎人力車

包台人力車悠哉地遊覽順化市區，比起在河內或胡志明的車陣裡打伏般地穿梭，來得有韻味，不過搭乘人力車需要費時講價，而且價格不一，務必在出發前先議好價，以免發生爭端，大約是一小時20萬越盾。

◎計程車

在順化搭計程車非常便利，但仍要慎選車行，或是透過Grab叫車（P.58）。以Mai Linh計程車為例，起跳價(前0.5公里)大約5,500越盾，之後每公里加約14,000越盾，到31公里之後，每公里加約15,000越盾。

Mai LinhTaxi
☎(234)389-8989
🌐www.mailinh.vn

Thanh Cong Taxi
☎(234)357-5757
🌐thanhcongtaxi.vn(只有越南文)

◎租摩拖車

若要自行前往較遠的皇陵參觀，可以考慮租摩托車，租金一天大約8~10美金，依車型而定。可透過住宿旅館租車，或直接打電話請對方送車至指定地點。

旅遊諮詢

在順化有官方的遊客中心，而且提供非常多免費資料及地圖，也有販售在地生產的紀念品，服務人員也非常熱心。

🏠4 Hoàng Hoa Thám
☎(234)382-2355　🌐visithue.vn

MAP ▶ P.117

順化京城

MOOK Choice

Kinh Thành Huế

媲美紫禁城的阮朝皇宮

掃地圖

🚗 從Cầu Trường Tiền橋搭車前往約3分鐘 ⏰ 8:00~17:30 💲成人200,000越盾、優待票40,000越盾。或是購買聯票較優惠,順化京城加上兩個皇陵(啟定皇陵、明命皇陵、或嗣德皇陵)三地聯票成人420,000越盾,以及順化京城、啟定皇陵、明命皇陵再加嗣德皇陵四地聯票,成人530,000越盾,這兩種聯票效期都是兩日內有效 💲www.hueworldheritage.org.vn ❶進入京城有服裝規定,上衣必須要有袖子並覆蓋住整個胸部;褲子則必須至少是及膝的短褲。

順化京城以中國北京的紫禁城為範本,不論是左右對稱的型制、或是以漢字所提的宮殿樓閣名稱,處處可見中國文化的影響。順化皇城建於

1805年,歷經數十年的修建,才形成今日規模。建於香江北岸,面向東南,以香江上的兩個小島為青龍、白虎,護衛著京城。而京城由外而內,共有三道城牆,層層戒護。

都城的最外圍城牆稱為京城(Kinh Thành),為國家文物局、大學、外國使節……等機關的所在。自第二層城牆起,就是文武百官上朝和皇室的居所,這道城牆稱為皇城(Hoàng Thành),周長共計2,400公尺,只有4個出入口,以南向的午門(Cửa Ngăn)為正門。進入午門和參道後,直接抵達太和殿(Điện Thái Hoà),為舉行宮廷祭典和重要儀式的地點。其間的重要建築還包括供奉列祖列宗之宗祠、太后寢宮、總管皇宮大小事務的內務府等。

最內層的城牆稱為紫禁城(Tử Cấm Thành),裡面是皇帝辦公及其皇室家族的起居所在。其中包括皇帝上朝的勤政殿(Điện Cần Chánh)、皇帝寢宮乾成殿(Điện Cần Thanh)、皇后寢宮坤泰殿(Điện Khôn Thái)、仿中國江南庭園的圖書館,還有專供戲劇演出的閱是堂(Duyệt Thị Đường),是皇室的重要休閒場所。

皇城內還有肇祖廟與太廟,這是為了紀念阮氏廣南國的奠基者肇祖阮淦和太祖阮潢的祠堂。阮朝是由嘉基皇所創立,但其前身為鄭阮紛爭時的阮氏廣南國,由肇祖阮淦始建於1460年。為求慎終追遠,明命皇帝設肇祖廟與太廟祭祀之。

順化皇城在1993年被聯合國列入世界遺產,提供經濟和復建技術的支援,使順化皇城逐步恢復昔日丰姿,雖然復建工作仍在進行中,但皇城的恢宏氣勢和精美藝術,已十分令人震懾。

順化皇陵旅遊圖

順化京城
Kinh Thành Huế

天姥寺
Chùa Thiên Mụ

胡志明博物館
Bảo Tàng Hồ Chí Minh

皇家鬥獸場
Hồ Quyền

嗣德皇陵
Lăng Tự Đức

玉瀲寺
Điện Hòn Chén

La Pines

紹治皇陵
Lăng Thiệu Trị

啟定皇陵
Lăng Khải Định

明命皇陵
Lăng Minh Mạng

嘉隆皇陵
Lăng Gia Long

N

圖例 ⦿景點 🍴餐廳

京城Kinh Thành

最外圍城牆稱為京城(Kinh Thành)周長共1公里，呈正方形，外有護城河，內側還有一道皇室運河。城牆高660公尺，厚21公尺，設有24個防哨，400多座大砲，而且要進入這道城牆，只有10個出入口，每個出入口在當時都設有嚴密崗哨防衛。城牆內的道路網也經過完善規畫，為國家文物局、大學、外國使節……等機關的所在。

9門大砲Cửu Vị Thần Công

午門兩側的城牆外，原設有9門大砲，分別以四時(春、夏、秋、冬)和五行(金、木、水、火、土)為之命名。這是1803年嘉隆皇帝下令將前朝西山王朝(Tây Sơn)的所有銅製器皿全部融掉重鑄，成為這9門大砲，每門砲長5.1公尺，重逾10噸。不過，這幾門砲倒是從未真正參與戰爭，只是用於施放禮砲。後來啟定皇帝將其移至南邊最外層城牆附近展示。

午門Cửa Ngăn

午門是皇城最主要的出入口，建築可分為上下兩部分：下方為磚石疊砌而成的門樓，上方以漢字寫著「午門」二字，當年可是以純金所寫；上方上平台有座木造的五鳳閣 (Lầu Ngũ Phụng)，可由門樓兩側的石梯登上。門樓和五鳳閣均呈U字形，象徵歡迎來客。門樓開有5座木造大門，中央塗以紅漆的大門專供皇帝使用，其兩側的門則為文武官員專用，最外側兩道門則是皇家大典時軍隊、馬、象的出入口。

五鳳閣的屋頂有九重屋簷，中央為皇帝專用的金色琉璃瓦，表示該區域為皇帝專用，其它屋瓦則為深綠色。由上往下俯瞰，仿如五鳳互啄戲遊，高翹的屋簷是鳳之展翅，因而得名五鳳。屋脊上則是一隻雕得活靈活現的龍正在耍龍珠。室內所有的梁柱、隔間和門，都塗以紅、黃兩色。五鳳樓本身有兩層，上層是供皇后和太后等內眷觀禮用，可透過小窗往外觀看，但外面的人們無法看見他們的容貌。下層是開放空間，皇帝的大位就在金色屋頂下觀禮。

旗塔 Cột Cờ

第二層城牆外的旗塔上高聳著越南國旗，可說是全順化城最顯目的地標。這座旗塔的造型如3層階梯型金字塔，高17.4公尺，台上立著29.52公尺高的旗竿，換算成現在的高樓，也至少有12層樓高呢！這座旗塔是嘉隆皇帝建於1807年，而旗竿原是木製，但在紹治年間，因颱風被摧毀，改成鑄鐵製，然而在1947年還是不敵強風，才改以鋼筋水泥製。在阮朝年間，平日雖有杆上雖有皇旗，遇上了國家重要節慶時，更換上長寬各達4、3.6公尺的帝王大旗，迎風飄揚，威風的氣勢令人神往。

中越…順化 Huế

見證越南阮氏王朝滅亡的場景

1945年二戰結束後，越南陷入法國、日本和提倡越南獨立的越盟之間的多方角力，因為無力回天又不想向外國勢力臣服，當時在位的皇帝保大帝選擇向越盟交出權力，在8月30日於順化京城前的午門舉行退位儀式，將象徵統治權的國璽和寶劍交給越盟的代表，結束了阮氏王朝長達144年的統治。

太和殿 Điện Thái Hoà

太和殿是目前修復得最完整的建築之一，也是皇城裡最重要的建築：初建於1805年，阮朝13位皇帝，都曾坐在這裡的龍椅上主持大典，說太和殿是當時阮王朝的中心，可是一點也不為過。在太和殿舉行的大典包括：新皇加冕典禮、皇帝生日、外國使節觀見，以及每月兩次的大朝。典禮舉行時，只有皇帝坐在太和殿內，其它文武百官站在太和殿前的廣場「大朝儀」(Sân Đại Triều Nghi)，官員依左武右文的原則，以及官階大小列隊。現在大朝儀的地上，仍可見到刻有官名的小石碑。

太和殿的屋頂全為金黃琉璃瓦，也是皇帝的代表色，殿內的天花板精雕細琢，紅柱上也都有雕了金龍和祥雲。有趣的是，前後兩側的門鑲著歐洲品味的彩色玻璃，這是深受法國文化影響的啟定皇帝於1923年所下令改造而成。而太和殿建築最具巧思的設計，在於從皇帝所坐的龍椅位置上，可清楚地聽見殿內每個角落的聲音，至今仍未有專家對這現象提出合理解釋。

除了上述重大典禮在太和殿舉行，皇帝一般上朝是在勤政殿，不過勤政殿經過法國入侵和美軍轟炸時，已被毀得面目全非，後由日本協助重建。

左廡Tả Vu、右廡 Hữu Vu

左廡、右廡分別為文官及武將的休息之處，這兩座建築彼此相對，目前內部分別做為提供遊客穿著古代皇服拍照之處，以及展示皇宮所使用的珍貴物品。

閱是堂Duyệt Thị Đường

閱是堂是皇室欣賞戲劇表演的場所，也是現存最古老的越南傳統劇院，最後一場皇家演出是在1945年。這個由明命皇帝建於1826年的皇家劇院，格局方正，藍色的天花板上繪了日、月、星辰，象徵穹蒼。觀眾席有上下兩層，上層為皇后嬪妃的包廂，下層則為皇帝和政府官員或接見的外賓之席。正中央是舞台，舞台的上方有個金色大型牌位，供奉劇場祖師爺。從閱是堂有曲徑走廊通往各皇室寢宮，細心的設計，就是讓大家可以不受風吹日曬雨打，輕鬆地去欣賞一場戲劇演出。

從2003年開始，遊客也可以和從前皇室一樣，在閱是堂欣賞傳統藝術表演，每天有2~4場的演出，演出內容包括宮廷樂、舞蹈和戲劇，觀賞表演的門票需要另外購買。

一般建築配不上的豪華大門：欞星門

在太和殿和午門之間可以看到兩座顯著的銅製大門，南邊的門題字「正直蕩平」、「高明悠久」，北邊的門題字為「居仁由義」、「中和位育」。這是中國傳統建築形式中的欞星門，這種建築源於唐代的烏頭門，因為氣派莊嚴，到了明代逐漸成為專門設置在重要建築的大門，像是祭壇、文廟及親王府等。太和殿做為皇城的重要建築配置，欞星門是非常合理的。

太平樓Thái Bình Lâu

太平樓又稱為皇家圖書館，首建於文學造詣頗高的明命皇帝，是皇室成員閱讀與休閒的場所。樓前的方形水池上，佈置奇岩怪石和植物，極具江南庭園趣味。太平樓是順化京城裡，唯一僥倖在1947年法軍二度入侵順化時，躲過砲火摧殘的建築。

世祖廟Thế Tổ Miếu

位在皇城西南方的世祖廟，是皇城裡最重要的祠堂建築，正面11開間的巨大建築裡，供奉了阮朝10位皇帝，只有最後一代的保大皇不在列。世祖廟為明命皇帝於1821年所興建造，殿內一列的牌位排開，每個牌位上方有該皇帝的遺像。正中央是嘉隆皇和兩位皇后的牌位，左一和右一分別是明命和紹治及其皇后，左二和右二分別為嗣德與建福及其皇后，左三和右三則是同慶與啟定及其皇后。

細心的人會發現，這7個牌位大致依其在順序排列，但咸宜、成泰和維新這三位皇帝則在最外側，並未依序排列，因為當時這三個皇帝都不甘心於法國傀儡皇帝，和反法地下勢力合作，反抗法國殖民統治，不幸都失敗，並遭到法國政府強押流放海外，因而他們的牌位未被列在世祖廟裡。直到1959年，在越南皇族及人民的要求下，政府舉行盛大儀式為他們重新立牌位。

九鼎Cửu Đỉnh

世祖廟前的大廣場，立了明命皇所鑄的9座大鼎，象徵著阮朝政權。後人以每個皇帝的諡號為鼎命名，並將該鼎移至與世祖廟裡牌位相對應的位置，例如正中央的「高鼎」，便是以嘉隆皇諡號為名，依此類推。雖然9座鼎看來都差不多大小，但其尺寸卻有些許差異，例如「高鼎」高2.5公尺比代表建福皇的「毅鼎」高了有19公分，重量2,601公斤也比同慶皇的「純鼎」多了651公斤之多！在每座鼎上，刻有17種圖案，如日月星辰、山川海河、動植物海產等，總共有153個圖案，代表越南國家裡的豐富景色與物品。經過百年來的風吹日曬，以及砲火不留情的攻擊，這9座鼎仍屹立不搖，見證了阮氏王朝在強權裡掙扎的奮鬥史。

顯臨閣 Hiển Lâm Các

　　世祖廟正對面的建築，就是顯臨閣，這是表彰對國家有功的人，死後設牌位奉祀於此。顯臨閣的興建時間與世祖廟相同，格局約略為正方形，樓高3層。因為顯臨閣的地位崇高，所以皇城裡的建築高度，都不得高於顯臨閣。

阮朝皇帝年表

皇帝	在位時間
嘉隆	1802年～1820年
明命	1820年～1841年
紹治	1841年～1848年
嗣德	1848年～1883年
育德	1883年
協和	1883年
建福	1883年～1884年
咸宜	1884年～1885年
同慶	1885年～1889年
成泰	1889年～1907年
維新	1907年～1916年
啟定	1916年－1925年
保大	1926年－1945年

鑲瓷藝術 Mosaic Art

　　屋頂、迴廊上有著吉祥象徵如蝙蝠、竹、梅等圖案，以碎瓷飾之，這些鑲瓷藝術，是順化最引人注目的藝術傑作。鑲瓷作品是以各種不同顏色的瓷碗、瓷杯或花瓶等敲成碎片，組合成一幅幅動人的作品。因為每個碎片都是獨一無二，而看似隨意的組合，卻是工匠殫精竭力所創造而出，絕對舉世無雙。據說，有時為了好的效果，一次就打破好幾噸精美的瓷器。修復後的彰德門，可說是色彩繽紛的鑲瓷藝術之代表，而啟定皇陵裡的鑲瓷作品也很具代表性。

天姥寺

Chùa Thiên Mụ

皇家興建佛教廟宇

掃地圖

🚴騎車從京城前方，與香河平行的Lê Duẩn路往西直走就可抵達　🏠距離順化京城約4公里　🕗8:00~18:00　💲免費

聳立於順化城西郊，香江北岸的天姥寺，是順化的地標建築，已有近400年的歷史，為順化受聯合國世界遺產保護的歷史建築之一。天姥寺始建於西元1601年，據說是因為阮氏王朝的始祖阮潢，聽聞了一個傳說：有個身穿紅襖的老婦，曾預言將有明君來此，興建塔寺供佛，以求萬世太平。阮潢於是在此建寺供奉，命名為「天姥寺」。

天姥寺可分為前、後兩大區塊，前區包括了高

21公尺，造型優美的「福緣塔」，由紹治皇帝於1844年所興建，這座7級浮屠呈八角形，每層代表佛在人世的一種化身。「福緣塔」的右側是由靈龜駝著的大石碑，石碑內容大致為祈求王朝興榮繁盛；左側則是座重達2,052公斤的大鐘，每逢初一和十五會響起，據說響亮的鐘聲在10公里外都可聽聞。

穿過山門來到祭祀的中心「大雄寶殿」，內供過去、現在和未來三世佛，其中最醒目的是那座鎏金的未來佛——彌勒佛。大雄寶殿的後方是僧侶們上課、學習的地方。其中有個房間供了台水藍色的迷你奧斯汀汽車，這是紀念一個關於佛教徒抗議打壓的事件。1963年，高僧釋廣德為抗議吳廷琰崇奉天主教、打壓佛教，以自焚表示抗議，這事件導致後來吳廷琰政權垮台，這台汽車便是當時釋廣德前往自焚時所搭乘。

中越…順化 Huế

嗣德皇陵

MOOK Choice

Lăng Tự Đức

順化皇家陵墓代表作

掃地圖

🏍騎摩拖車可以從市中心Lê Lợi往西直走，到了Huyền Trân轉往南，在看到嗣德皇陵的指標左轉後，不久即可看到嗣德皇陵在左手側 📍位於香江南岸，距順化城10公里處 🕒7:30~17:00 💲嗣德、啟定、明命三皇陵聯票，成人150,000越盾，優待票30,000越盾。三座皇陵加上順化京城的四地聯票，成人530,000越盾。

嗣德皇陵可說是順化皇陵的代表作，點綴在小橋流水間的亭台樓閣，恬靜幽雅，處處反應了嗣德皇帝的文人素養。嗣德皇(1828~1883年)在位35年，是阮朝在位最久的皇帝。

嗣德繼承紹治的遺志，登基為皇，然而嗣德並非長子，而是紹治認為身受儒家良好教養的嗣德，必將成為阮朝的好皇帝。然而嗣德皇登基後，懷恨在心的長子與歐洲傳教士勾結，意圖推翻嗣德的皇位，不過最後叛軍的行動失敗。除了內亂，嗣德皇還必須面對外患的強大壓力：他繼承明命與紹治的傳統，尊奉儒家道統，禁止天主與基督教在越南傳教，實行鎖國政策，卻因此得罪法國。1861法國攻擊峴港，越南戰敗，於次年簽訂《西貢條約》，割讓西貢及附近地區，揭開了法國在越南的殖民統治歷史。

在當時混亂的國內外情勢下，嗣德皇於1864年下令興建陵寢，逃避的意味濃厚。主要的建築在1867年完工。他把這裡當成行宮，稱為「謙宮」：裡面大大小小約50項建築，都以謙字為名。嗣德皇去世後這裡改稱「謙陵」。

謙陵大致分為祭祀和陵墓二大區塊，祭祀區以良謙殿(Lương Khiêm Điện)為中心，這裡也是嗣德的辦公處，嗣德去世後則設牌位祭祀皇帝的母親，良謙殿後面是溫謙堂(On Khiêm Đường)，存放皇家御用品，而良謙殿左側的鳴謙堂(Minh Khiêm Đường)為越南保存最古老的戲院之一。陵墓區以碑銘亭(Nhà Bia)為中心，穿過一個小人工湖就是嗣德皇帝之墳。而繼承皇位的義子建福皇帝，因在位不到1年的時間，來不及興建陵墓，便葬於嗣德陵墓的東北邊上。

其實嗣德皇的墳只是衣冠塚？

當嗣德皇駕崩時正值法國勢力大舉入侵越南，越南國內局勢混亂，繼任的皇帝無暇替嗣德皇舉行下葬的儀式，於是先行替嗣德皇在皇陵安了衣冠塚，並將他的遺體先秘密葬在其他地方，為了保密甚至將知情的工人滅口。沒想到局勢混亂到短短1年內就換了3個皇帝，時間一長嗣德皇真正的葬身之處就成為了一個謎團。

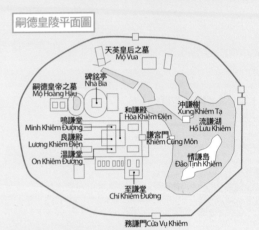

流謙湖 Hồ Lưu Khiêm

這個湖讓嗣德皇陵充滿了江南水鄉風情。據說嗣德皇最喜歡在流謙湖上悠閒地划船，偶爾上到湖中央的情謙島(Đảo Tịnh Khiêm)上打個小獵，累了就在沖謙榭(Xung Khiêm Tạ)裡休息、吟詩作賦。

嗣德皇陵平面圖

天英皇后之墓 Mộ Vua
嗣德皇帝之墓 Mộ Hoàng Hậu
碑銘亭 Nhà Bia
和謙殿 Hòa Khiêm Điện
沖謙榭 Xung Khiêm Tạ
鳴謙堂 Minh Khiêm Đường
良謙殿 Lương Khiêm Điện
溫謙堂 Ôn Khiêm Đường
謙宮門 Khiêm Cung Môn
流謙湖 Hồ Lưu Khiêm
情謙島 Đảo Tịnh Khiêm
至謙堂 Chí Khiêm Đường
務謙門 Cửa Vụ Khiêm

嬪妃祭堂 Chí Khiêm Đường

嗣德皇陵裡有好幾處嬪妃的祭堂，如至謙堂(Chí Khiêm Đường)和宜謙堂。據說嗣德的嬪妃多達104人，並非嗣德為好色之人，而是因為嗣德一直無法生兒育女，在當時不孕一定是女人的問題，所以他只好一而再，再而三地換過不同的妃子。後人推測，應該是嗣德皇曾染天花而導致不孕。

陵墓區 Mộ Vua

陵墓區的重點是碑銘亭，裡面有座重達20噸的石碑，是越南全國最重的一塊碑了，而且還必須從500公里遠的地方拖送過來，為此就花費了4年的時間，也難怪嗣德皇在位後期，很

不得民心。而嗣德皇因為膝下無子，必須為自己寫了墓誌銘，也就是這碑上4,935個漢字的《謙宮記》，這是嗣德皇帝對自己人生的回顧。在碑亭前的廣場上，有兩排文武官雕像，每個人的神貌與服飾都不同，十分生動。

127

皇家鬥獸場

Ho Quyen

皇室權力象徵的虎象鬥

掃地圖

🏍騎摩拖車可以從市中心Lê Lợi往西直走，過了要前往嗣德皇陵的的Huyền Trân下一條巷子Kiệt 373左轉，往前騎一小段即可抵達，距離順化京城西南方約4公里處 ⓝ373 Bùi Thị Xuân, Phường Đúc, Thành phố Huế, Thừa Thiên Huế, 越南 💲免費。只能在圍牆頂觀看，不能入內

這座圓形的鬥獸場是由明命皇帝建於1830年，以磚和灰泥建造而成，直徑44公尺，高5.8公尺。鬥獸場有兩個入口，面向南方的樓梯專供皇帝和皇室成員使用，士兵和一般民眾則只能從另一個樓梯，也就是現在可參觀的出入口，到牆的頂上觀看。皇帝席位正對面的牆邊設有5個虎豹欄。虎豹欄的設計為上窄下寬，以免猛獸直接爬牆而上。皇帝席位的右側則是座高3.9公尺的大門，為

大象的出入口。

根據傳統，皇帝每年會舉辦兩次虎象鬥。其實這是一種政治宣傳手法，在比賽前，虎豹的尖牙和爪子都被去除，而大象被餵得十分精實，勝負高下其實很容易就看出來。因為大象為皇族之象徵，而虎豹被視為反抗皇帝之勢力，因此虎象鬥所代表的意義是：反對皇帝之勢力終將被消滅。最後一次的虎象鬥於1904年，成泰皇帝在位時所舉辦。鬥獸場現在也在世界遺產的保護之列。

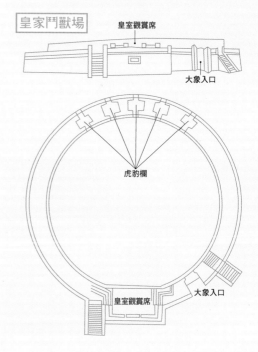

MAP ▶ P.119B2

紹治皇陵

Lăng Thiệu Trị

沒有圍牆屏蔽的皇家墓園

掃地圖

📍從嗣德皇陵出來，回到與香江平行的大馬路往南走，第1個路口左轉進去就是紹治皇陵 🏠距離市中心約8公里，在嗣德皇陵南方約1公里處 🕐7:00~18:30 💲50,000越盾

　　紹治皇帝在位只有7年，還來不及想到為自己興建皇陵時，就於1847年因急病去世。繼位的嗣德皇帝依遺囑為其建造陵墓，只花了10個月的時間即竣工。繼承明命皇帝的治理風格，紹治也是對西方宗教很有戒心，1847年與法國發生海戰，法國因兵力不足而退兵，卻也擊沈了3艘越南船，於是紹治下令驅逐境內所有的歐洲傳教士，只是未曾被實行，紹治就駕崩。

　　位置比較偏僻的紹治皇陵，規格型制與其父親明命皇帝十分類似，只不過省略了中間明樓一段，從碑亭、祭廟，穿過兩個半月湖就是墓地的大門。較特別的是這裡沒有圍牆，有可能是嗣德皇帝認為以四周自然的丘陵和河川為屏障，更適合其父親的風格。這裡不像明命和嗣德皇陵那般美侖美奐，一般旅遊行程也常略過這裡，卻有一番清幽脫俗的美，適合在傍晚時分騎摩拖車前來。

明命皇陵

MOOK Choice

Lăng Minh Mạng

開創盛世皇帝陵墓

掃地圖

🚗最近的一條路是從市區的Điện Biên Phủ路往南走，過了Lê Ngô Cát路的右前方有條Minh Mạng路，直走會先經過啟定皇陵，再順著路往前，過橋即可到明命皇陵。從嗣德皇陵出來後順著公路直走也可以，但必須注意過右方的橋，因為明命皇陵在香江的西岸 🏠在順化市中心的西南方約12公里處 ⏰7:30~17:00 💲嗣德、啟定、明命三皇陵聯票，成人150,000越盾，優待票30,000越盾。三座皇陵加上順化京城的四地聯票，成人530,000越盾。

相較於嗣德皇陵溫婉的江南水鄉式建築，明命皇陵有著北方園林的大氣格局。以大紅門到陵墓為中軸線，約700公尺長，主要建築位中軸線上，其它建築在中軸線上左右對稱，整體的格局工整嚴謹，也反映出明命皇帝所恪遵的儒家教義和嚴格的階級規範。

明命皇是阮王朝的第二任皇帝，嘉隆皇的次子，後來太子因病去世，他才得以繼承皇位。明命皇在位時算是阮朝的盛世，用心於基本建設，因而甚得民心。他本身也是個善長詩賦的才子，但因為獨尊孔孟，對天主和基督教採取較嚴格的隔離政策，卻也埋下了阮氏王朝日後與歐洲強權的衝突。順化京城的建築也大致完成於明命皇帝之手。

明命皇帝在1840年才下詔為自己興建陵寢，但隔年明命即駕崩，繼任的紹治皇帝依先父的計劃修建陵寢，並下令9,000士兵和勞工加緊趕工興建，興建工程一直到1843年初才完成，完工後為之命名為「孝陵」。孝陵呈橢圓形，周長約2,000公尺，以3公尺高的圍牆與外界隔絕，裡面的建築共約40座。整個陵墓占地遼闊，穿行於巨木林中，宛如散步於大公園裡。

碑亭Nhà Bia

　　孝陵的大門有3個入口，分別是大紅門、左紅門和右紅門。大紅門只有在皇帝忌日時打開，參觀時必須從右紅門進，左紅門出。從右紅門進入後不久，即可看到兩列文武官雕像，以及御用的馬、象。從這裡就可看到碑亭，碑文是由紹治皇帝執筆，書寫其父之生平功績。裡面的詩文是越南19世紀的傑出文學代表作。

祭祀區Worshiping Area

　　祭祀區從顯德門(Hiền Đức Môn)開始，以崇恩殿(Điện Sùng Ân)為中心，內供奉明命皇帝及皇后。穿過傳道橋即到達明樓(Minh Lâu)。這裡每段橋都有3座，中間座為皇帝專用。明樓是座兩層樓八重簷的建築，位在3階平台上，這平台象徵了天、地、水，3種大自然的力量。

明命皇陵平面圖

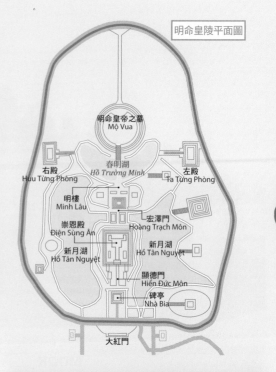

明命皇帝之墓
Mộ Vua

春明湖
Hồ Trường Minh

右殿
Hữu Tùng Phòng

左殿
Tả Tùng Phòng

明樓
Minh Lâu

宏澤門
Hoàng Trạch Môn

崇恩殿
Điện Sùng Ân

新月湖
Hồ Tân Nguyệt

新月湖
Hồ Tân Nguyệt

顯德門
Hiển Đức Môn

碑亭
Nhà Bia

大紅門

陵墓區Bửu Thành

　　從明樓穿過春明湖上的橋，即到達陵墓區，由高牆圍起的圓形區域，裡面安息著明命皇帝，墓旁伴著多棵蒼鬱的巨松，但平日大門深鎖，不對外開放。

MAP ▶ P.119B3

啟定皇陵

MOOK Choice

Lăng Khải Định

融合歐洲風情藝術殿堂

掃地圖

🚗從市區的Điện Biên Phủ路往南走，過了Lê Ngô Cát路的右前方有條Minh Mang路，直走即達 🏠距離順化市中心約10公里的朱字山坡上 🕐7:30~17:00 💲嗣德、啟定、明命三皇陵聯票，成人150,000越盾，優待票30,000越盾。三座皇陵加上順化京城的四地聯票，成人530,000越盾。

　　啟定皇陵位在優美的周珠山上，面積不大，長寬僅約117和48.5公尺，卻十分的精緻，而且建築風格融合了歐亞元素，極具藝術價值。據說為了興建皇陵，啟定皇帝特定派人前往法國採買鋼鐵、水泥、彩色玻璃。前往日本和中國購買陶瓷等建築原料。

　　啟定是阮氏王朝最後一位皇帝保大皇的父親，1885年即位。在以儒學為主的傳統派與法國殖民體系拉扯的現實中，啟定的態度較為親法，曾於1922年造訪法國。他頒定許多新法，限制反法勢力的擴張，引起許多民族主義者不滿，因此他在國內得到的評價多半為負面。啟定皇帝於1925年

因肺結核去世，享年40歲，而陵墓直到1931年才完工。

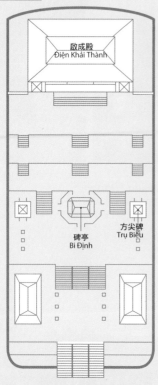

啟成殿
Điện Khải Thành

碑亭
Bi Định

方尖碑
Trụ Biểu

碑亭Bi Định

建在山坡的這座陵墓，共有127層階梯，第一段階梯上的精美龍形雕飾，十分華美。來到碑亭前的廣場，照例有兩排文武官員列隊，不過仔細瞧瞧，這些雕像比其它皇陵的雕像多出6對，這是啟定皇始設的貼身禁衛軍。這座碑亭建築有著傳統的飛簷，卻以鋼筋水泥建築而成，融合了歐式的拱門和廊柱之特色，不論廊柱或屋頂上的龍飾，均十分精緻動人。而碑亭附近的十字狀圍籬，更是十足的歐洲風格。

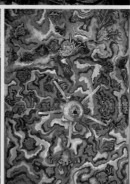

啟成殿 Điện Khải Thành

啟成殿是啟定皇陵最重要的建築，既是祭壇也是皇帝葬身之處。牆上滿是以玻璃和陶瓷鑲嵌而成的圖案，多半象徵福與長壽，是越南鑲瓷藝術的登峰造極之作，天花板上則畫了九龍隱雲的圖案，象徵仙逝的皇帝。

內室裡有座啟定坐在龍椅上的等身銅像，全身貼滿金箔，上方有張飾滿珠寶的寶傘，看起來宛如絲綢製成，其實是重達1噸的鋼筋水泥，裝潢設計精巧細緻得令人嘆為觀止。啟成殿左側的小房間裡，展示了啟定皇在位時期的桌椅及寶劍等。

中越…順化 Huế

過著奢華生活的美男子

據說啟定帝的相貌十分俊美，他對生活十分講究，尤其是服裝儀容，他每天早晨梳洗後一定要化妝才願意露臉，對穿著打扮也很用心，外界普遍認為他是同性戀。晚年（1920年）為了興建豪華的陵寢又替百姓加稅，偏偏當時的越南人民在內憂外患下苦不堪言，皇帝既向外國勢力低頭，又過著奢華享受的日子，因此民怨四起。

MAP ▶ P.134

DMZ非軍事區

MOOK Choice

Demilitarized Zone

再現越戰場景

掃地圖

🚗順化距離DMZ非軍事區約90公里，車程約2小時 ⏰榮莫克隧道7:00~16:30、溪生基地博物館7:00~17:00 💲可在順化參加一日遊行程，費用約為每人20~30美金，不過有些旅行團不會詳細講解，甚至在賢良橋只是經過而不停下來參觀，建議多做比較，或是兩、三人湊團，參加包車附導遊的小型團，半天行程一車約70美金，全天行程約100美金，景點門票自付，參觀的點會比較多

1954年，日內瓦會議決議以北緯17度為界線，將越南分割為北越及南越，北越是胡志明領導的「越南民主共和國」，南越則是吳廷琰領導的「越南共和國」，並在中間設置非軍事區域，禁止雙方從事軍事活動，範圍為沿著濱海河兩岸各2公里，一直延伸到寮國邊界。這條界線一直到越戰結束才消失，現在則成了受遊客歡迎的觀光勝地。

當地推出的DMZ非軍事區旅遊行程包括了國道1號及9號的景點，也可以選擇參加半天的國道1號行程。全天的行程以DMZ非軍事區及外圍的重要景點為主，包括遠眺越戰時期美軍的重要據點岩堆山(The Rockpile)，接著來到如今已建成寬闊道路的胡志明小徑(Ho Chi Minh Trail)，以及曾經協助胡志民對抗美軍的村落、象徵南北越分裂的賢良橋(Cầu Hiền Lương)、美軍基地等，行程最後在長山國家烈士陵園(Nghĩa trang Liệt sỹ Quốc Gia Trường Sơn)結束。

賢良橋Cầu Hiền Lương

賢良橋是位於DMZ非軍事區內，一座跨越濱海河的橋梁，建於法國殖民時期，後來在戰爭時被美軍炸毀，如今是重建後的模樣，橋身被黃、藍兩色分成一半，這是越南國土被分割的代表色。

榮莫克隧道 Địa đạo Vĩnh Mốc

Thôn, Vịnh Mốc, Vĩnh Linh, Quảng Trị　40,000越盾
7:00~17:00

　　這裡是越南人民為躲避越戰所挖掘的地道，總共分3層，隧道總長約2公里，每當有炸彈來襲，超過90個家庭就躲到裡頭。隧道旁設有展示館，可以先到這裡參觀，對當時的情形先有初步了解，裡頭陳列的物品包括人們開鑿時所使用的器具、生活用具和武器等。

　　隧道內部仍保持原樣，只有微弱的燈光指引方向，由導遊帶領遊客前進，分別從不同的入口進入。居民在地底挖出一間間的隔間，有守衛室、會議室、武器室、浴室及醫護室等，還有幾口水井，幽暗的地底，只有簡陋設備，可以想見當時生活有多艱辛。

一點都不和平的非軍事區

　　非軍事區(de-militarized zone)是軍事上的術語，一般出現在對領土有糾紛或是因其他原因導致情勢緊張的兩個國家之間，為了避免擦槍走火，非軍事區就是讓兩邊都不得動武的緩衝區。不過為什麼DMZ非軍事區內卻留下無數軍事行動的痕跡呢？原來越戰爆發後，美軍認為北越透過非軍事區內的胡志明小徑運送物資，因此大規模空襲這個地區。南北越間的非軍事區在越戰結束後即隨著國家統一而消失，至今仍存在的非軍事區中最出名的就是南北韓間的北緯38度線。

溪生基地遺址 Khe Sanh Combat Base

博物館20,000越盾　7:00~17:00

　　溪生是越戰時期美軍著名的基地之一，1968年慘烈的溪生戰役在這裡發生，這場戰役是越戰初期雙方最大規模的一次衝突。美軍被有兩倍優勢兵力的北越軍圍困在這裡數個月，經過77天的激戰後，在投下數萬噸的炸藥及連續炮火掩護中終於成功突圍，雙方都認為在戰役中達到了戰略目標，美軍讓北越付出了大量傷亡的代價，而北越則取得了這個戰略價值極高的基地。然而無數的美國、越南士兵還有更多的平民，就喪命在戰役中，令人不勝唏噓。

　　如今溪生基地仍遺留著當時美軍的飛機殘骸、作戰坑道等，猶如越戰電影場景般，遺址上設有一間小型博物館，展示作戰時的武器、用具以及戰爭照片。

MAP ▶ P.117D3 | **Hanh Pancake**

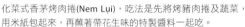
11-15 Đường Phó Đức Chính
358-306-650 ⏰10:-0~21:00 💲主
餐約在30,000~80,000越盾

知名的人氣老店,價格親民,供應許多
有特色的順化小吃。店內代表菜色就是順
化菜式香茅烤肉捲(Nem Lụi),吃法是先將烤豬肉捲及蔬菜,
用米紙包起來,再蘸著帶花生味的特製醬料一起吃。

另外,還有越式米煎餅(Bánh Khoái)也值得一試,將厚厚的
煎餅包著餡料,再加入醬料一起享用,絕對是令人讚嘆的美
味。除了主菜,甜品也非常特別,不妨試試店家自製的優格
加上水果,風味獨特。

MAP ▶ P.117D3 | **Cafe on Thu Wheels**

3 Kiệt 34 Nguyễn Tri Phương ☎76-
842-6215 ⏰7:00~23:00

這間不起眼的店面,位在Nguyễn Tri
Phương巷子裡,小巷子開滿餐廳、飯店,
其中不少間都是旅客非常推薦的。這間餐
廳由老闆娘李小姐經營,住家就位在餐廳樓上,供應越式傳
統咖啡及餐點等。

這裡同時也是受到背包客歡迎的旅行社,牆上寫著滿滿遊
客的留言,關於順化各式行程以及車票問題,她都會細心解
說。餐廳一旁是摩托車出租店,旅客需要的各種服務,在這
條巷子都可以搞定。

MAP ▶ P.117D3 | **Family Home Café & Restaurant**

11 Kiệt 34 Nguyễn Tri Phương
(234)382-0668 ⏰8:00~21:00 💲順
化特色餐約60,000~130,000越盾

順化的美食獨特又十分精緻,幾乎每
間餐廳都有代表的順化料理可點,Family
Home Café & Restaurant是自家改裝的餐廳,一進門還可以看
到店家供奉的神桌。老闆娘非常熱情,對每個人都仔細介紹
餐點及吃法,還會不時詢問旅客需求,而餐廳大廚就是老闆
娘的母親,味道清淡爽口。

推薦菜色包括浮萍餅(Bánh Bèo),這是順化宮廷料理的一
種,用小碟子裝盛類似碗粿的美食,再加上蝦仁、蔬菜,中
間放上魚露蘸醬,是別的城市吃不到的美味。店內餐點細
緻,分量也不大,不妨再試試越式米煎餅(Bánh Khoai)或是順
化米粉配著烤豬肉、沙拉一起品嘗,也都非常對味。

MAP ▶ P.117D3 **Nina's Café**

⌂16 Kiệt 34 Nguyễn Tri Phương
(234)383-8636 ◷9:00~21:30
主餐約50,000~110,000越盾
ninascafe.wixsite.com

　從小巷走到底，溫暖的黃色光線從巷底透出來，這裡就是旅客評價極高的Nina's Café，餐廳提供不少素食菜色，服務生也非常熱情。餐廳內不但有紀念品販售，還有推出烹飪課程，順化料理很受歡迎，如果想要學幾道菜式回去，不妨參加店裡的行程，可以選擇要到哪個市場採買食材以及想要做的菜式，接著由廚師帶著一起到市場採買，回來再由廚師教你怎麼做菜，有興趣記得事先預約。

順化風味與宮廷料理

　順化料理的口味在越南十分特別，可能是因為順化的地理環境與占婆帝國接壤，口味受其影響而顯得較為鹹辣，例如越南到處都有的河粉 (Bún Bò) 的口味偏辣。

　同時，身為王朝首府，皇室御膳府每年從各地挑選廚師，為皇室帶來新口味，因而順化宮廷美食在這得天獨厚的環境下，發展日益精緻，每道菜至少有數十樣原料，強調口感的協調，同時也講究菜色的整體呈現。可惜的是，隨著皇室退出歷史，以及現代史裡不間斷的大小戰爭，這樣的美食藝術已快失傳。幸好，近年來拜觀光發展之賜，精緻的宮廷飲食藝術，又重現江湖。

中越⋯⋯ **順** 化 Huế

MAP ▶ P.117D2 **東巴市場Chợ Đông Ba**

◉從Cầu Trường Tiền橋步行前往約5分鐘 ⌂Trần Hưng Đạo ◷7:00~18:00

　位在東城門附近的東巴市場，自古便是香江岸重要的貨品集散地，但原址不在這裡，1885年一場大火燒了舊市集，1887年同慶皇帝下令重建，後來成泰皇帝又於1889年將其遷到現址。便利的交通地位，使東巴市場屹立數百年。

　市場一樓以醬料、水果、米粉、糖果、醃漬品等食品為主，也有部分攤位是賣包包、手飾等，來到樓上則是用品類，如衣服、布料及包包，攤販眾多，如果你的膽子夠大，腸胃夠健康，可以在東巴市場裡試試著名的順化小吃，如蜆飯、牛肉河粉、酸蝦、豆沙糕，或是順化有名的五色糕等。此外，這裡也是採買伴手禮的最佳的去處。

峴港
Đà Nẵng/ Danang

文●李曉萍・墨刻編輯部
攝影●墨刻攝影組

峴港是中越的對外門戶，也是中部最大的商業城市。韓江(Sông Hàn)流經市區的東邊，自從會安淤積之後，峴港便成為19世紀時越南中部最重要的國際貿易港口。由於地理位置特殊，1858年法國和西班牙攻打越南中部時，便以峴港為主要入口；1965年美軍第一部隊亦在此登陸，於法軍撤退後，它成為美軍的重要基地。

越戰期間隨著美軍的到來，峴港也因之繁榮，曾經是僅次於胡志明市的南越第2大城；1975年解放以後，北越政府禁止資本主義式的夜生活，峴港的繁榮成為昔日黃花；不過近年來的改革開放，峴港又重拾舊日風采，韓江兩岸高樓林立，潮流咖啡館一間又一間開張，被譽為「東方夏威夷」的美溪海灘沿線佈滿高級度假飯店，峴港已躍升為中越最熱門的觀光目的地。

峴港市區景點較少，可安排參觀占婆雕刻博物館和夢幻粉紅教堂，走進韓市場(Chợ Hàn)融入在地生活，順道嘗嘗中部特產夫妻糕，大約半天就逛完了，接著別忘了把時間揮霍在細白綿長的沙灘上。以峴港為起點，周圍的景點豐富有趣，可前往距市區8公里的五行山或巴拿山一日遊，再向外擴展，前往瀰漫歷史氣息的會安古城和美山聖地，感受截然不同的文化洗禮。

INFO

基本資訊
人口：約134萬
面積：約1284.9平方公里
區域號碼：236

如何前往
◎飛機
峴港國際機場(Sân Bay Quốc Tế Đà Nẵng)距離市區約3公里，台北有航班直飛峴港，航程約3小時，可搭乘中華、長榮、星宇航空、或台灣虎航。從河內及胡志明市飛往峴港，約需1.5小時，班次頻繁。另外芽莊也有班機飛往峴港，飛行時間約70分鐘左右。
◎火車

峴港市區

- 火車站
- Minh Trang Restaurant
- Nổi Café
- WONDERLUST Bakery&Coffee
- The Vietnam Hostel
- 韓市場Chợ Hàn
- 峴港大教堂 Giáo xứ Chính tòa Đà Nẵng
- Bún Bò Huế Bà Thương
- Quán Tâm
- Brewman Coffee Concept
- NAM house Cafe
- Mi Quang Ba Vi
- 峴港占婆雕刻博物館 Bảo Tàng Điêu Khắc Chăm Đà Nẵng
- 壁畫村 Da Nang Fresco Village
- Bánh mì Bà Lan
- Bánh Xèo Bà Dưỡng
- Bún Mắm Bà Đông
- 情人橋與鰲龍雕像 Da Nang Love Bridge & Statue of Dragon Carp Da Nang
- 金龍橋 Dragon Bridge
- 韓江 Sông Hàn

圖例 ◎景點 ❶住宿 ❶餐廳 ⊕火車站 ❶購物

峴港周邊

- Da Nang Bay
- 山茶半島 Mui Da Nang
- 峴港 Đà Nẵng
- The Hideout cafe
- 機場
- 美溪海灘 My Khe Beach
- Chicland Hotel
- 43 Factory Coffee Roaster
- Kem Bơ Cô Vân
- 五行山 Ngũ Hành Sơn
- 巴拿山 Bà Nà Hills
- 朗挪海灘 Non Nuoc Beach
- Naman Retreat

圖例 ◎景點 ❶餐廳 ❶住宿 ⊕機場

從河內或胡志明市每天約有5~7班火車前往峴港。峴港距河內791公里，快車約需15.5~17小時，大多為午後發車，隔天抵達，可省旅館錢和時間，車資視軟硬座和軟硬鋪而異，約在43~70美金之間；峴港距胡志明市約935公里，車程約需16~20.5小時，車資視軟硬座和軟硬鋪而異，約在36~62美金之間。另外從順化搭火車到峴港約2.5~4小時，從芽莊到峴港約9~12.5小時。峴港火車站距離市區約1.5公里，車程約5分鐘。

◎巴士

雖然河內和胡志明市都可搭乘巴士前往峴港，胡志明市更是幾乎每小時就有一班車，不過既耗時又不舒適，光是搭車時間就必須耗掉24小時，因此不建議搭乘。峴港和順化平均每2小時一班車，車程約2.5小時。

大部分的Open Bus Tour都會停峴港站，巴士總站距市區約3公里，到市中心需搭車，車程15分鐘，車資約100,000越盾。

機場往返市區交通

峴港機場沒有大眾交通運輸工具，不過距離市區近，因此可搭乘計程車，車程約10分鐘，車資約在60,000~90,000越盾之間。出境大廳就有排班計程車，較大型的車行VINASUN或Mai Linh，也可使用Grab叫車或事先安排機場接送服務。

市區交通

峴港市區交通以計程車和包車為主，可使用Grab APP叫車（P.58）。其實到郊區景點觀光，因對安全及時間上的考量，建議以包計程車方式較為妥當。

Mai Linh ☎手機直播1055

MAP ▶ P.139C2

峴港大教堂

MOOK Choice

Giáo xứ Chính tòa Đà Nẵng

引爆粉紅夢幻少女心

掃地圖

🏠156 Đ. Trần Phú, Hải Châu 1　🕐週一至週五8:00~11:030、13:30~16:30　🌐www.giaoxuchinhtoadanang.org

峴港大教堂堪稱 IG 打卡人氣第一，因淺粉紅色的獨特外觀而名列越南最特別的天主教堂之一。

1923年法國牧師 Louis Vallet 為居住在峴港的法國天主教徒建造峴港大教堂，是峴港唯一建於法國殖民時代的教堂。哥德式風格的建築約70公尺高，雕飾優雅的菱形拱門及拱窗，飾以中世紀風格的聖徒肖像彩繪玻璃，教堂尖頂十字架上佇立一只風向雞，被當地人暱稱為「雞教堂（Rooster Church）」。

教堂內部陳設簡單，陳列了許多取材《聖經》

著名場景的雕像及畫像。教堂後方則有一座聖母瑪麗亞的石窟，為法國盧爾德聖母顯靈石窟的複製品。

MAP ▶ P.139峴港周邊B1

美溪海灘

Bãi biển Mỹ Khê

漫步在天堂

掃地圖

🚗從峴港大教堂搭車前往約7分鐘
Azure Beach Lounge
🏠101 Võ Nguyên Giáp, Khuê Mỹ　☎(236)3958-888　🕐10:00~22:00　🌐www.pullman-danang.com

峴港的四大海灘以鄰近市區的「美溪海灘」最富盛名，約35公里長的海灘，擁有綿密細白沙灘、澄藍海波及椰子樹的涼蔭，曾入選《富比士》的「世界最奢華的海灘」，並因此讓峴港獲得「東方夏威夷」的美譽。

與美溪海灘相隔一條馬路，綿延一整排以海景和無邊際泳池為賣點的飯店，想飽餐一頓，也有無數的海鮮熱炒餐廳可選擇。而愜意享受美溪海灘的最佳地點非 Pullman Danang 的海灘酒吧「Azure Beach Lounge」莫屬，斜倚在遮陽傘下的軟骨頭沙發，大啖招牌料理海鮮塔（Seafood Tower），佐以荔枝覆盆莓馬丁尼（Lychee & Raspberry Martini）或椰奶鳳梨汁（Pussy Cat），讓人一坐下就忘記接下來的所有行程。

MAP ▶ P.139D3

金龍橋

Dragon Bridge

龍騰飛舞越韓江

掃地圖

峴港大教堂步行約15分

峴港被譽為越南的「橋之城」，以造型獨特的橋樑著稱，其中坐落市區中心的「金龍橋」為其中之最。一條飛舞的美麗金龍橫貫長達666公尺的橋樑，寓意繁榮及力量，並展現了越南的歷史及傳統文化。金龍橋最佳拍照時間是向晚時分，微暗天空下，多彩繽紛的照明點亮了飛龍，姿態栩栩如生，週末及假日晚間9:00並可觀賞精彩的水火表演秀。

MAP ▶ P.139D2

情人橋與鰲龍像

Cầu Tình Yêu Đà Nẵng & Tượng Cá Chép Hóa Rồng

韓江畔的峴港地標

掃地圖

峴港大教堂步行約15分

新加坡的象徵是魚尾獅像，峴港的地標則是鰲龍像－典故出自「鯉魚躍龍門」，寓意祥瑞。峴港鰲龍像坐落韓江東岸的金龍橋下，7.5公尺高，由近郊石雕村的職人製作，以5塊雪白的大理石拼合組成。鰲龍像的龍首取材自越南李朝時期象徵王權的四爪龍，鯉魚身翩然躍出水面，在夜間彩光照明下更顯工藝卓絕。鰲龍像後方是年輕情侶的拍照打卡熱點「情人橋」，橋身設置一座座心形路燈，鎖上寄託心意的愛情鎖，這裡也是觀賞金龍橋的最佳位置。

MAP ▶ P.139C3

峴港壁畫村

Làng Bích họa Đà Nẵng

手繪峴港風情畫

掃地圖

峴港大教堂步行約18分　Kiệt 75 Nguyễn Văn Linh, Phước Ninh

占婆雕刻博物館附近的巷弄裡，隱藏一道在地人才知道的繽紛風景。壁畫村是在地青年聯盟、峴港藝術協會和建築大學攜手合作的城市再生藝術計畫，約200公尺長的小巷兩側可見一幅幅展現峴港及越南文化之美的壁畫，何妨找到一方最喜歡的背景留下旅途的影像回憶？

峴港占婆雕刻博物館

Bảo Tàng Điêu Khắc Chăm Đà Nẵng

重現消失古國藝術殿堂

📍 從峴港大教堂步行前往約15分鐘 🏠 Số 02 Đ. 2 Tháng 9 ☎ (236)3574-801 🕐 7:30~17:00 💲 全票60,000越盾、優待票10,000越盾 🌐 chammuseum.vn

　前往美山聖地前先拜訪占婆博物館,將會更了解占族迷人的藝術文化。自1915年起,法國遠東學院(Ecole Française d'Extreme Orient)便開始進行占婆雕刻的收集工作,1936年起由越南政府成立博物館管理,將所有最精美、最具藝術和文化價值的占婆石雕收集於此,也幸好如此,這些文物才得以逃過美國的大規模轟炸。

　博物館呈ㄇ字型,為半露天開放式,陳列的方式依占婆文化的重要遺址分成4區,由左側的「美山館」開始,大致依占婆文化藝術的分期進入「東陽館」、「茶蕎館」和「平定館」。

美山館 Mỹ Sơn

　美山(詳見P.166)位於峴港西南方60公里處,是目前所知最早、規模最大的占婆宗教中心。美山館裡最重要的文物是一座刻有修行隱士生活的大型林迦(Linga),約製作於7世紀中,底座刻滿隱士的生活點滴:有人彈奏樂器、有人討論經文,還有人舒服地享受按摩呢!另一個重要作品則是原位於美山E1的三角楣,刻繪了印度神話裡的「創世紀」:毗濕奴神(Vishnu)躺在蛇神形成的床鋪上,從祂的肚臍裡長出一株蓮花,蓮花裡長出了梵天大神(Brahma),梵天大神接著創造了宇宙萬物。

東陽館 Đông Dương

　位於峴港南方約70公里的東陽,9世紀時一度成為占族的首都。它是由許多座聖殿串連而成的重要複合式建築。東陽館收藏許多表情極誇張的石雕人像,例如高2.18公尺、豐唇大鼻的守護神(Dvarapalas),腳踏大熊,表情猙獰,類似中國的門神,大概也是希望藉此嚇退妖魔鬼怪。

拾滿／平定館 Tháp Mắm ／ Bình Định

　拾滿／平定時期約當12世紀末到13世紀初,後來就被吳哥帝國所滅。這時期的占婆勢力開始走下坡,因此藝術也顯得較為形式化,重視裝飾性的花紋,例如重複的裝飾性乳房雕刻,或是有著極細雕工的馬卡拉(Makara)神獸,馬卡拉也是印度神話裡的奇怪生物,有著獅身、象鼻和蛇皮。

　館中鳥神迦樓羅(Garuda)吃蛇的雕刻是這時期常見的圖騰,迦樓羅的雕刻形式與吳哥形式不同,反而比較接近爪哇樣式:鳥喙較圓,而且有豐滿的乳房;吳哥的迦樓羅沒有乳房,而且鳥喙較為尖長。

茶蕎館 Trà Kiêu

位於峴港南方約50公里處的茶蕎，已被證實是占婆文獻裡所記載的獅城 (Simhapura)，目前考古學家正在努力挖掘這座大型城堡建築。茶蕎在10世紀時因海上貿易而繁盛一時，是占婆文化的黃金時期，藝術表現也達到極致。

其中有一座超大型的「黑天林迦」（《摩訶婆羅多》裡記載黑天 Krisiha 是毗濕奴神的化身之一），底座四個角落刻劃獅子支撐

著天地，生動地描繪了黑天的各種事蹟。另外還有一個東陽時期的重要作品是跳毀滅之舞的濕婆神，描繪濕婆在世界的週期(劫波)結束時，跳起毀滅之舞，並打開額頭上的第三隻眼，目光所及會產生烈焰摧毀萬物，破壞殆盡後重新再生。

MAP ▶ P.139峴港周邊B2

MOOK Choice

朗挪海灘
Non Nuoc Beach

享受秘境海灘度假感

掃地圖

🚗 峴港大教堂搭車前往約23分鐘
Pool House
🏠 5 Trường Sa, Hoà Hải　☎ (236)3981-234
🕙 10:00~18:00　💻 www.hyatt.com

相較於美溪海灘的開放熱鬧，遠離市區的朗挪海灘則是峴港最美的海灘祕境，多規劃為高級度假旅館的專屬海灘，較美溪海灘人少清靜，更讓人有度假的悠閒心境。

慢享朗挪海灘的最佳地點則在 Hyatt Regency Danang 的池畔餐廳「Pool House」，毗鄰無邊際泳池及海灘，視野開闊，遠眺是峴港另一處祕境山茶半島。

Pool House 最備受好評的精緻版道地美食是生春捲（Fresh Spring Rolls），裹了大蝦與羅勒，紅配綠組合引人食慾大開；脆炸雞（Crispy Chicken）以檸檬草調味，酥香濃郁卻不膩口；越式法國麵包三明治（Banh Mi）夾的是自家醃製的豬肉排及烤肉片，搭配以鳳梨盛裝的特調「Pina Colada」，在微醺中奢侈度過的海灘時光！

MAP ▶ P.139峴港周邊A2

太陽世界巴拿山
主題樂園

MOOK Choice

Sunworld Ba Na Hill

越南小法國避暑趣

掃地圖

ℹ️ 從峴港市區到巴拿山腳售票處約25公里，車程約40分鐘。時間最彈性的方式是自行租機車、搭計程車或包車前往，租機車大約一日150,000越盾，來回計程車資約500,000~600,000越盾；最平價的方式是購買Danang Green的接駁巴士車票，來回140,000越盾，早上9:30左右抵達，15:30左右發車離開巴拿山 🔵An Son Village, Hoa Ninh Commune 📞(0)905-766-777 🕐主題樂園7:00~22:00；纜車8:00~17:00（時常變更，以現場告示為主）💲成人850,000越盾，兒童700,000越盾。門票已含纜車及山上大部分娛樂設施 🌐banahills.sunworld.vn

巴拿山（Ba Na Hills）是法國殖民時代的避暑勝地，坐落峴港市區以西的安南山區，海拔1,487公尺，搭乘纜車緩緩上山，可展望中越群山及東海的如詩景致，即使在炎熱的越南夏天，依舊涼爽舒適，因而有人間天堂的美譽。

山頂為太陽世界集團經營的巴拿山主題樂園（Sun World Ba Na Hills），又被暱稱為「越南小法國」，2015至2018年間，連續4年奪下越南旅遊人氣第一，吸引無數國內外旅客到訪，造型獨特的佛手金橋更掀起一股不退燒的IG打卡熱。

法國村French Village

乘登山纜車抵達主題樂園，首先來到洋溢浪漫風情的法國村。法國村以噴泉廣場為中心，大教堂及村落的其他建築環繞廣場而建，可順著石板小徑一路探訪餐廳、小酒館、紀念品小舖及度假旅館。還可以一訪擁有百年歷史的「德貝酒窖（Debay wine cellar）」或宛如杜樂麗花園般優雅的花園「Le Jardin D'Amour」。自花園一側圍牆可展望開闊壯觀的群山景致。

巴拿登山纜車

欲遊巴拿山主題樂園，必須搭乘巴拿登山纜車（Ba Na Cable Car）前往。巴拿登山纜車由奧地利纜車系統公司 Doppermayr 設計製造，每小時載客量可達7千人，曾被 CNN 評為「世界最令人印象深刻的10條登山纜車之一」，並擁有兩項金氏世界紀錄——世界最長的直達單軌登山纜車，最長的纜車路線長達5,801公尺，單程約20分鐘；以及世界出發站及抵達站落差最大的纜車路線，落差高度約1,290公尺。

巴拿登山纜車目前共5條路線，推薦上行自Toc Tien Waterfall（仙髮瀑布站）出發，這條路線的長度為5條之最，也是世界第一長的單軌登山纜車路線；下行則可自Louvre（羅浮宮站）出發，在Bordeaux（波爾多站）一遊著名的「金橋」後，再自Marseille（馬賽站）出發前往Hoi An（會安站）。坐在纜車廂中，沿軌道翻過重重山嶺的感覺彷彿騰雲駕霧一般爽快，展望遠方霧靄茫茫的山脈及峴港灣沿海岸線，真的是世界第一精彩的登山纜車體驗。

室內外遊樂設施

巴拿山主題樂園附設多座遊樂施設：室內遊樂園「Fantasy Park」，以奇幻小說《地心歷險記》及《海底兩萬哩》發想設計，佔地2.1萬平方公尺；「侏羅紀兒童樂園」是小孩的最愛；過山雲霄飛車「Alpine coaster」挑戰你敢不敢一邊飆速一邊欣賞山景；越南第一座蠟像館「The Wax Museum」則展示約49座世界名人的蠟像。

朝聖越南傳統信仰

行至法國村盡頭，佔據巴拿山主題樂園至高點的是代表越南傳統信仰的寺廟群——靈峰禪寺（Linh Phong Zen Monastery）、靈慈嶺聖母聖殿（Linh Tu Pagoda of the Holy Mountain Mother）、靈峰寶塔、鐘樓、婆廟等，還有一座遮雨茶館。若想探訪更多佛寺，德貝酒窖站（Debay）還有一座靈應寺（Linh Ung Pagoda），內有一座雪白大佛像坐鎮。

金橋Cầu Vàng/ Golden Bridge

金橋位於巴拿登山纜車的波爾多站（Bordeaux）及馬賽站（Marseille）之間，坐落海拔1,414公尺處。約150公尺長的金色環形步道，被兩隻石雕大手托著，這樣的奇幻景致被《TIME》評為「2018年世界最佳10個旅遊地點」，英國《Guardian》則盛讚「世界最令人印象深刻的人行步道橋」。建議在一大早或傍晚前往，避開金橋被人山人海擠得水洩不通的時段。

五行山

MOOK Choice

Ngũ Hành Sơn / Marble Mountains

皇帝親臨的宗教聖山

掃地圖

可直接搭乘計程車前往，約需20分鐘。或是在大教堂前搭每小時一班、前往會安的當地巴士，或是各旅行社安排前往會安的迷你巴士，在五行山下車。最方便的方式是參加旅行社套裝行程，行程多半和美山遺址包裝成一日遊 位於峴港市區東南8公里處 7:00~17:30 水山門票40,000越盾，電梯上山單程15,000越盾 五行山下盛產大理石雕，遊客可到大理石工藝店參觀切割及雕刻過程

五行山包括金、木、水、火、土五座山，其中以水山最高，海拔108公尺，由於群山為大理石地質，又被稱為大理石山（Marble Mountains）。相傳有條龍飛到此產下一顆蛋，神龜把蛋託付給一對漁民夫婦照顧，並贈與一支指甲以保護此蛋。百年後蛋孵化出一位仙女飛昇上天，遺留的蛋殼逐漸長大，化為今日的五行山。

水山上有不少寺廟和洞穴，昔日占婆文化鼎盛時期，是崇拜印度神祇的聖地，如今已被改建為佛教廟宇。若由靠海這面的入口上山，首先會到供奉釋迦牟尼的「靈應寺」，之後抵達「望海台」，這個碑石為阮朝的第2位皇帝明命所立並題字。下到中間岔道可選擇「下地獄」或「上天堂」，若要上天堂，就必須輕裝簡行以便爬山鑽洞。

一陣辛苦後先看到入口處的石雕牌樓，古色古香，內有一尊觀世音菩薩，這座花崗岩洞已有300年左右的歷史；再鑽洞走下階梯，就會到宛若虛幻之境的「玄空洞」，洞內香煙裊裊，有一尊以大理石雕刻的巨大佛陀像。這裏有多座小廟供奉觀音與關聖帝君，其中較大的一座後面藏有各種形狀的鐘乳石，而且此地還有占婆文化的遺跡。

沿著原路出洞可到「三台寺」，原先供奉代表過去、現在、未來的三寶佛，但如今只剩現在佛——釋迦牟尼；再往上到「望江台」，這裡有座石椅，據說是阮朝皇帝明命賞景時，人民抬與他坐，故稱「皇帝的座位」，由此可望其他4座山，因此具有「望疆」之意。

Where to Eat in Da Nang
吃在峴港

MAP ▶ P.139C2　NAM House

🏠15/1, số 15 Lê Hồng Phong 📷
(0)787-786-869 ⏰6:00~23:00 💲咖
啡15,000~30,000越盾

　NAM House是峴港最知名的懷舊咖啡館，
來自北越河內的室內設計師兼收藏家Teng在
這裡展示他豐富的1980年代收藏，堪稱是一座收藏老越南的時光
博物館！

　兩層樓高的老屋，庭院滿栽綠植，室內則堆滿Teng的藏品，
包含蘇聯及美軍時期留下的物件，以及敘說家族故事私物，為
年輕世代保存越南上世紀的歷史記憶。咖啡館日夜氛圍也大不
相同，點一杯越式蛋咖啡，濃郁香甜的蛋奶泡佐微苦咖啡，搭
配香蕉乾或綠豆糕等越南古早味點心，感受令人懷念的好味
道。若有興趣亦可一試越南特產的糖漬仁面果汁（Sấu ngâm）
或木薯粉（Bột sắn chanh）。

MAP ▶ P.139峴港周邊B1　The Hideout cafe

🏠72 24Nguyễn Văn Thoại, Bắc Mỹ Phú 📷
📞(0)898-189-455 ⏰8:00~21:00
💲咖啡30,000~50,000越盾
hideoutcafedanang.business.site

　備受旅居峴港外國人喜愛的老屋咖啡館

The Hideout cafe隱藏在韓江東岸一隅的僻靜街區，老屋建築十
分別致，鏤花磚牆及拼花地磚點出懷舊感，室內空間則極簡而
採光明亮，壁上繪有色彩粉嫩的世界咖啡地圖，當地的竹編燈
罩點綴吧台，讓人一坐下就捨不得離開。

　只使用大叻（Da Lat）產的咖啡豆，將傳統越式咖啡升級為
無比美味的精緻版──蛋咖啡（Eggpresso）、椰子咖啡及檸
檬咖啡（Lemonpresso）是 The Hideout café 的招牌咖啡。帶上
一本好書，可以在躲避峴港最熱的時段，靜享片刻清靜時光。

MAP ▶ P.139C1　Nối Cafe

🏠113/18 Nguyễn Chí Thanh, Hải
Châu 1 📞(0)935-804-937 ⏰
6:30~22:00 💲咖啡18,000~35,000越
盾 noi-cafe.business.site

　Nối Café 以1980年代的老越南為主題，門
口擺了一輛咖啡館主人Truong最喜愛的偉士牌古董摩托車，
與對面的古董摩托車彩繪牆相呼應；音樂亦是 Nối Café 的一
大亮點，咖啡館播放Truong最愛的爵士、藍調或鄉村音樂，
慵懶旋律讓室內瀰漫放鬆恢意的氛圍。

　Truong來自越南的咖啡之都大叻（Da Lat），雙親以種作咖啡
為業，Nối Café使用的咖啡豆當然是自產自銷。特別推薦蛋咖啡
（Cafe trứng）、冰煉乳咖啡（Bạc xỉu）及桃子茶（Trà đào），搭
配手工芝麻餅乾、傳統的椰果片或綠豆糕，幸福感更加倍。

MAP ▶ P.139峴港周邊B1　**43 Factory Coffee Roaster**

🏠Lot 422, Đ. Ng. Thì Sĩ　📞(0)799-343-943　🕐6:30~22:30　💲精品咖啡85,000越盾　🌐43factory.coffee

掃地圖

誰説在越南只能喝到奶味咖啡？峴港出身的咖啡職人Le Dac Thanh開設自家烘焙的精品咖啡館43 Factory Coffee Roaster，將風靡世界的第三波咖啡風潮引入峴港，希望帶動越南咖啡產業的升級。

43 Factory走一種極簡工業風，挑高樓中樓及採光明亮的落地窗打造當代風格的空間，開放式吧檯猶如舞臺佔據正中，內植的樹木向上招展枝葉，象徵了「崛起中的越南咖啡」。吧檯後方，咖啡職人技巧純熟地手沖每一杯咖啡，緩緩注水引出原豆風味，每杯咖啡並附上小卡説明咖啡風味的相關資訊，43 Factory正逐步改變峴港的咖啡面貌。

MAP ▶ P.139C2　**Brewman Coffee Concept**

🏠 K27a/21, Thái Phiên, Phước Ninh, Hải Châu, Đà Nẵng 550000越南　📞0967-359-292　🕐7:00~22:00　💲咖啡大約30,000~60,000越盾　🌐brewman-coffee-concept.business.site

掃地圖

峴港建築工作室85 Design的著名作品「Brewman Coffee Concept」，老屋被改頭換面打造成當代風格的玻璃屋咖啡館。這裡僅提供高品質咖啡，適合愛咖啡的人前來專注品嚐，特別推薦以傳統越式咖啡濾滴壺製作的冰煉乳咖啡。店內亦展示自家品牌的羅布斯塔咖啡豆及濾滴壺。

MAP ▶ P.139C1　**Wonderlust Cafe & Bakery**

🏠96 Đ. Trần Phú, Hải Châu 1　📞(236)3744-678　🕐7:30~23:00　💲咖啡大約50,000~75,000越盾　🌐wonderlust-bakerycoffee.business.site

掃地圖

Wonderlust Cafe & Bakery以充滿夢幻感的雪白空間聞名，店內常見許多忙著拍照打卡的年輕人們。Wonderlust供應自家烘焙的糕點，特別推薦少見的冰薄荷巧克力拿鐵（Mint Choc Chip）及藍絲絨蛋糕（Blue Velvet）。而這裏不只是咖啡館，亦是購物的好地點，店內也展售越南好設計「Wonderlust souvenir」。

MAP ▶ P.139B2　Mi Quảng Ba Vị

⌂166 Đ. Lê Đình Dương　(236)3865-651　⊙6:30~22:00

掃地圖

　廣南麵（Mì Quảng）因起源中越沿海的廣南省（Quang Nam）而得名，是一道十分家常的料理——米粄條佐以不同配料，拌上薑黃醬汁、烤花生碎及芝麻米餅一起享用，在地人最愛的配料則是代表海幸山幸的蝦與豬肉。Mi Quảng Ba Vị 則是備受峴港人喜愛的老店。

MAP ▶ P.139B1　Minh Trang Restaurant

⌂14 Lê Thánh Tôn, Thạch Thang　0905-341-529　⊙6:00~11:00

掃地圖

　起了個清早來到小店，店家熟練端上一小鍋熱騰騰的越式燉牛肉（Bò kho），為峴港人注入一整天的活力。越式燉牛肉源自法式紅酒燉牛肉，圓盤中盛有燉牛肉、半熟蛋、豬肉丸及滿滿紅燒醬汁，搭配越式法國長棍一起享用更對味。Minh Trang Restaurant每日僅在晨間營業，是非常受在地人歡迎的早餐一品。

MAP ▶ P.139B3　Bún Mắm Bà Đông

⌂145 Huỳnh Thúc Kháng　☎0905-734-237　⊙6:00~19:00　$魚醬米線25,000越盾

掃地圖

　街頭小攤Bún Mắm Bà Đông每到用餐時間總是擠滿了人，專賣峴港在地特有的魚醬米線（Bún mắm），這種米線和臭豆腐有異曲同工之妙，聞起來氣味特殊，嚐起來卻很美味。Bún Mắm Bà Đông的魚醬米線是以細米線搭配白煮豬肉片、烤花生碎、小波羅蜜及生菜，淋上特製醃魚醬，雖然醃魚醬的強烈味道並不平易近人，習慣後就還會上癮呢！

MAP ▶ P.139B3　Bánh Xèo Bà Dưỡng

⌂280, 23 Hoàng Diệu　☎(236)3873-168　⊙9:30~21:30　$越式煎餅70,000越盾、烤豬肉丸每串7,000越盾

掃地圖

　欲一嚐本格派的越式煎餅（Bánh Xèo），必至「Bánh Xèo Bà Dưỡng」，雖隱藏在深巷依然饕客滿座，不只國外觀光客，本地人也常常光顧。入座後店員即視人數送上越式煎餅——羅望子煎蛋皮裹入滿滿的蝦、豬肉和豆芽，餅皮酥脆不油膩，可直接吃或用米紙捲越式煎餅，加上生菜及烤豬肉丸（Nem lụi），佐豬肝花生沾醬（Tương）一起食用。

149

MAP ▶ P.139C2 | **Quán Tâm**

📍 291 Nguyễn Chí Thanh, Phước Ninh ⏰13:30~19:00 💲蝦粿（Bánh nậm）20,000越盾，水晶蝦（Bánh lọc）20,000越盾，綜合粿盤（Thập cẩm）20,000越盾

掃地圖

浮萍粿（Bánh bèo）是必嚐的峴港在地美食，推薦這間老店Quán Tâm，跟在地人一樣在街邊的矮桌入座，感受味蕾上的傳統。點一盤綜合粿盤（Thập cẩm），包含浮萍粿、越式腸粉（ướt）和炸豬皮（ít），灑上蝦鬆、炸蔥和牛肉腸。另外必點加了碎豬肉及黑木耳的蝦粿（Bánh nậm）、木薯粉製的水晶蝦（Bánh lọc），打開包裹著的香蕉葉，佐以鹹淡兩種魚露一起享用，再加一杯現榨的冰甘蔗汁，讓人倍感痛快。

MAP ▶ P.139C2 | **Bún Bò Huế Bà Thương**

📍23 Trần Quốc Toản, Hải Châu 1 ☎(236)3829-240 ⏰6:00~11:00 💲綜合牛肉米線（Bún bò thập cẩm có tái）55,000越盾

掃地圖

峴港人最愛的早餐之一就是Bún Bò Huế Bà Thương的牛肉米線（Bún Bò），記得趁早去否則賣完就撲空。牛肉米線以檸檬草熬製清爽湯頭，搭配牛肉及豬肉丸，建議添加點桔子汁和些微辣椒提味，更加鮮甜，熱騰騰一大碗讓人吃完就有了一整天的能量及好心情。

MAP ▶ P.139C3 | **Bánh Mì Bà Lan**

📍62 Trưng Nữ Vương ☎0935-646-286 ⏰6:00~10:30，15:00~21:00 💲招牌三明治35,000越盾

掃地圖

峴港人氣最高的越式法國三明治（Bánh Mì）是街邊的Bánh Mì Bà Lan，招牌三明治使用越式法國長棍夾入新鮮自家製的肝醬、厚切越式火腿、黃瓜片及香菜，抹上辣醬後入爐將麵包烤脆，引人大排長龍，許多人一買就是一大袋。另外大推在地人才知道的隱藏版花生醬三明治！

MAP ▶ P.139峴港周邊B2 | **Kem Bơ Cô Vân**

📍Chợ, Bắc Mỹ An ☎0901-789-107 ⏰7:00~18:00 💲酪梨冰淇淋（Kem Bơ）15,000越盾

掃地圖

說起越南甜點一般會想到越式甜湯，但近年最流行的則是酪梨冰淇淋（Kem Bơ），坐落韓江東岸市集 Bac My An Market的Kem Bơ Cô Vân，雖然地理位置不算方便，卻依然有許多人慕名前來。酪梨泥新鮮滑順，搭配香氣濃郁、口感綿密的牛奶冰淇淋，最後撒上椰子脆片，看似極簡單的組合，卻是最適合越南炎夏的清爽美味！

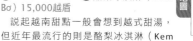

H Where to Stay in Da Nang
住在峴港

MAP ▶ P.139峴港周邊B2 **Naman Retreat**

🏠Trường Sa, Road, Ngu Hanh Son
(236)395-9888 🌐namanretreat.com

掃地圖

　名列全球奢華精品酒店一員的Naman Retreat是越南在地品牌，坐落於峴港市郊、被譽為祕境的朗挪海灘。

　Naman Retreat以「自然共生」、「無牆」為設計概念，創意運用天然建材及植栽，每個角落都滿植了各色在地花木，或以植物搭建圍籬與帷幕牆，在海灘築造一方洋溢開放感及自然氣息的度假天地。共四種房型36座別墅，一式留白療癒的當代極簡，其中花園景觀別墅「Garden View Villa」佔地500平方公尺，附設的3座臥室各擁獨立空間，並共享屋頂露台及泳池，非常適合與親友共享度假時光。

MAP ▶ P.139峴港周邊B1 **Chicland Hotel**

🏠210 Võ Nguyên Giáp, Phước Mỹ ☎(236) 223-2222 🌐www.chiclandhotel.com

掃地圖

　Chicland Hotel坐擁美溪海灘景觀，以「Eco Chic」為設計概念，為峴港創造都會時尚的旅居體驗。21層樓高的細長建築外嵌了無數露臺，露臺上的茂密植栽將建築表面點綴得生機盎然，彷如一座洋溢未來感的垂直熱帶花園，除了設計美學，並為室內創造節能的遮蔭。

　Chicland Hotel有129座客室，並附設farm to table的咖啡館及屋頂泳池。晨間被綠意喚醒，在露臺一邊聽海看綠，一邊享用美味咖啡，在生活的每一刻呼吸自然就是 Chicland Hotel 的精神。

©Chicland Hotel

©Chicland Hotel

©The Vietnam Hostel
©The Vietnam Hostel
©The Vietnam Hostel

MAP ▶ P.139C1 **The Vietnam Hostel**

🏠22 Hùng Vương, Hải Châu 1 ☎0931-117-053 🌐www.vietnamhostel.com

掃地圖

　The Vietnam Hostel 坐落韓江畔的熱鬧街區，與韓江市場毗鄰。為隔絕街頭的喧囂吵鬧，建築地面層略微後退，在前方設庭院及停車場，二樓以上則層層向外凸出，有幾分代謝派建築的意味。建築為當代極簡風格，選用環境友善建材，同時也減少水泥、油漆和石膏的使用。以落地玻璃窗創造開放通透的空間感，並以植栽活化空間氛圍。

　Hostel 的2及3樓設多人房，4樓為私人房、休憩空間及共享廚房的所在，5樓則另設兩座公寓式旅宿。The Vietnam Hostel 將歐美風靡多年的旅行方式成功帶入峴港，也為峴港打造了令人耳目一新的新形象。

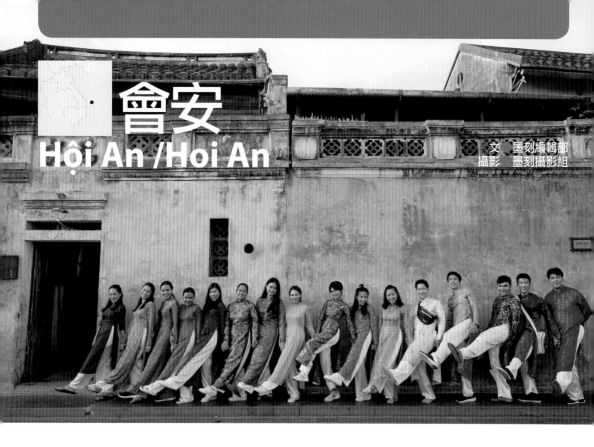

會安
Hội An /Hoi An

文 墨刻編輯部
攝影 墨刻攝影組

位於秋盤河(Sông Thu Bồn)的北面，詩情畫意的會安古鎮，是16~18世紀時東南亞最重要的國際港之一，當時稱之為海埔(Hải Phố)，歐洲人則可能因為轉音之故，稱之為"Faifo"。在它的全盛時期，這裡雲集來自荷蘭、葡萄牙、中國、日本、印度以及其他國家的商船，其中又以中、日的商船最多。

中國和日本的商船帶來了錦緞、紙張、毛筆，而從會安購回木材、香料、犀牛角、象牙等等。海洋航運必須乘著季風，因此中國商船多半在10~4月趁著東北季風由中國南下，直到6~9月的西南季風時才北返，中間有段空檔，這些商人因此就在此定居下來，會安也成了最早出現旅越華僑的城市。由於中、日商人日益增多，會安也開始有了中國區和日本區，日本區以日本橋為起點，但是因為18世紀末起日本實行海禁政策，使得中國區的範圍擴張到日本

區，所以現今會安城裡可見到許多中式會館和古宅邸。直到19世紀後期，連接會安和大海的秋盤河淤積，港口因而向北移到今天的峴港，會安自此沒落，直到1999年被列入世界文化遺產，世人的眼光才再度回到這個曾經風雲一時的海港。

漫步在會安老街，民家、會館、寺廟、市場、碼頭等各種不同式樣的建築沿著老街櫛次鱗比，為中古時期象徵東方的城市提供一個最佳例證。當漫步得渴了累了，嚐一杯街頭賣的冰涼蓮花茶，或找個咖啡館閒坐一下午，避開太過熱情的午後豔陽。夜幕低垂時分，加入安會橋附近廣場的熱鬧人群，欣賞登錄人類非物質文化遺產的越南中部民俗表演藝術「發牌唱曲（Bai Choi）」，或是包一只小舟，順著秋盤河夜遊，放一盞水燈祈願，感受會安日夜不同的迷人風情。

INFO

基本資訊

人口：約16.3萬
面積：約61.48平方公里
區域號碼：235

如何前往

◎飛機

離會安最近的機場為峴港國際機場(Sân Bay Quốc Tế Đà Nẵng)，該機場距離會安市區約30公里。從河內及胡志明市飛往峴港，約需1.5小時，班次頻繁，另外芽莊也有班機飛往峴港，飛行時間約70分鐘左右。

◎巴士

Open Tour的巴士都有到會安。搭乘巴士從順化到會安約需4小時，上午、下午各一個班次，或是也可以請旅行社訂共乘廂型車，每人大約15美金，直接從順化旅館接送到會安的旅館，中間會停留幾站參觀幾個景點。從芽莊出發則約需11小時。

從峴港市區到會安，除了可預約搭乘峴港機場發車的Hoi An Express以外，搭乘旅行社安排的迷你巴士，車程約需1小時。最經濟的選擇是搭乘當地的1號黃色巴士，車程約2小時，車資僅需18,000越盾，5:30~18:00之間，每20~45分鐘一班次，行經峴港大教堂、韓江市場等地，但這種當地巴士目前因疫情關係暫時停駛。

機場前往市區

從峴港機場搭乘計程車前往會安，大約45分鐘車程，車資約400,000~500,000越盾，包車約24~29美金；預約Hoi An Express固定時間發車的接駁巴士，車資6美金，從峴港機場出發，行經峴港火車站、占婆博物館、美溪海灘、古岱海灘等地，可直接送往會安的下榻飯店，車程約75分鐘。

Hoi An Express ⓦhoianexpress.com.vn

市區交通

會安老街裡禁止汽車和摩托車進入，所以走路、人力車和腳踏車是最常見的交通方式，市區景點基本上都在步行可抵達的距離。旅館通常有提供腳踏車租借服務。如果住在古岱海灘區的旅館，通常會有定時接駁車往返旅館和老街區。

旅遊資訊

◎會安旅遊服務中心

🏠49 Phan Châu Trinh ☎(235)391-6961 🔽 7:30~19:00 ⓦwww.visitquangnam.com

◎會安聯票

會安的景點採聯票制，外國人每張聯票120,000越盾、越南人60,000越盾，老街區內有8座售票亭售票。遊客可根據自己的喜好，選擇想看的古宅會館，門票的24小時效期內，可於老街區22個指定建築中任選5個參觀。售票口開放時間為7:00~17:00，景點開放時間也大多為7:00~17:00之間，必須注意的是所有的門票都必須在售票口購買，各景點並不單獨售票。

MAP ▶ P.153B2

古宅

MOOK Choice

Nhà

會安老街經典建築

進記古宅
🚶 從南海會館步行12分鐘 🏠 101 Nguyễn Thái Học 🕐 8:00~11:30、13:30~17:30 💲使用會安聯票 🌐 www.hoianworldheritage.org.vn

陳氏家祠
🚶 從海南會館步行前往約7分鐘 🏠 21 Lê Lợi 🕐 7:30~12:00、14:00~17:30 💲使用會安聯票

均勝古宅
🚶 從海南會館步行前往約6分鐘 🏠 77 Trần Phú 🕐 9:30~18:00 💲使用會安聯票

馮興古宅
🚶 從海南會館步行前往約13分鐘 🏠 4 Nguyễn Thị Minh Khai 🕐 8:00~18:00 💲使用會安聯票

　　會安老街保留了大量平房建築，Trần Phú街上蜿蜒小道旁的黑瓦木造老宅，形成會安最吸引人的景致。這些木造建築結合了中、日、越式建築手法，從屋頂結構就可看出這項特色，以進記古宅為例：屋頂圓弧形並有複雜雕花的結構為中式；而叉手斜樑的作法，則是道地越南風格；3道往外漸縮的柱子所形成之屋頂，便是日式建築的特色。會安古宅也有小開間長縱深的特色，因此中央會開中庭採光。

會安燈籠節的由來

　　會安在16~18世紀時是個貿易興盛的港口城市，許多日本商人來此定居，他們習慣將燈籠掛在門口，當地人覺得這個行為既吉利又討喜也跟著掛起燈籠，時間一長就成了會安的特色。隨著需求大增，製作燈籠的手工藝也越來越精湛了，如今在老街區內可以找到各式各樣的燈籠。

　　1998年當地政府正式將慶祝農曆滿月和掛燈籠的習俗結合，將每個月的農曆十四定為燈籠節，原本就掛滿燈籠的古街區，會掛上更多的燈籠，漂亮又熱鬧。除了欣賞高掛的各色燈籠，商家也設計製作手工燈籠的遊程，十分受觀光客歡迎。

　　當年繁榮的海上貿易，也在會安留下了許多兩層樓的歐式洋房，集中在秋盤河畔的Nguyễn Thái Học街上，現在多已改成咖啡廳和餐廳。在炎熱的午後，選一家河畔咖啡廳，細細體會小鎮的悠閒，將是旅程裡最美的回憶之一。

進記古宅Nhà Cổ Tấn Ký

　　進記古宅是會安最古老、保留最完整的古宅之一！該建築興建於19世紀初期，表現出17世紀時居住在會安的文化融合特色：從屋內的樑柱結構，可看到中、日、越3種建築的特色，而天井陽台上的木欄杆雕著葡萄葉，則顯示了歐洲文化的影響。屋子可分為4大區塊：首先是店面，接著是客廳、中庭和臥房。最後側的房間面對秋盤河，以前是用來租給外籍商人。因為目前屋子裡仍有人居住，所以臥房不對外開放。

陳氏家祠Nhà Thờ Tộc Trần

　　陳氏祠堂建於1802年，由陳思樂所興建。陳思樂的父親是中國商人，在會安與當地女子結婚後定居於此，其子陳思樂通過阮王朝的會考，成為政府官員，並曾派駐中國。陳思樂秉持中國人慎終追遠的傳統，興建了該祠堂祭祀祖先，建築以中式為主，但有些細節上帶了點日式和特色，以樑柱為最明顯。

　　屋子的前方為祖先牌位，牌位前的正門只有在春節祭祖等重大日子才會開啟；屋子的後半部為家族成員的住所。以前當家族遇上大事時，會在祖先牌位前諮詢祭拜之。參觀時，導遊(也就是住在屋子裡的陳氏後裔)，會教你如何以陰陽錢問卜，十分有趣，但之後會要遊客買紀念品，如果沒興趣不理會即可。

會安古宅圖解

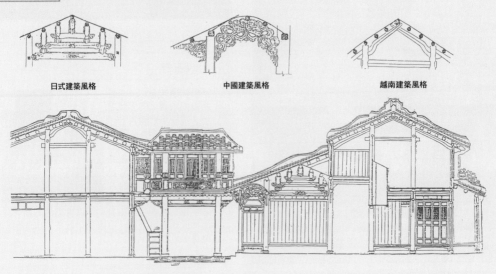

日式建築風格　　　　中國建築風格　　　　越南建築風格

均勝古宅Nhà Cổ Quân Thắng

這也是個華商所建的古宅，原是經營藥材生意的商人，來自福建，現在的主人已是第6代，這個房屋已有300年歷史。上好柚木打造的兩層樓建築，仍保留完好，融合了中、日、越式的建築特色。房屋的前半段為店面，後方是起居空間，並有個小型天井。

馮興古宅 Nhà Cổ Phùng Hưng

馮興古宅已有200多年歷史，目前是第6代居住於此。這房屋因為靠近河邊經常有水災，所以皆用上等木材建造，也因此能保存良久。它具有3種建築風格，上層為通風式中國窗，屋頂則採用日式，其餘為越式；主廳上有開放式迴廊，通氣窗便在此，水災時船可航進樓下，故2樓地板開有活動門以利運貨；陽台的屋簷有木雕雙魚，在中國代表「年年有餘」，在日本代表權力，而越南則為幸運。

Bale古井

粗乾麵(Cao Lầu)是會安當地著名的小吃之一，據說這道麵食，一定要使用Bale古井裡的泉水，才有最道地的味道。深藏在巷子裡的Bale古井並不容易找到，卻是許多當地人取來作為飲用水的地方，也有人相信這古井的水有神聖的力量，於是每天以些許淋身，在酷暑中取把井水洗臉，倒是十分涼快。

來遠橋 (日本橋)

Cầu Lai Viễn (Cầu Nhật Bản)

串起中日民居生活

掃地圖

🚶 從海南會館步行前往約10分鐘　🗺 連接Trần Phú與Nguyễn Thị Minh Khai兩條大街

興建於17世紀中的日本橋，造型獨特，石造的橋身上另蓋有木造屋頂，中央供人車通過，橋身的北側還設有寺廟，裡面供奉的是玄天大帝。寺廟擁有獨特的T型屋頂，其入口處有個「來遠橋」之匾額，這名稱是皇帝1719年來訪時所賜，因為在會安貿易繁盛之時，船隻可直行至此，因而有歡迎遠道來訪客人的意思。橋的兩端連接當時日本人居住的Trần Phú與中國人居住的Nguyễn Thị Minh Khai兩條大街。

因為考慮到地震的緣故，所以橋身建得很堅固。關於橋有一傳說：有一隻怪物，牠的頭在印度，身體在越南，尾巴則在日本，當牠晃動身體時便引起洪水氾濫，地震成災。所以蓋此橋鎮住牠的穴道，橋上還建鎮武觀以保護此橋。橋的兩

💡 日本人為何會千里迢迢來到會安？

日本幕府在16世紀開始嚴格控管出航的商船，要取得幕府批准的朱印狀才能出航，因此這些商船也被稱為「朱印船」。當時明朝實施海禁，這些朱印船為了跟中國商人進行交易只好來到會安等東南亞海港，這裡還有來自其他東南亞國家的商人，因此各式各樣的奇珍異物都可以找到。因為往來不易，朱印船每次靠岸都會停留數個月，有些商人就留下來做當地的買辦、仲介，因此形成了一個日本社區。1635年德川家康下令鎖國後，日本人才停止移民，日本社區開始逐漸被當地人和華人同化。

端各有一對猴與狗的雕像，有一說是因為橋的興建始於猴年，完工於狗年；另一說則是因為日本的天皇多屬這兩種生肖。

MAP ▶ P.153C2

會館

Hội Quán

華商精神中心

福建會館
🚶 從海南會館步行前往約5分鐘　🏠 46 Trần Phú　🕐 7:00~18:00
💲 使用會安聯票

廣肇會館
🚶 從海南會館步行前往約12分鐘　🏠 176 Trần Phú　🕐 8:00~17:00
💲 使用會安聯票

海南會館(瓊府會館)
🚶 就在中央市場對面　🏠 10 Trần Phú　🕐 8:00~17:00　💲 免費

會安古鎮內保留了不少中式會館，愛鄉重土的中國商人在海外更是展現人不親土親的精神，建立會館以互相合作，維繫感情，而會館內多半供奉海上保護神媽祖或重情義的關公。

目前會安古鎮裡有福建、廣肇、潮洲、海南和提供給全部華商的中華會館，前三者需使用會安聯票才能進入，後兩者可免費參觀。其中以建於明朝成化年間(1465~1487年)的中華會館歷史最悠久。這些會館至今都有數百年歷史，仍維持十分良好的狀況，顯示會館對華商的重要性。

廣肇會館 Cantonese Assembly Hall

廣肇會館興建於1786年，據說所有的建材都在廣東收集、製作，送到會安來組裝。入口處鑲瓷的龍形水池，是遊客目光的焦點，其實後院裡還有更多精彩的雕像。會館裡的主神為關公，入口處的兩側更繪有桃園結義和關公千里送嫂的彩圖。

掃地圖

福建會館Phuc Kien Assembly Hall

福建會館又名「金山寺」，是會安最重要的一座華人會館，由福建商人於1697年所建，是會安華僑的重要聚會所。會館內供媽祖，兩側分別是千里眼與順風耳，還有一艘金色的木造古帆船模型，據說新加坡的華商會館裡也有一艘相同的模型。色彩豐富的裝飾與保存良好的神像，使這座會館十分受矚目，其中有座鑲瓷的水池裡的鯉魚象徵著魚躍龍門，陪襯著有龍、麒麟、鳳凰等中國吉祥的象徵。

掃地圖

飄洋過海來定居的華僑

最早移民到會安的華人可以追溯至16世紀的明朝，當時因為日本倭寇時常襲擊中國東南沿海，明朝實施海禁，許多民間交易因此轉移到東南亞的港口進行，會安就是其中之一，隨著越來越多商人在此定居，就形成了華人聚落。

第二波移民在清朝初年，明朝遺臣陳上川和楊彥迪率領大批部屬和家人逃來會安，他們帶來了技術和資源，並樂於幫助鄉親，因此受到當地人和華人的熱烈歡迎。這些華僑自稱為「明鄉人」，拜的是離鄉背井的祖先而不是神明，處處都可以看見身分認同對他們的重要性。

海南會館 Hainan Assembly Hall

海南會館建於1875年，紀念著一段悲情的事件。1851年夏天，一艘由海南開往順化一帶通商的商船，被越南巡防的官兵殺人奪財，並謊報緝拿海盜有功。

掃地圖

傳說當時在位的阮王朝嗣德皇帝在批示該公文時，忽然頭痛不已，於是遣人調查，真相才得以大白，並將犯罪者處以極刑。這108個冤魂據說因此成神，保護行船人的安全，海南會館供奉的就是這108人，而大殿上所寫「昭應公」其實就是「兄弟公」的意思。

會安藝術街

MOOK Choice

Rue de Arts

藝文薈萃的水岸法國區

[掃地圖]

Precious Heritage Art Gallery Museum

🚶 從海南會館步行前往約5分鐘　🎫 26
Đường Phan Bội Châu　🕐 8:00~20:00　🔗 www.rehahnphotographer.com

　　會安法國區坐落古鎮區以東的水岸街區，以街道Phan Boi Chau為中心，沿街坐落不少美麗的老建築。2017年起，會安官方將這條街打造成藝術街，進駐了許多藝廊、美術館、咖啡館及設計品牌店。

　　由法國攝影師 Réhahn 所創設的「Precious Heritage Art Gallery Museum」是其中最精彩的一座，改建自19世紀的法國建築，劃分五區，展示 Réhahn 以8年時間深入越南全境54座部落，為身著傳統服飾的耆老所拍攝的肖像照、逾60件傳統服飾，工藝及歌謠的紀錄片。

MOOK Choice

會安陶磁貿易博物館

Bảo Tàng Gốm Sứ Mậu Dịch Hội An

精美陶磁見證海上絲路繁華

[掃地圖]

🚶 從海南會館步行前往約10分鐘　🎫 80 Trần Phú　🕐 7:00~21:00　💲 使用會安聯票　🔗 hoianheritage.net

　　會安曾是海上絲路往來的樞紐，陶磁則是東方運往西方的一項重要物品。在會安出土的陶磁器具就包括來自中國、日本、泰國等地。博物館裡展示了430件出土的陶磁用品，出土時間約在13~17世紀之間，附有詳細的解說。另外，博物館就是座美麗的老宅邸，可細細欣賞屋子裡精雕細琢的窗櫺、陽台欄杆和扶手等。從2樓居高臨下，則是獵取鏡頭的好地方。

沙黃文化博物館

Bảo Tàng Văn Hóa Sa Huỳnh

尋訪西元前中越古國文化

[掃地圖]

🚶 從海南會館步行前往約13分鐘　🎫 149 Trần Phú　🕐 8:00~20:00　💲 使用會安聯票

　　沙黃文化在2世紀前活躍在今日的越南中南部超過1000年，直到1909年沙黃文化的遺址出土世人才認識到這個已經消失在歷史上的民族。沙黃人被認為是占族的祖先，擅長製造鐵器，而同時期的北越和南越地區，都還在銅器時期。

　　沙黃人很早就乘船出海和其他東亞的文明進行交流，出土的文物都是陪葬用品，其中許多都不是產自越南，例如以玻璃、鋯石、琺瑯等做成的串珠項鍊、漢代的銅鏡等，證明了當時就有頻繁的海上活動。目前博物館裡展示了216項來自50個考古地點的沙黃文化出土物品。

MAP ▶ P.153C2

會安手工藝坊

Xưởng Sản Xuất Thủ Công Mỹ Nghệ Hội An

細緻工藝尋寶好去處

掃地圖

🚶 從海南會館步行前往約4分鐘　🏠 9 Nguyễn Thái Học　☎ (235)3910-216　🕐 8:00~17:00　💲 使用會安聯票　❗ 因疫情暫停開放

　　古鎮會安除了保留傳統建築，精巧的手工藝也相當知名，加上近年來發達的觀光業，使會安的傳統手工藝發光發熱。其中，最知名的便是裁縫業，因為身為貿易中心的會安，絲綢緞錦向來知名，而細緻的縫製手工，造就了會安裁縫業的名聲。除了量身打造的衣服，會安的燈籠、漆器、大理石珠寶盒、充滿古意的水煙壺、可做裝飾的傳統樂器，也可都是小鎮裡尋寶的好對象。

　　會安手工藝坊則是了解會安傳統工藝的去處，這個有200多年歷史的老屋，布置得宛如多個手工藝村莊的縮影，遊客可欣賞各種手工藝的製造過程：燈籠、刺繡、陶藝、木刻、石雕、漆畫，大有現場製作，當然成品都用來販售。

　　更吸引人的，可能是每天的傳統音樂表演，除演唱和樂器演奏外，還有傳統舞蹈演出，表現了悠哉和樂的農村生活、以及神話故事裡的愛恨情仇，內容相當有趣，千萬別錯過！

MAP ▶ P.153D1

古岱海灘

Của Đại

林立頂級度假飯店的純淨沙灘

掃地圖

🚲 從會安市中心騎自行車約20~30分鐘

　　會安附近有多處沙灘，但其中最有名的是古岱海灘，距離會安市區約5公里。純淨的沙灘沒有太多污染，在這悠閒地漫步很有情調。世界級的連鎖旅館也不會錯過這片美景，其中較知名包括Swiss - Belhotel Golden Sand、Palm Garden Resort Hội An、

Victoria Hoi An Beach Resort & Spa等海灘度假村，這些高級飯店大部份都直接坐落於沙灘上，時間充裕的人，不妨選擇其中之一小住幾天，好好享受悠閒的海灘假期。

Where to Eat in Hoi An
吃在會安

MAP ▶ P.153B2 **Faifoo Café & Restaurant**

 從海南會館步行前往約8分鐘
104 Trần Phú ☎(235)3861-548
8:00~22:00

掃地圖

　這間位於會安主要大街上的餐廳，以一座當地歷史悠久的民宅改建而成，黃色的外觀、高掛的燈籠和木頭桌椅，洋溢古色古香的氛圍，再加上以昔日會安的舊稱命名，彷彿透過2樓半開放式的座位，得以窺見昔日商船往來時期的車水馬龍。

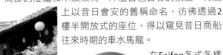

　在Faifoo各式各樣的食物中，最值得推薦的是高樓麵、炸餛飩以及白玫瑰套餐，讓你得以一次品嚐當地的著名美食。

MAP ▶ P.153B2 **Morning Glory**

 從海南會館步行前往約12分鐘 ○106
Nguyễn Thái Học ☎(235)224-1555
10:00~23:00

掃地圖

　該餐廳的創辦人Trinh Diem Vy女士是一位知名的廚師，不但出版食譜，同時也是第一個在會安開辦廚藝課程、引進國外麵包烘焙方式與甜點製作要領的人，她將當地的街頭小吃以及自家傳承的食譜加以融合與改良，誕生了許多獨具特色的料理與飲品，她的成功從在當地擁有多家餐廳便可略知一二。

　Morning Glory採開放式廚房，在它琳瑯滿目的菜單中詳細說明了每道食物的特色，讓外國人也可以輕鬆點餐，如果想嘗試些特別的食物，不妨從她的家族食譜中挑選幾道嘗試。

會安小吃三寶

　高樓麵(Cao lầu)、炸餛飩(Hoành Thánh)以及白玫瑰(Bánh Bao)都是會安特色小吃，老街上許多餐館都有供應。高樓麵(Cao lầu)又被稱為會安乾麵，據說舊時貿易商人為了看顧貨物，總是坐在餐館二樓吃麵，因此得名。高樓麵的麵條較粗有嚼勁，滋味純樸扎實，搭配滷豬肉片、脆餅和滿滿的新鮮香草，再淋上調和滷肉和魚露的醬汁一同食用。除了擁有美麗露台的Faifoo以外，Cao lầu Không Gian Xanh也是非常著名的高樓麵餐館。

　炸餛飩有極為酥脆的口感，薄餅皮有洋芋片般的香脆口感，至於白玫瑰其實就是鮮蝦餛飩，由於外型潔白優美一如玫瑰，因而獲得如此美麗的名稱，口味感其實和台灣的餛飩差不多。

MAP ▶ P.153D2 **Mango Rooms**

🎵 從海南會館步行前往約12分鐘 🏠
37 Đường Phan Bội Châu ☎(0)702–
655–969 ⏰8:00~23:00 🌐www.
mangomangovietnam.com

掃地圖

面對秋盤河的Mango Rooms，有著絕佳
的海港景觀，室內以正紅、鵝黃、翡翠綠、寶藍……大塊的
原色系營造出強烈的加勒比海風味。因為主廚來自加州，並
曾在德州學習料理，因此菜色方面大膽融合了加州與越式料
理的Fusion海鮮，充滿大膽的創意。

以薑汁、芒果和大蒜調味而成的鯛魚片，呈現了令人驚豔
的口感；而看似Pasta的「Asia Sins」，竟然是以米為原料的
「米粉」，吃起來香Q有咬勁，而且以蕃茄醬汁為主，加上
九層塔、洋蔥及當地特產的香料，
堆疊出豐富的味覺層次，非常值
得推薦。不過這裡最有名的當
屬調酒，就連滾石合唱團的主
唱Mick Jagger都讚不絕口，為
之廣為宣傳，Mango Rooms也因
此聲明大噪。

MAP ▶ P.153B2 **Reaching Out Teahouse**

🎵 從海南會館步行前往約12分鐘 🏠
131 Trần Phú ☎(235)391-0168
⏰8:00~18:30 🚫週日 🌐www.
reachingoutvietnam.com
掃地圖

會安古鎮有許多咖啡館，各有其迷人特
色，不容易踩雷，不過人氣最高的咖啡館當屬「Reaching Out
Teahouse」，由瘖啞人士提供服務，店內一概以紙和刻字印
章溝通，是會安古城區最靜好的無聲綠洲，推薦越式滴濾咖
啡佐手工餅乾及綠茶椰子糖，也可以體驗越南茶道，品茶組
合中可選擇3種茶，並搭配佐茶小點。

MAP ▶ P.153D1　Yaly Couture

🚶 從海南會館步行前往各約6或10分鐘
📍47 Trần Phú、358 Nguyễn Duy Hiệu
☎(235)3861-119、3914-995 ✉
🕐8:00~21:30 ⓝwww.yalycouture.com

　這是會安規模最大的裁縫店之一，在會安共有3家店面，從一字排開的時髦服飾，以及排隊等著試穿新衣服的顧客，就可感受到Yaly的魅力。雖然價格是一般店面的3倍之多，但因為手工精細、龐大的裁縫群，以及保證修改到滿意為止的品質保證，讓Yaly的生意蒸蒸日上。不但女士們深受吸引，也有不少男士顧客，一套上好質料和手工的西裝，不到100美金就可完成，難怪總是看到一對對男女提著許多衣袋，心滿意足地離去。

MAP ▶ P.153B1　A Dong Silk

🚶 從海南會館步行前往各約4或12分鐘
📍38-40-42 Lê Lợi、62 Trần Hưng Đạo
☎(0)905-540-898 🕐8:00~20:00 ⓝ
adongsilk.com

　A Dong Silk也是會安的傳統老店，市區有兩間店面，裝潢現代時髦，一走進去服務人員就會親切地詢問需求，送上雜誌和茶水，量身訂做的服務做得很徹底，許多顧客都是多次試衣並修改到完美，許多外國旅人特地前來訂做晚禮服或結婚禮服。想穿上今年最流行的流行服飾嗎？在這裡，你可以用非常便宜的價格就達成夢想。

MAP ▶ P.153B2　Reaching Out Art & Crafts

🚶 從海南會館步行前往約12分鐘 📍131 Trần Phú ☎(235)391-0168 🕐8:00~20:30 休週日 ⓝwww.reachingoutvietnam.com

　如果你想找一些風格獨具的手工藝品，這裡是不可錯過的地方。Reaching Out是由多位殘障人士共同創立的藝品店，藝品的種類從陶瓷、木雕、織品、石雕、漆器等都有，以獨特的設計和精細的手工聞名。例如陶瓷茶壺邊上，以不銹鋼細細地鑲上一道雕花；或是漆器上鑲入十分細緻的蛋殼屑，取代亮澤感較高的貝殼，形成更為雅緻的圖案。

　這些作品經過專人設計後，把不同的工作交由適合的殘障人士來負責，例如噪音大的打鐵雕花的工作是由聽障人所負責，最後合力完成一套作品。因為這裡是以協助殘障人士獨立為宗旨，強調公平交易(Fair Trade)，也就是利潤歸於製造者而非中間商，工作者可更直接受惠，價格也不會被中間商所壟斷。顧客可參觀設於店面後方的工作坊，進一步了解製造的過程。

MAP ▶ P.153A2　Dai Phu Giao

🚶 從海南會館步行前往約10分鐘
🏠 145 Trần Phú　📞(0)908-798-809
🕐 9:00~21:00　🌐 www.handicraftships.com

　　會安曾以海上貿易輝煌一時，當時的港口總是擠滿來自世界各處的商船，而這家專賣帆船模型的商店，讓人對於昔日千帆往來的情景，有了更豐富的想像。這些具體而微的帆船模型，做工十分細巧，全都是按比例縮小，除了古老的中式帆船，也不乏知名的西洋現代帆船，琳瑯滿目的模型，總許多人流連忘返，現場工作人員也會熱心的介紹古船模型的歷史背景。這些模型的原料都打包在長型的木盒裡，攜帶方便，店家也可代為郵寄。

MAP ▶ P.153C2　中央市場Chợ Hội An

🚶 海南會館對面　🏠 位於會安市區東側，Trần Phú街上　🕐 清晨到日落，中、下午人潮較少

　　這是會安唯一的傳統市場，自大清早起就人潮不斷。清晨的漁市是尋找新鮮漁貨的好地方，如果你有可信任的廚師為你料理，可以起個大早來此挑些剛下船的海鮮。市場裡的陶磁、日用品等手工用品的品質並不比商店差，但價格會稍微便宜一些；另外如香料、水果都是不錯的選擇，但記得越往市場內側，價格越便宜的原則，不要馬上下手。

穿奧黛遊會安

　　奧黛是越南婦女的傳統服飾，會安老街有許多店家有販售或是出租，讓遊客體驗在地風情。出租一套價格在20美元左右，記得多比價和殺價，如果愛上了穿奧黛的感覺，轉個身就能在老街上的裁縫店訂做一套喔！

MAP ▶ P.153C2　衣料市場Cloth Market

🚶 海南會館對面　🏠 位於中央市場的東邊，Trần Phú街上　🕐 7:00~日落

　　自古來就因為是貿易中心而以絲綢緞錦知名的會安，近年來更在觀光業發達的推波助瀾下，成為訂製天堂，這種量身打造、手工現做的衣服，在工商業社會裡可說是奢侈的享受，在這裡可以較經濟實惠的價格，做出一件合身時髦的上衣，難怪西方觀光客莫不為之瘋狂，也因此現在小小的會安鎮裡，大概有一半以上都是裁縫店。

　　除了直接到知名的裁縫店訂做外，你也可以自己先到衣服市場挑選衣料後，再請知名的店做裁縫，費用會便宜一些，事實上衣料市場中也提供裁縫服務，就看你自己的選擇。衣料市場裡擠滿了上百家販賣上好絲綢和各色布料的商家，材質和顏色的選擇眾多，連上好的喀什米爾羊毛都有，不過最好先做些功課，才不容易上當！另外，手工也很重要，最好要求雙縫線，不妨先試做一件上衣，試試手工如何，再決定是否多做，以免後悔。

美山聖地
Mỹ Sơn

文●墨刻編輯部
攝影●墨刻攝影組

名列世界遺產之一的美山聖地，是曾經繁盛一時的占婆(Champa)帝國的宗教中心，雖然占婆帝國現已不存在，但這個曾在4~12世紀雄霸越南中部的帝國，留下許多令人驚異的大型印度教建築，其中又以美山聖地的規模最大，堪與柬埔寨的吳哥寺(Angkor Wat)比擬，可惜的是經過近代頻繁又無情的戰爭洗禮，以致遺蹟更形殘破。

占族人以海上貿易為主要經濟來源，他們以盛產的檀香木、肉桂、胡椒、象牙、犀牛角、玳瑁等，與中國、日本、印度等地往來貿易，是波斯到中國東南這條海上絲路的重要環節。同時，他們也是驍勇善戰的民族，北抗大越和中國，西與吳哥帝國征戰；與吳哥帝國的爭戰，被生動地記錄在巴揚寺(Bayon)的壁畫裡。從戰爭所得的俘虜，也是占婆人貿易的貨品之一。

最早以婆羅門教為國教，因此在美山所看到的建築屬於印度式，崇奉的也都是印度神祇；10世紀起，占婆帝國開始受大乘佛教影響；到了13世紀前後，海上貿易帶來了伊斯蘭教，改變多數占人的信仰，獨留占婆塔裡的印度神像，見證過往的歷史。

占婆的建築型式隨著時代改變也有不同特色，考古學家根據該藝術特色首先被發現的地點來命名，歸納出幾個藝術態及時期（見P.169表格）。在美山聖地的入口，現在設有展廳展示相關的文化資料，但最精彩的占婆雕刻，則是在峴港的占婆博物館，這兩處地點可安排一起參觀，可更加深對占婆文化的體會。

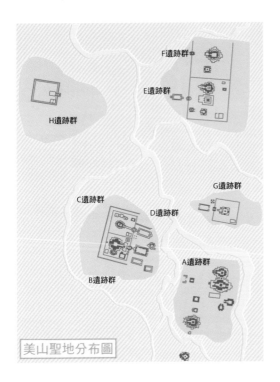

F遺跡群
E遺跡群
H遺跡群
G遺跡群
C遺跡群
D遺跡群
A遺跡群
B遺跡群

美山聖地分布圖

INFO

如何前往

美山聖地距離會安和峴港都大約40公里，車程約1~1.5小時。從會安或峴港參加旅行團前往美山，是最方便的方式，當地幾乎所有旅行社或飯店都有套裝行程或包車服務。會安出發的半天團約16~20美金（含午餐，不含門票），峴港出發可選擇半天或是包含遊覽會安的一日遊行程。

若不想參加導覽，也可購買往返美山的接駁巴士車票即可，票價約8美元。從會安包車前往，半天約30美元、一天約50美元。

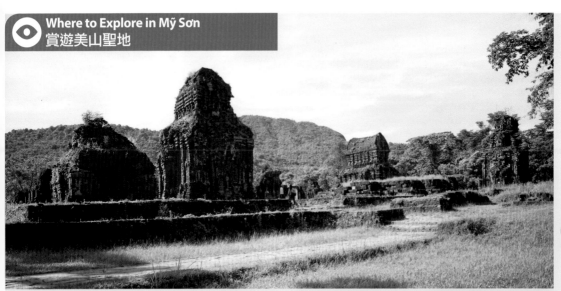

MAP ▶ P.166

美山聖地遺跡群
Historical Remains of Mỹ Sơn

探訪占婆帝國神祕文明

掃地圖

🚗 從會安或峴港參團或包車前往
(235)3732-309　🕐 6:00~17:00　💲150,000越盾
🌐 disanvanhoamyson.vn　❗建議清晨出發，抵達當地正好日出，比較能避開大量的觀光人潮。入口售票處到遺址區可搭乘接駁電動車

美山聖地原有70座建築，目前遺留約25座。最早為4世紀左右的木造建築，可惜7世紀時全被大火燒毀，後來經多次重建，以磚為主要建材，飾以砂岩雕飾。這裡的占婆建築規模，不若吳哥窟規模龐大，卻帶有獨特的細緻美感。

占婆塔廟底層形狀為正方或長方形，象徵人世；中間層以磚為主要建材，間以砂岩石柱支撐，代表溝通天地的靈界；頂層通常可分成三部分，往上漸縮，最上端飾以荷花苞狀雕刻，代表神聖的天界，廟身描繪了許多敬獻神明的人像。塔廟多半門開東方，因為東方為日升之處，在印度教信仰裡有重生之義。

建築以紅磚為主要建材，尺寸大小不一，但是如何做到如此完美的密合，至今仍是考古學界的謎：有人認為是以當地特產的植物性黏膠為黏劑接

合；也有人認為占婆人沒有使用黏劑，只是將磚緊密疊合，在完工後於室內架上柴火將整個建築全部燻烤過，利用熱度使磚完美地接合。

為了利於辨識，現在考古學家將美山聖地的遺蹟分成A、A'、B、C、D、E、F、G、H、K共10大群組，分類與時間順序或建築特色完全無關。編號A是科學家在1898年於美山的新發現，尤其是其中高24公尺的塔廟，當時建築保存得十分完整，可說是占婆建築的極致表現，只可惜在1969年被美軍轟炸破壞，已成廢墟，幸好其中部分雕像已移至峴港的占婆博物館而得以保存至今，另有些則收藏在巴黎吉美博物館(Guimet Museum)。現在美山遺蹟裡保留最完整的是B、C、D群。

布局 Layout

一般而言，美山的占婆建築群，以中央最高的塔廟最神聖，稱為Kalan，象徵印度教信仰裡最神聖的須彌山(Meru)，內供奉林迦(Linga)。在編號B、D群組中，B1為中央塔廟，但很可惜它已完全倒塌，僅餘一大型林迦座曝露於野草間。C1則是C群組的中心，這個建築的屋頂為船形，在占婆建築裡十分特別。一般而言中央塔廟前有門樓(Gopura)，中央塔廟附近的建築還包括準備室、寶藏室，另外其它較小的建築分別是奉祀該方位的方位神。

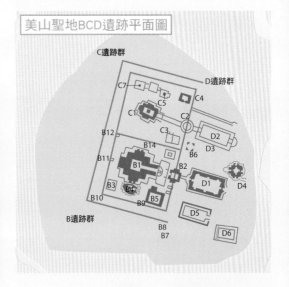

美山聖地BCD遺跡平面圖

C遺跡群

D遺跡群

B遺跡群

準備室和寶藏室 Preparation & Treasure Room

編號D1和D2的建築，外觀和一般占婆塔建築不同，東西向的縱深很長，門開東西向，屋頂已被破壞。D1的功能為準備室，也就是參拜者在前往B1參拜前，先在此沐浴更衣，休息靜心。而D2則是收藏B1神廟裡的經書、聖物和寶藏的收藏間。目前D1和D2之間列了兩排石雕像，都是因為建築倒塌而散落的神像和柱頭雕刻，其中包括一個打坐姿態的無頭神像，胸前有蛇盤繞，推測應是濕婆神。

林迦 Linga

美山聖地崇奉印度神祇，其中又以濕婆神(Shiva)為最，歷代國王均視自己為濕婆神的轉世。不過，神廟裡祭拜的通常不是濕婆神像，而是如圖的林迦座。林迦的外形如男性生殖器，是生命力和豐饒的象徵，保有生殖崇拜文化的特色。其實，完整的林迦包含兩個部分：突出如男性生殖器的圓柱形象徵濕婆，而且林迦都置放在一邊有開口的方形底座上，稱為優尼(Yuni)，象徵女性生殖器及孕育生命的子宮。

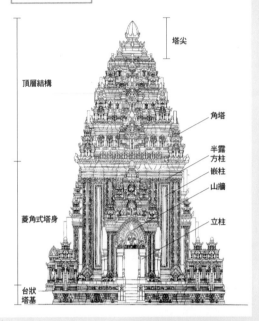

占婆塔解剖圖

- 塔尖
- 頂層結構
- 角塔
- 半露方柱
- 嵌柱
- 山牆
- 菱角式塔身
- 立柱
- 台狀塔基

中越… 美 山聖地 Mỹ Sơn

誰是占族？

占族(Cham)據考證其語言屬南島語系，屬於馬來族的一支，起源於中越一帶。中國秦漢時期曾設都縣治理越南，中越地區屬象林縣管轄，又稱林邑，東漢末年(192年)占城獨立建國，占據原本的日南郡，從此開始占婆帝國的歷史，共歷經14朝78君王。政治重心最早在峴港(當時稱為Singhapura)及附近的東陽(Đông Dương, 當時稱為Indrapura)，以美山為宗教中心；7~10世紀時勢力最強盛時，領土包括部分現在的寮國和柬埔寨國土。隨著大越(越南人口最多的民族)勢力的興起，占婆帝國逐漸往南遷移，最後在15世紀中葉，被大越族重創，皇族多半逃往柬埔寨，殘留的人則轉往芽莊和藩朗(Phan Rang)一帶，直到1720年才正式覆亡，占族成為越南的少數民族之一。

印度V.S. 爪哇雕刻
Indian V.S. Javanese Scuptures

美山聖地的建築，經過數百年的演化，藝術表現融合了印度教、大乘佛教，以及爪哇文化的影響。D1外牆的印度式雕刻，門龕和衣飾都雕刻都較為細緻精美；而B5建築的連續窗型和女神雕像，就十足的爪哇型式。

母系社會
Matriarchal Society

在D1建築裡有這尊梵天(Brahma)神像。梵天大神在印度神話裡是創造天地萬物之神，通常以3面的形象出現。這尊梵天大神的特別之處在於有明顯的女性乳房，這也是占族藝術和印度原始宗教藝術最大的不同處，因為占族是母系社會，高度尊崇女性，許多印度神祇到了占婆帝國，都出現豐滿的女性軀體，而且也時常以乳房作為建築雕飾。

毗濕奴雕像 Vishnu

這個目前展示於D2的三角門楣，雕著8臂毗濕奴(Vishnu)。毗濕奴也是印度三大神祇之一，職責為保護眾生，因此有多種化身來執行任務，例如印度經典文學《羅摩衍那》裡的羅摩(Rama)王子、《摩訶婆羅多》(Mahabharata)裡的黑天(Krishna)，都是毗濕奴神的化身。因此毗濕奴的故事也最多，最受民間歡迎。多臂的形象代表著高強的法力。

占婆藝術分期表

藝術形式	時期	於美山遺址的建築對照
美山E1時期 (Mỹ Sơn E1)	7~8 世紀	E1、F1
華萊時期 (Hoa Lài)	9世紀初	A2、C7、F3
東陽時期(Đông Dương)	9~10世紀	A10、A11-13、B4、B12
美山A1 (Mỹ Sơn A1)	10世紀	A1、B5、B6、B7、B9、C1、C2、C5、D1、D2、D4
廣美時期 (Khương Mỹ)	10世紀初	
茶蕎時期 (Trà Kiệu)	10世紀中、後期	
芹苴時期 (Chánh Lộ)	10世紀末到11世紀	E4、F2、K
拾滿或平定時期 (Tháp Mắm / Bình Định)	11~14世紀	B1、G、H

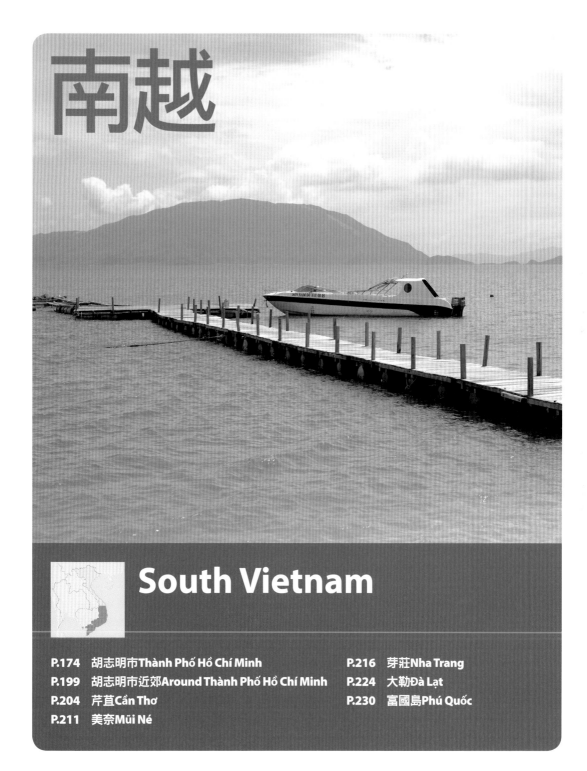

南越

South Vietnam

大約從歸仁開始一路往南延伸，就是一般人所稱的南越。在這片區域裡以胡志明市為首，掌握著當地的經濟命脈，它是法屬殖民地時代的西貢，古吳哥王國時期的真臘，更是越戰期間美軍扶植的越南共和國首都，從洋溢著法式風情的紅磚建築與大道、蘊藏著濃厚中國風情的華埠、到活潑熱鬧的資本主義氣氛，即使歷經歷史的流轉、戰爭的破壞，胡志明市依舊收集著點點滴滴的城市發展回憶，形成它今日獨特的面貌。

除此之外，胡志明市附近也有不少值得一看的景點，像是以特殊的高台教著稱的西寧市；而密如蛛網的古芝地道更令人嘖嘖稱奇，廣達250平方公里的它，猶如一座地底迷宮。至於發源自中國西藏的湄公河，為越南帶來了盛產稻米的九龍江平原，乘船參觀芹苴的水上市集及水上人家，或是體驗美荻的手搖船文化，讓人見識到南越另一種風情。

至於南越的北邊、素有「小巴黎」美譽的大勒，自殖民時期就是避暑聖地，與它呈現截然不同風情的濱海度假勝地則有美奈、芽莊和富國島，潔白的沙灘和頂級度假飯店，是享受陽光的最佳去處！刺激好玩的珍珠主題樂園和太陽世界遊樂園，更讓人玩到不想回家。

南越之最 Top Highlights of South Vietnam

芽莊海灘Bãi Biển Nha Trang
芽莊是越南著名的濱海度假勝地，潔淨沙灘、湛藍大海在城市裡綿延5公里，夜晚不妨入住奢華度假村，感受全然放鬆的假期。（P.218）

丐冷水上市場Cái Răng
以批發為主的丐冷水上市場，是芹苴最熱門的景點，壯觀又熱絡的交易過程，呈現出湄公河居民獨特的生活方式。（P.207）

統一宮Dinh Thống Nhất
南越時期這裡是總統官邸，內設有宴會室、會議室等超過百間房間，屋外還有停機坪，地下室則是作戰指揮中心。1975年越共攻入此地，越戰自此畫下句點。（P.181）

古芝地道 Địa Đạo Củ Chi
大規模的地道系統，遍布在古芝小鎮地底，在越戰期間，這裡是越共在南越的躲藏地，其內部陳設及人民生活方式，都令人大開眼界。（P.202）

白沙丘Bàu Trắng
位於美奈漁村不遠處，強勁海風捲起細沙，堆積成巨大沙丘。新月沙丘的沙脊綿延，沙丘腳下有一潭湖水，令人聯想到敦煌沙漠的蒼莽。（P.214）

How to Explore South Vietnam
如何玩南越

胡志明市通常是南越旅遊的起點，以此為中心的一日遊可拜訪湄公河三角洲或古芝地道，接著向東串連美奈、大勒和芽莊，若還有時間，從芽莊飛往富國島，在天堂般的海濱好好放鬆，為假期寫下完美句點。

胡志明市近郊
Around Thành Phố Hồ Chí Minh

以胡志明市為中心，安排鄰近城市的一日遊行程，既不用帶大行李奔波，又能看見越南的多樣面貌。古芝小鎮看似平凡，地底卻有如蟻窩，深入地道體驗險惡的生存環境和戰爭的殘酷；位於西寧的高台教總部則是相當特殊的宗教文化，無論理念或建築上都融合了東西所有宗教的特色；而美荻出發的湄公河遊船之旅，能體驗搭手搖船穿越水上椰林的樂趣。

代表性景點： 古芝地道、西寧聖座、湄公河遊船

胡志明市 Thành Phố Hồ Chí Minh

胡志明市是南越熱情、多元的代表，和河內比起來，保留了更多西方元素。景點大多集中在第一郡，處處可見殖民時期留下的法式建築，像是郵政總局和紅教堂等，而越戰期間美軍的長期佔領更是讓美式文化大規模傳入，形成胡志明市熱情洋溢的面貌。

代表性景點： 統一宮、紅教堂、郵政總局、咖啡公寓

富國島 Phú Quốc

說到越南最熱門的旅遊新星，非富國島莫屬。這座位於泰國灣上的小島，北部有自然原始的國家公園和全越南最大的珍珠野生動物園，南部有綿長白沙灘和透明藍海水，島嶼最南端，還能搭乘世界最長的跨海纜車前往太陽世界水樂園。

代表性景點： 白沙灘、太陽世界跨海纜車、富國監獄

芽莊Nha Trang

　純淨無污染的海岸線讓芽莊獲得「東方馬爾地夫」的美譽，除了在緊鄰鬧區的芽莊海灘日光浴，搭小船跳島，玩浮潛、拖曳傘等水上活動也相當受歡迎。或是前往市區南郊的珍珠島主題樂園瘋狂發洩精力，傍晚再泡個泥漿浴重獲新生也不錯。

代表性景點：芽莊海灘、疊山島、波那嘉塔

南越區域圖

歸仁 Quy Nhơn
綏和 Tuy Hòa
芽莊 Nha Trang
Sông Đà Rằng
大勒 Đà Lạt (Dalat)
胡志明市 Thành Phố Hồ Chí Minh (Sài Gòn)
古芝地道 Địa Đạo Củ Chi
美奈 Mũi Né
潘切 Phan Thiết
安江 Long Xuyên
頭頓 Vũng Tàu
富國島 Phú Quốc
芹苴 Cần Thơ
美萩 Thành phố Mỹ Tho
金甌 Cà Mau
永隆 Vĩnh Long
湄公河 Sông Cửu Long (Mekong Delta)

大勒Đà Lạt

　位於海拔約1400公尺的山區，讓大勒自法國殖民時代就被視為避暑勝地，氣候涼爽且風光明媚，殖民風格的別墅外圍，有起伏的山巒、瀑布和湖泊等自然景觀，猶如一座歐洲山城。

代表性景點：瘋狂屋、保大皇夏宮、達坦拉瀑布

芹苴Cần Thơ

　芹苴是湄公河三角洲流域最大的城市，也是富庶的經濟中心，有平價美味的小吃及友善居民。芹苴以大型傳統的水上市場聞名，另外，結合中西式建築風格的楊家古宅也令人驚豔。

代表性景點：水上市場、楊家古宅

美奈Mũi Né

　生產魚露、販售海鮮的純樸小漁村，因為擁有椰子樹搖曳的細長沙灘，吸引高級度假村設點。自然地貌多變，除了海岸景觀，紅、白沙丘和喀斯特地形的仙女溪同樣上鏡，最重要的，別忘了大啖價格親切的炭烤活跳跳海產！

代表性景點：白沙丘、仙女溪、美奈漁港

胡志明市
Thành Phố Hồ Chí Minh /
Ho Chi Minh City

文●李曉萍・墨刻編輯部
攝影●墨刻攝影組

至今人們仍習慣稱之為「西貢（Sài Gòn）」的胡志明市，是掌握越南經濟動脈的南方大城，由於接近富庶的湄公河三角洲，而且是越南的工業與商業的心臟，市民所得比越南其它地區還要高上許多。從大道旁具法式風格的紅磚瓦殖民建築，和仍舊瀰漫著濃厚中國風情的華埠可以窺見她的過去，從國際級的旅館和商業辦公大樓，卻又隱約看見她的未來。

胡志明市古名為「真臘」（也就是古吳哥王國的一部分），又稱為「柴棍」。自從19世紀中葉阮氏王朝覆亡後，法國殖民政府定都西貢，歷經百年的法國統治，留下深刻的歐式風情。接著，這裡又成為美國扶植的越南共和國首都，美軍帶來的豐富夜生活以及資本主義下的活潑經濟，又為西貢增加一抹資本主義色彩。1975年北越共軍解放南越後，北越政府大舉南進接收，「西貢」被更名為「胡志明市」。

1990年後，越南政府改採開放改革路線，美國政府也於1994年解除對舊北越政府的經濟制裁，雙方開始互設使館，柯林頓總統於卸任前還親訪越南。

今天當你走在西貢的街道上，擁擠的摩托車潮加上不絕於耳的喇叭聲，80年代以後出生的年輕人，根本不識戰爭的愁滋味；在這裡你無法嗅出共產的味道，反而新興的商業活動配上早已越南化的滄桑法國風，使得這座城市顯得有點俗麗，卻又活力十足，因為它已把過去的歷史全都融入日常生活裡。

整個胡志明市被分為19郡5縣，市中心為第1郡，政府的重要行政機關皆在此：街道寬廣、市容整齊，是昔日西貢的心臟。而位於市中心西邊的第5郡則是所謂的華埠(Chợ Lớn)，曾是越南華人的大本營，但1978~1979 的排華事件，使今日的華埠不再是華人當家了。

INFO

基本資訊

人口：約900萬
面積：約2,061.2平方公里
區域號碼：28

如何前往

◎飛機

胡志明市的新山一國際機場 (Sân Bay Quốc Tế Tân Sơn Nhất／Tan Son Nhat International Airport)，位於市區西北方約7公里處，它是全越南最大的國際機場，與全世界主要城市間有著班機往來。該機場於2007年擴建後，第二航廈當做國際機場使用，第一航廈則提供國內線服務。

新山一國際機場

🌐 www.vietnamairport.vn

◎火車

胡志明市的西貢火車站(Ga Sài Gòn)位於市中心西北方約3公里處，是越南南部的火車起點站，每天都有往來於芽莊、順化以及河內等城市之間的班車，車程分別約為7、18、30小時。從火車站搭車前往市區約10分鐘車程，車站外可搭乘計程車、摩托計程車和人力車等交通工具。

西貢火車站

🏠 1 Nguyễn Thông
🕐 售票窗口7:30~22:00

◎巴士

胡志明市共有3座巴士轉運站，分別連接越南境內的各大城小鎮。其中往來於胡志明市和西寧、古芝等近郊區之間的巴士，主要停靠於Bến Xe An Sương巴士總站；往來於永隆、芹苴等湄公河三角洲城鎮的巴士，主要停靠於Bến Xe Miền Tây巴士總站；至於前往芽莊、大勒、順化等胡志明市以北城市的巴士，則以Bến Xe Miền Đông巴士總站為停靠站。

機場至市區交通

◎計程車

搭乘計程車往來於機場和市區之間，是最方便的交通方式，入境大廳出口向左走就有排班計程車招呼站，車程約20~30分鐘，費用大約在200,000~250,000越盾左右。

除了機場的排班計程車，在越南旅行建議多利用Grab叫車（P.58），價格透明、不怕司機繞路，非常方便，離峰時間大多比跳表計程車便宜，但尖峰時段可能比較貴。

◎巴士

新山一國際機場有巴士往返市區之間，位於入境大廳出口的右手邊，指標清楚。建議事先購買SIM卡並下載Bus Map APP，方便確認市區的所有巴士路線和時刻表。搭乘109號快捷巴士前往市區約45分鐘，車上有行李放置區和WIFI，上車前告知服務人員飯店名稱，由服務人員售票；152號是市區公車，車程約1小時，上車後現金購票，路線和109號巴士多有重疊。

Bus Map

🌐 map.busmap.vn

109號巴士

🔽 24小時運行，每20分鐘一班次　💲 12,000越盾

152號巴士

🔽 5:15~18:45，平均15分鐘一班次　💲 5,000越盾

◎預約機場接送

如果2人以上同行，事先預約接送服務，專人舉牌相迎、指定下車地點及時間、不需另付過路費，是最安全簡便的方式。接送服務依車輛種類區分，3~5人房車大約台幣400元，可透過Klook預定。

🌐 www.klook.com

市區交通
◎計程車
　　計程車的計費方式大致為起跳收費10,000~12,000越盾；之後每公里加收大約16,000越盾，每家費率略有不同，10分鐘以內的路程大約80,000左右。搭乘計程車最好找名聲較好的計程車，或是請飯店、餐廳或購物中心幫忙叫車。

Mai Linh 🕾 (28)3838-3838
Vinasun 🕾 (28)3827-2727

◎摩托計程車
　　胡志明市時常塞車，遇上交通尖峰期，短程移動搭摩托計程車就很方便。商場或是市場外常見到穿制服的摩托車騎士等候客人，需要考驗議價功力，也可使用Grab Bike叫車，價格比計程車低，司機會穿著Grab的綠色夾克，並提供專用安全帽。

◎人力車
　　人力車又名「識路」(Xích Lô)，因為一般人力車夫會一邊講解這個城市的概況。其中有些是越戰退休老兵，會些許英文，不過口音不是很容易懂。近年來因為人力車影響當地交通，有些街道已禁止通行，再加上人力車必須議價且糾紛不少，搭乘前務必要確認價格，若為兩人搭乘要記得問清楚最後談定的價格是一人還是兩人合計。

旅遊諮詢
◎遊客服務中心
　　范老五街(Pham Ngu Lao)旁的9月23公園設有官方的遊客服務中心，提供各方面旅遊諮詢、索取地圖、代訂行程和住宿等服務，並有免費的WIFI和充電服務。
🏠23-9 Park, Corner of Pham Ngu Lao and De

計程車騙術大全
　　在越南路邊攔計程車時常發生行車糾紛，除了語言不通以外，還會發生故意繞路、拒絕跳表、跳表機動過手腳、故意不找零、假裝聽不懂亂收錢、收下大鈔後卻睜眼說瞎話假裝收下小鈔等事件，嚴重一點的還會先開低價騙旅客上車，再開到遠處勒索高價車資，或是開到偏僻處勒索搶劫。建議多利用Grab叫車或是認明有信譽的計程車行，上車時讓司機看見你隨時查看google map，確實知道路徑，並自備零錢、財不露白。

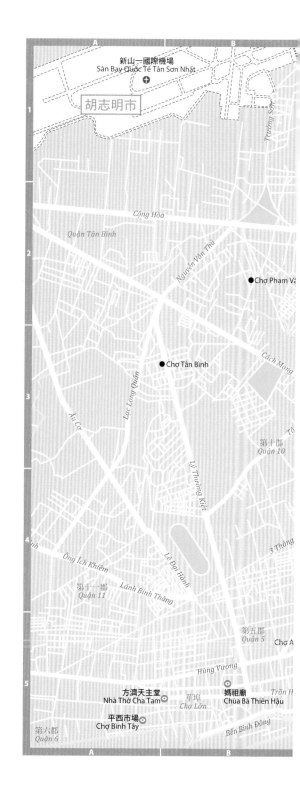

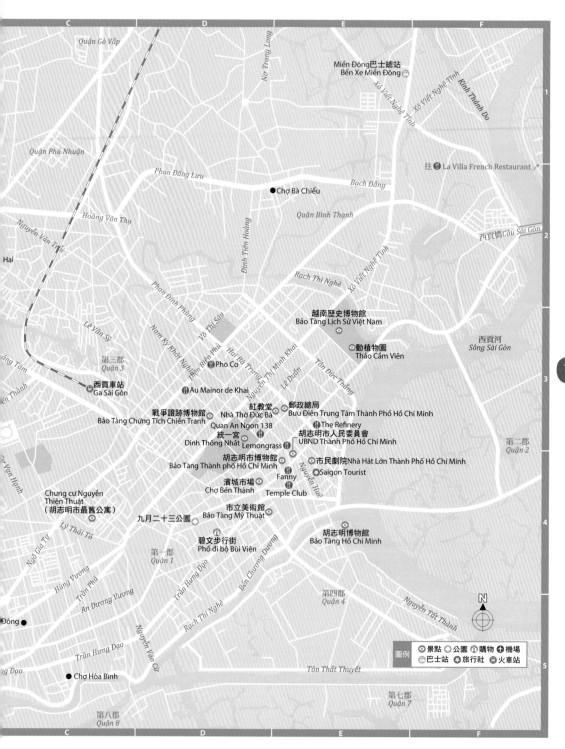

Quận Gò Vấp

Nơ Trang Long

Miến Đông巴士總站
Bến Xe Miến Đông

Xô Viết Nghệ Tĩnh

Kinh Thánh Do

Quận Phú Nhuận

Phan Đăng Lưu

Bạch Đằng

往 La Villa French Restaurant

Nguyễn Văn Trỗi

Hoàng Văn Thụ

Chợ Bà Chiểu

Quận Bình Thạnh

西貢橋Cầu Sài Gòn

Hai

Đinh Tiên Hoàng

Rạch Thị Nghè

Xô Viết Nghệ Tĩnh

Phan Đình Phùng

Võ Thị Sáu

越南歷史博物館
Bảo Tàng Lịch Sử Việt Nam

西貢河
Sông Sài Gòn

Lê Văn Sỹ

Nam Kỳ Khởi Nghĩa

Điện Biên Phủ

Hai Bà Trưng

Nguyễn Thị Minh Khai

Lê Duẩn

Tôn Đức Thắng

動植物園
Thảo Cầm Viên

第三郡
Quận 3

Pho Co

西貢車站
Ga Sài Gòn

Au Mainor de Khai

Thành

戰爭證跡博物館
Bảo Tàng Chứng Tích Chiến Tranh

紅教堂
Nhà Thờ Đức Bà

Quan An Ngon 138

統一宮
Dinh Thống Nhất

Lemongrass

胡志明市博物館
Bảo Tàng Thành phố Hồ Chí Minh

濱城市場
Chợ Bến Thành

Fanny

Temple Club

郵政總局
Bưu Điện Trung Tâm Thành Phố Hồ Chí Minh

The Refinery

胡志明市人民委員會
UBND Thành phố Hồ Chí Minh

市民劇院Nhà Hát Lớn Thành Phố Hồ Chí Minh

Saigon Tourist

第二郡
Quận 2

Viện Hạnh

Chung cư Nguyễn
Thiện Thuật
（胡志明市最舊公寓）

九月二十三公園

市立美術館
Bảo Tàng Mỹ Thuật

碧文步行街
Phố đi bộ Bùi Viện

胡志明博物館
Bảo Tàng Hồ Chí Minh

Ngô Gia Tự

Lý Thái Tổ

Hùng Vương

Trần Phú

An Dương Vương

第一郡
Quận 1

Trần Hưng Đạo

Rạch Thị Nghè

Bến Chương Dương

Nguyễn Văn Cừ

第四郡
Quận 4

Nguyễn Tất Thành

N

Đông

Trần Hưng Đạo

Chợ Hòa Bình

Tôn Thất Thuyết

圖例 ◎ 景點 ● 公園 🛍 購物 ✈ 機場
🚌 巴士站 ★ 旅行社 🚉 火車站

第八郡
Quận 8

第七郡
Quận 7

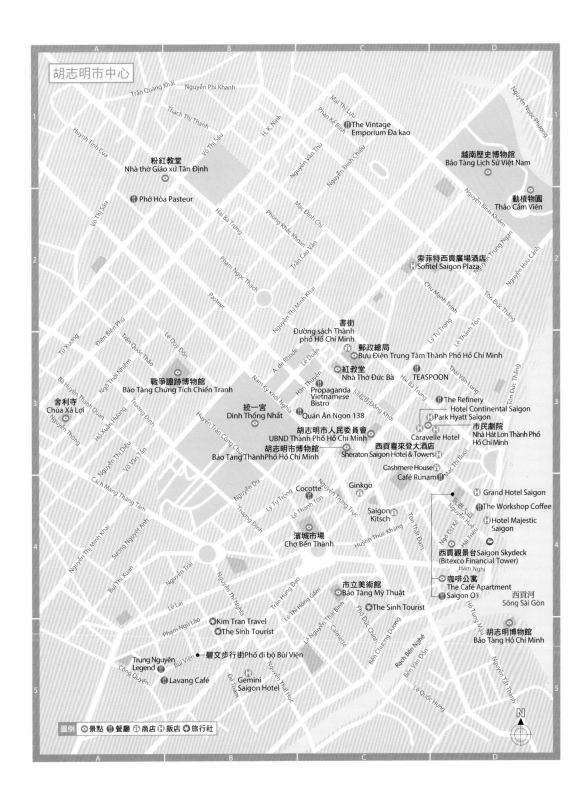

胡志明市中心

A　B　C　D

1

Trần Quang Khải
Nguyễn Phi Khanh
Thạch Thị Thanh
Mai Thị Lựu
Phan Kế Bính
Nguyễn Ngọc Phương

Huỳnh Tịnh Của
Võ Thị Sáu
H.K. Ninh
Nguyễn Văn Thủ
Nguyễn Đình Chiểu
The Vintage Emporium Đa kao

粉紅教堂
Nhà thờ Giáo xứ Tân Định

越南歷史博物館
Bảo Tàng Lịch Sử Việt Nam

Phở Hòa Pasteur

Mạc Đĩnh Chi
動植物園
Thảo Cầm Viên

Hai Bà Trưng
Phùng Khắc Khoan
Trần Cao Vân
Nguyễn Bỉnh Khiêm

2

Điện Biên Phủ
Trần Quốc Thảo
Võ Thị Sáu
Phạm Ngọc Thạch
Pasteur
Nguyễn Thị Minh Khai
Chu Mạnh Trinh
Nguyễn Trung Ngạn
Tôn Đức Thắng
Nguyễn Hữu Cảnh

索菲特西貢廣場酒店
Sofitel Saigon Plaza

Lê Quý Đôn
Lý Tự Trọng
Thái Văn Lung
Tôn Đức Thắng

書街
Đường sách Thành
phố Hồ Chí Minh

郵政總局
Bưu Điện Trung Tâm Thành Phố Hồ Chí Minh

3

Tú Xương
Ngô Thời Nhiệm
Bà Huyện Thanh Quan
Trương Định
Hồ Xuân Hương
Nguyễn Thông

舍利寺
Chùa Xá Lợi

戰爭證跡博物館
Bảo Tàng Chứng Tích Chiến Tranh

Nam Kỳ Khởi Nghĩa
A. de Rhode
Lê Duẩn
Hàn Thuyên
Đồng Khởi
Hai Bà Trưng
Mạc Thị Bưởi

紅教堂
Nhà Thờ Đức Bà

TEASPOON

統一宮
Dinh Thống Nhất

Propaganda Vietnamese Bistro

Quán Ăn Ngon 138

The Refinery
Hotel Continental Saigon
Park Hyatt Saigon

市民劇院
Nhà Hát Lớn Thành Phố Hồ Chí Minh

Nguyễn Thị Diệu
Võ Văn Tần
Cách Mạng Tháng Tám
Huyền Trần Công Chúa
Nguyễn Du

胡志明市人民委員會
UBND Thành Phố Hồ Chí Minh

胡志明市博物館
Bảo Tàng ThànhPhố Hồ Chí Minh

Caravelle Hotel

西貢喜來登大酒店
Sheraton Saigon Hotel & Towers

Cashmere House
Café Runam

4

Nguyễn Thị Minh Khai
Sương Nguyệt Anh
Lý Tự Trọng
Lê Thanh Tôn
Trương Định
Nguyễn Trung Trực
Nguyễn Du

Cocotte
Ginkgo

Saigon Kitsch

Tôn Thất Đạm
Huỳnh Thúc Kháng
Hồ Tùng Mậu
Nguyễn Huệ
Ngô Đức Kế
Hai Triều

陳興道
Grand Hotel Saigon
The Workshop Coffee
Hotel Majestic Saigon

濱城市場
Chợ Bến Thành

西貢觀景台 Saigon Skydeck
(Bitexco Financial Tower)
Hàm Nghi

西貢河
Sông Sài Gòn

Bùi Thị Xuân
Nguyễn Trãi
Lê Lai
Nguyễn Thị Nghĩa
Trần Hưng Đạo
Lê Thị Hồng Gấm
Nguyễn Thái Bình
Phó Đức Chính
Calmette
Bến Chương Dương

市立美術館
Bảo Tàng Mỹ Thuật

The Sinh Tourist

咖啡公寓
The Café Apartment
Saigon Ơi

5

Phạm Ngũ Lão
Bùi Viện
Đề Thám
Nguyễn Thái Học
Cống Quỳnh
Bến Vân Đồn
Rạch Bến Nghé
Nguyễn Tất Thành

Kim Tran Travel
The Sinh Tourist

碧文步行街Phố đi bộ Bùi Viện

Trung Nguyên Legend
Cống Quỳnh

Lavang Café

Gemini Saigon Hotel

胡志明博物館
Bảo Tàng Hồ Chí Minh

Lê Quốc Hưng

N

圖例 景點 餐廳 商店 飯店 旅行社

A　B　C　D

Tham Streets 🕿(28)3920-3040 🕐8:00~20:30 Ⓜ
www.visithcmc.vn

◎旅行社
　胡志明市有許多旅行社，最好選擇有口碑的旅行
社，相對有保障一些，對於這些受遊客歡迎的旅行
社，當地有許多仿冒的店名，要特別注意。Saigon
Tourist是官方的旅行社，提供旅遊資訊索取，可以訂
購行程也接受旅客問題諮詢，此外，越南境內許多
行程都可事先透過Klook預定，有中文介面及服務人
員，行程提供英文導覽，可節省不少比價及交通上的
麻煩。

Saigon Tourist
📍45 Lê Thánh Tôn
🕿(0)91-1273003
🕐8:00~19:00
Ⓜwww.saigontouristvietnam.com

The Sinh Tourist總店
📍246-248 De Tham St.,Dist1
🕿(28)3838-9597
Ⓜthesinhtourist.vn

城市概略
City Guideline

　儘管沒能當上越南的首都，胡志明市比起河內卻毫
不遜色，事實上因為歷經法國百年的統治以及美軍勢

力的扶植，使得這座城市散發著活潑的氣息，若不是
統一宮和胡志明市人民委員會等建築，幾乎讓人忘了
這是座共產政權統治下的城市。不管是懷舊風十足的
殖民地建築、越蓋越高的商業大樓與購物中心、香氣
十足又好吃的河粉、洋溢著異國風情的咖啡館、甚至
令人看得眼花撩亂的雜貨、服飾店，都透露出這個城
市的特質。

　胡志明市的景點還算集中，大致集中於統一宮到西
貢河畔，在這一段不算遠的距離裡，可以將西貢變身
為胡志明市一路以來的歷史演進盡收眼底，法國殖民
時期興建的建築，從昔日的總督府成為今日的人民委
員會，前身的諾羅敦宮如今成為統一的表徵……這番
新舊輪替的景象，也在建築的發展上呈現。

　此外，在胡志明市旅遊要特別小心，尤其是觀光客
聚集的地方例如濱城市場，或甚至是馬路上，要提防
隨身的貴重物品被偷或被摩托車騎士搶走。

胡志明市行程建議
Itineraries in Ho Chi Minh City

◎如果你有3天
　第一天先走訪胡志明市中心，將幾個代表建築巡
禮一遍，包括越戰時的指揮作戰中心統一宮、出自巴
黎鐵塔設計師Gustave Eiffel之手的郵政總局、法國殖
民時期的總督府，也就是今日的胡志明市人民委員
會等，再到沿途林立著各色商店、咖啡館、飯店和
購物中心的同起街，充分感受這座城市的活力，接
著造訪市民劇院的殖民式建築、Hotel Continental的
復古優雅，至於快要抵達西貢河畔的Bitexco Financial
Tower，其觀景台擁有絕佳的視野，能將胡志明市景
緻盡攬眼底。

解決塞車問題的希望地鐵

　為了迎接更多觀光客的到來，胡志明市當局
在 2001 年提出都市鐵路的興建計畫，包括 8 條
都市鐵路線、1 條有軌電車線路和兩條單軌鐵
路，以濱城市場作為轉運中心。主要為預防日
益蓬勃的都市發展，造成如曼谷等其他亞洲城
市一般嚴重的交通堵塞，也預期串連胡志明市
周遭省份的交通網絡，帶動更廣泛的觀光生活
圈。自計畫提出以來雖面臨諸多技術及融資困
難，目前多條鐵路線已陸續動工，原本預計於
2020 年10月進行試營運，並於 2021 年初正式
通車1號線。不過受到疫情關係延宕，目前預計
延期至2024年才通車。

第二天以在地市井風情為主，早上搭乘計程車前往位於第五郡的中國城，追憶瑪格麗特‧莒哈絲(Marguerite Duras)小說《情人》中的場景，昔日不少中國人因經商致富，因而得以權傾一方。這處越南華人的大本營，因1978~1979年的排華事件，如今雖不再是華人當家，不過許多招牌仍保留了中文，瀰漫著一種獨特的情調。平西市場是中國城最大的市場，不但價格便宜，且整日洋溢著熱鬧的氣氛。至於媽祖廟則是當地香火最鼎盛的廟宇，擁有將近兩個半世紀的歷史。接著搭乘計程車返回市區後，不妨繼續前往市立美術館及濱城市場逛逛，你會發現比起平西市場，它多了幾分觀光的味道。

對這座城市有了初步的認識後，第三天前往歷史博物館相信更能理解這個國家的發展背景。這座博物館外觀像座寺廟，館內收藏頗為豐富，而且展示依年代的順序陳列，可讓遊客對越南歷史有系統性的認識，尤其是質量皆豐的占婆藝術最為精彩。參觀完歷史博物館後，不妨邊散步邊前往此區的高級餐廳享用美食，由於這裡是各國領事館聚集的區域，附近街道寬敞且路樹成蔭，許多高級餐廳也隱身於圍牆中。用完餐後可前往戰爭證跡博物館以及舍利寺參觀，結束一天的行程。

◎如果你有4~7天

胡志明市不算太大，3天就足以參觀完它的主要景點，不過想好好購物和慢慢感受當地異國氣氛的人，則可以花更多的時間細細品味。另外你也可以花半天

的時間，到附近的西寧寺走走，或是深入古芝地道，探訪這座地底迷宮，甚至可參加1~3天不等的行程，遊走於湄公河三角洲之間。

胡志明市散步路線
Walking Route in Ho Chi Minh City

距離：約2.5公里　　**時間**：約70分鐘

這是一段看來不算長的散步路線，不過沿途林立著精品小店、咖啡館和大型購物中心，如果想逐一拜訪商店或景點，可能會需要花上一整天的時間。

行程以①「**統一宮**」開始，其以昔日的諾羅敦宮為雛形，後因被炸毀而加以改建，再接到②「**郵政總局**」，無論是拱形門窗、大廳上方的大鐘、綠色的鑄鐵雕花等，都洋溢著歐洲19世紀末的公共建築風格。對面的③「**紅教堂**」因其磚紅外觀而得名，教堂大部分建材都直接從法國進口，也是當地重要的地標之一。接著來到熱鬧的④「**同起街**」及⑤「**胡志明市人民委員會**」、⑥「**市民劇院**」，後兩者都能看到法國殖民時期的建築工藝。與同起街平行的⑦「**阮惠大道**」，由於更加寬敞氣勢也更為驚人，兩旁的高樓是外商公司的大本營。

再往河岸走去，來到位於Bitexco Financial Tower的49樓⑧「**西貢景觀台**」，能夠欣賞胡志明市360度的全景，以及西貢河淵遠流長的蜿蜒河道。坐落於3層樓法式建築裡的⑨「**市立美術館**」，裡頭收藏了越南國內知名藝術家的繪畫和藝術作品，包括磨漆畫大師阮嘉智的《North-Centre-South Spring Garden》。最後前往⑩「**濱城市場**」，在熱鬧的討價還價聲中結束這段散步之旅。

胡志明散步路線

N

① ② ③ ④ ⑤ ⑥ ⑦ ⑧ ⑨ ⑩

MAP ▶ P.178B3

MOOK Choice

統一宮

Dinh Thống Nhất (The Independence Palace)

見證南北越統一建築

🚶 從紅教堂步行前往約7分鐘　🏠 135 Nam Kỳ Khởi Nghĩa　☎ (28)3822-3652　🕐 7:30~11:30、13:00~17:00　💲 全票40,000越盾、優待票10,000越盾。包含常設展的套票65,000越盾　🌐 www.dinhdoclap.gov.vn

掃地圖

　統一宮的前身為興建於1868年的諾羅敦宮(Norodom Palace)，原是有拱廊陽台正面的法式建築，1954年法軍於奠邊府戰役失利後，根據日內瓦協定退出越南，諾羅敦宮移交給越南共和國的總統吳廷琰，被更名為「獨立宮」。

　1962年2月27日西貢軍隊的兩名叛軍飛行員對獨立宮投彈炸毀左半邊，由於無法修復，吳廷琰決定全部改建，聘請留學巴黎的建築師吳曰樹設計，根據中國風水把平面設計為「吉」字，代表幸運之意。正面中央呈「興」字狀，祈求國家興盛。然而，此宮尚未建完，吳廷琰便遭刺殺身亡，因此1966年10月31日主持落成典禮者是阮文紹。新的獨立宮擁有堅固的地下室，這裡也是越戰時的指揮作戰中心，牆上掛滿作戰地圖與軍力表，目前整座獨立宮仍維持當初的模樣。

　在1樓左右兩側分別有宴會室與內閣會議室；2樓有總統指揮作戰所、總統私人辦公室以及由一對泰王所贈象牙隔開的總統接見內外賓室，還有用40片漆木嵌成之大幅越南國畫為背景的呈遞國書室；3樓為阮文紹的私人圖書館以及夫人的宴會廳，還有可容納約50人的電影放映室及娛樂室；4樓為為舉行宴會的四方廳，外面則為直昇機停機坪。1945年4月8日，有1名軍人為想提早結束越戰，在此投下炸彈造成兩個大洞，今在地上以紅漆標示。

　1975年4月30日上午10點45分，越共的坦克攻入獨立宮，犧牲了無數人民與5萬8千多名美軍性命的越戰結束，「獨立」也就被以「統一」之名給取代。

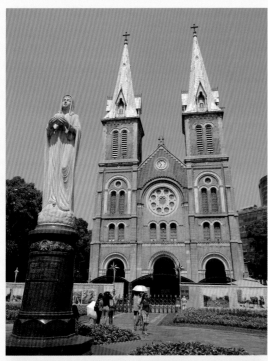

MAP ▶ P.178C3

紅教堂

Nhà Thờ Đức Bà (Notre Dame Cathedral)

胡志明市經典地標

🏠 Công Xã Paris　🕐 5:30~17:00（整修中暫時關閉）

掃地圖

由法國人建造的紅教堂原名為「西貢聖母主教座堂」，因其磚紅的外觀而得名。早在16世紀起，西班牙、葡萄牙和法國傳教士就已經陸續的將天主教傳入越南，至今全越南約有9百萬名的天主教徒，可說是亞洲地區繼菲律賓後第2大的天主教國家！

這座教堂興建於1877~1883年間，當時駐越南的法國海軍上將認為胡志明市的教堂太小，因此公開徵求新教堂的設計稿。教堂的建築風格為新羅馬式，正面兩座高達58公尺的方形尖塔於1895年加蓋，建材來自法國，廣場上有一尊大理石聖母雕像則來自羅馬，是個集國際藝術大成的教堂。

原裝進口的法式風情

紅教堂不但是由法國人設計並建造，連材料都是從法國進口的。外牆的紅磚建材來自法國馬賽進口，從瓷磚上的Guichard Carvin字樣可看出生產地區，而彩色鑲嵌玻璃則是來自以大教堂和鑲嵌玻璃窗聞名的夏特，從裡到外「真材實料」，難怪讓人感覺像是來到了歐洲一般。

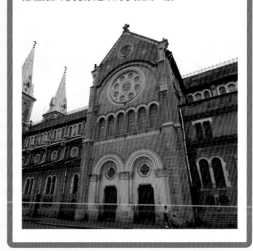

文青必訪的書街

為了提升越南人民的閱讀風氣，胡志明市政府於2016年打造了「書街」這個藝文特區，書街就位在郵政總局旁邊的Đường Nguyễn Văn Bình街，過了麥當勞轉進巷子就到了。整條書街都是行人步行區，有許多舊書攤、書店、咖啡廳和文創商店，路邊還有些街頭裝置藝術，搭配兩旁的綠樹，整條街充滿文藝氣息和閒適感，讓人忍不住點杯咖啡待一整個下午。這裡不時還會舉辦簽書會、講座等活動，吸引各地的藝文人士前來，短時間內就成為胡志明市熱門的文青景點。

MAP ▶ P.178C3

MOOK Choice

郵政總局

Bưu Điện Trung Tâm Thành Phố Hồ Chí Minh

驚豔華麗法式建築

🚶 從紅教堂步行前往約1分鐘　🏠 Đồng Khởi起點　⏰ 7:30~19:00

掃地圖

這間美麗的法式建築是由Alfred Foulhoux所設計，但是也有傳聞是艾菲爾鐵塔和自由女神像的設計師Gustave Eiffel所設計。建築外觀以殖民地風格常見的鵝黃色為主，輔以土黃色和綠色作點綴，拱型門窗、中央大廳的大鐘，加上均衡對稱的設計以及綠色的百頁窗，有著歐洲19世紀末的公共建築風格，仔細觀察，綠色鑄鐵雕花裝飾裡，還隱藏著排水管線。

郵政總局興建於1886~1891年間，是全越南最大的郵政局，經重新整修後，幾乎看不出歲月的痕跡，室內除了擠滿寄明信片的觀光客，也有販售許多紀念商品。

市民劇院

Nhà Hát Lớn Thành Phố Hồ Chí Minh

在地藝術發光殿堂

 掃地圖　🚶 從紅教堂步行前往約8分鐘　🏠7 Công Viên Lam Sơn　☎(28)3823-7295　◐平日不開放遊客參觀，表演時間請見官網　🌐www.hbso.org.vn

市民劇院是胡志民市的地標之一，興建於1899年法國殖民時期，當時稱為西貢歌劇院，內部裝潢華麗，許多裝飾和家具都是由法國藝術家製作。越戰時期曾經被當作南越的國會議場，直到統一後才恢復其藝文設施身分。市民劇院斜面對的Lam Sơn廣場(Công Viên Lam Sơn)，曾是法國殖民時期的上流社會最常留連忘返的地方，加上一旁有優雅的Hotel Continental，讓這裡透露出濃厚的法式風情。

胡志明市人民委員會

UBND Thành Phố Hồ Chí Minh

法殖民時期總督府

 掃地圖　🚶 從紅教堂步行前往約4分鐘　🏠Số 86 Lê Thánh Tôn, Bến Nghé　☎(28)3829-6052

這棟黃色建築也是胡志明市最具代表性的法式建築之一，興建於1901~1908年之間，原是法國殖民時期的總督府，內部有美麗的花園及華麗的裝潢，只可惜目前不對外開放。正前方一片修剪整齊的廣場，是年輕人入夜後約會的最愛，與它平行的Lê Lợi大道上，矗立許多重要機關以及許多購物中心，現代化的高樓大廈如雨後春筍般在此冒出。

濱城市場

MOOK Choice

Chợ Bến Thành

觀光客血拼勝地

 掃地圖　🚶 從紅教堂步行前往約18分鐘　🏠Lê Lợi　◐7:00~18:00，依店家而異

這地方因為以前有西貢河流經，故稱「濱城」。市場的歷史可以回溯到17世紀，當時攤販沿著河岸聚集形成傳統市集，法國殖民時期官方為了整頓市容而規劃室內市場。現在的

市場建於1914年，有東西南北門4個入口，其中緊鄰圓環的南門已成為地標之一，圓環中心的騎馬銅像是越南民族英雄陳元漢，旁邊的白色半身塑像，是1963年在此廣場反政府示威被射殺的女大學生郭式莊。

市場的外圍以販賣蔬菜海鮮為主，內部手工藝品、農產品、日用品、布料、咖啡等琳瑯滿目。現在大多是觀光客來買紀念品，切記一定要議價！

市立美術館

Bảo Tàng Mỹ Thuật

欣賞藝術匠師巨作

 掃地圖

🚶 從紅教堂步行前往約25分鐘　🏠 97A Phó
Đức Chính　☎ (28)3829-4441　🕐 8:00~17:00
💰 全票30,000越盾，優待票15,000越盾　🚇
baotangmythuattphcm.com.vn

　市立美術館坐落於一棟3層樓的法式建築裡，這棟建築原本是個華裔富商的宅邸，已有數百年歷史的奶油色建築，至今風韻猶存，甚至還保有原來的網球場。美術館裡收藏了越南國內知名藝術家的繪畫和藝術作品，包括共產主義時期富有宣傳意味的海報和畫作、越南早期文化如占婆和渥洮文化時期的遺跡、少數民族的工藝品、越南傳統的漆畫和鑲貝家具等等。

　館內1樓展出現代藝術作品，2樓是繪畫和雕像，包括許多反映越南近代史的作品，3樓則是歷史文物，包括占婆文化和史前文化。其中古典磨漆畫大師阮嘉智(Nguyễn Gia Trí)的《North-Centre-South Spring Garden》更是鎮館之寶。

MOOK Choice

西貢觀景台

Saigon Skydeck

居高臨下盡攬城市美景

 掃地圖

🚶 從紅教堂步行前往約15分鐘　🏠 36 Đ.
Hồ Tùng Mậu (Bitexco Financial Tower)　💺
☎ (28)3915-6156　🕐 9:30~21:30　💰 200,000越盾
🚇 www.bitexcofinancialtower.com

　2011年6月對外開放的西貢觀景台，位於胡志明市的地標建築Bitexco Financial Tower中。這棟高達262.5公尺的大樓，由紐約的Carlis Zapata建築事務所設計，以越南的象徵——蓮花花苞為靈感來源，共有68層樓，曾是越南最高的大樓，觀景台就位於49樓。不過其越南最高建築的地位如今已經被2018年完工的Landmark 81取代，這棟新的地標有81層樓，高達460公尺。

　在這座觀景台中，可以欣賞到胡志明市360度的全景，以及西貢河淵遠流長的蜿蜒河道，儘管胡志明市的天際線不算太高，然而密密麻麻的建築群卻也令人咋舌！午後、黃昏前是登上觀景台的最佳時刻，可以同時觀賞白天與入夜後的兩種風情。

南越……**胡**志明市 Thành Phố Hồ Chí Minh

MAP ▶ P.178D4

咖啡公寓

MOOK Choice

The Cafe Apartment

老宿舍大變身

掃地圖

🚶 從紅教堂步行前往約15分鐘　🏠42 Đ. Nguyên Huê　🕐5:30~23:00，每間咖啡館營業時間不定

　　這棟9層樓高的老舊公寓有超過50年的歷史，原本被政府和軍方當作辦公室和宿舍使用，在2015年時改造成現在這個樣子，讓許多店家進駐，其中以咖啡廳為最大宗，整棟公寓有超過10間的風格咖啡廳，從工業風、極簡派、北歐感、法式奢華風街應有盡有，因此擦亮了咖啡公寓的招牌。

　　公寓的每層樓都有6戶，從外面看，排列工整如棋盤一般，有些咖啡廳坐落於外側，擁有陽台區域，可眺望街區和西貢河，是遊客和在地人午後放空的好地方。除了咖啡廳外這裡也有餐廳、手工藝品店、書局、服飾店、下午茶店、美甲工作室等不同的店家，因為人氣高漲，這幾年陸續都有新的店家進駐，讓咖啡公寓越來越多元化。

搭電梯竟然要付錢？

　　咖啡公寓內有公共電梯，但是搭乘一次要3,000越盾，電梯前有專人收費，在咖啡公寓內的大部分咖啡或餐廳消費即可向店家退電梯費。如果只是想進來參觀，建議先搭乘電梯至9樓，再利用樓梯一層一層逛下來。

MOOK
Choice

戰爭證跡博物館

Bảo Tàng Chứng Tích Chiến Tranh

看見越南人眼中的美軍

🛵 從紅教堂步行前往約20分鐘　🏠 28 Võ Văn Tần　📞(28)3930-5587　🕐7:30~17:30　💲40,000越盾
baotangchungtichchientranh.vn

原名為「中國與美國戰爭罪惡館」，但為了不使這兩國的遊客產生不快而改為現在的名稱。中庭陳列了美軍於越戰期間所使用的裝備，包括戰車、飛機、重型機槍、炮彈等；內部則是越戰時遭美軍之汽油彈或化學武器所傷的越南民眾照片，還有幾個保存在福馬林裡，受化學武器影響的畸型兒標本。這當然僅是越共單方面的控訴，只是戰爭的殘酷與百姓的無奈在此表露無遺。

此外，還有昔日南越軍隊用以囚禁越共的崑山監獄模型，有種名為「虎籠」的囚室，犯人除了雙腳被銬牢於床上外，旁邊還養虎以防脫逃，以及一具用來對付政治犯的法式斷頭台，採仰躺方式行刑，非常恐怖。因此對遊客來說，不去戰爭證跡博物館好像有點遺憾，參觀過後，心情卻又盪到谷底，因為這裡展示的全是戰爭的黑暗面！

粉紅教堂

Nhà thờ Giáo xứ Tân Định

點亮街區的少女色

🛵 從紅教堂步行前往約20分鐘；從統一宮旁的Công viên 30/4站搭乘36號公車至Nhà thờ Tân Định站約15分鐘。　🏠289 Hai Bà Trưng, Phường 8, Quận 3　📞(28)3829-0093　🕐週二至週六8:00~11:00、14:00~16:30

粉紅教堂原名「耶穌聖心堂」，建於1870年代法國殖民時期，於1876年完工。教堂採新羅馬式建築風格，主塔高52公尺，是胡志明市第二大的教堂，僅次於紅教堂。

其實教堂本來不是粉紅色的，1976年時為了紀念100週年才重新粉刷，將教堂外牆全部漆成了粉紅色，鮮豔的色彩和街景形成強烈的對比，並用可愛的少女風格取代了教堂莊嚴的形象，逐漸打響知名度，因此近年來成為胡志明市超熱門的網紅打卡景點。教堂內部則是漆成了全白，顯得明亮、純潔。

MOOK Choice

胡志明市博物館

Bảo Tàng Thành Phố Hồ Chí Minh

再現西貢重大史實

掃地圖

🚶 從紅教堂步行前往約8分鐘 🏠 65 Lý Tự Trọng 📞 (28)3829-9741 🕐 8:00~17:00 💲 30,000越盾 🌐 hcmc-museum.edu.vn

與統一宮只有一街之隔的胡志明市博物館，展示了關於這個城市的自然與歷史。然而，這棟優美的白色新古典式建築本身，因為與動盪的南越歷史息息相關，而有著曲折的歷史。最早是為了商業博物館而設計，但建築完工後卻因為8月革命，胡志明市成為南越首府，先是成為法國總督的府衙，接著在吳廷琰主政時改為「嘉隆府」，到了阮文紹時期又成了最高法院。南北越統一後，成立「革命博物館」，1999年才改為「胡志明市博物館」。

1樓是胡志明市的經濟、民生和地理、水文的展示。2樓的展示比較有趣，包括胡志明市的重要歷史事件，像是法國殖民時期的反抗愛國事件、佛教高僧釋廣德抗議吳廷琰政府而自焚的照片，以及南北越戰爭時的戰爭遺跡等等。其中還有為了躲避轟炸而挖崛如迷魂陣的古芝地道模型；人民在長期南北對抗時，適用於野炊不冒煙的鍋具，以免被美軍發現；以及有夾層的小船，用以偷渡武器給藏匿的共軍。

除了展示的資料，這座建築本身就很迷人，希臘式柱頭雕琢得極為精細，大廳裡的螺旋梯讓人聯想起衣香鬢影的名流宴會，庭院裡還保留了當時的總統座車，以及頗具詩意的小鞦韆，難怪這裡成了結婚攝影最愛的取景地點。博物館的建築下，還暗藏了玄機，有地下密道與統一宮相通，當年吳廷琰和其兄弟被叛變後曾由地下地道逃到這裡藏匿，現在因為積水而封閉，不對外開放。

MAP ▶ P.178D1

越南歷史博物館

MOOK Choice

Bảo Tàng Lịch Sử Việt Nam

館藏豐富占婆藝術

掃地圖

🚶 從紅教堂步行前往約20分鐘 🏠 2 Nguyễn Bình Khiêm ☎ (28)3829-0268 🕐 週二至週日 8:00~11:30、13:00~17:00 💲 30,000越盾 🌐 www.baotanglichsutphcm.com.vn

　這座外觀像寺廟的建築，是法國人於1929年興建的博物館，1979年才改為越南歷史博物館。館內收藏頗為豐富，展示品依歷史年代的順序陳列，讓遊客對越南歷史有系統性的認識，尤其是質量皆豐的占婆藝術最為精彩，另外也有少數吳哥帝國的遺物，如代表佛印合一的鳥神羅睺樓在多頭蛇神迦那身上的雕刻，以及多臂毗濕奴神的

砂岩雕刻⋯⋯這裡的占婆文物收藏僅次於峴港的占婆博物館，與河內的國立歷史博物館齊名。

　13號展覽室的渥洮文化展覽也相當值得一看，這個在湄公河三角洲出土的文化，就是中國文獻裡所記載的「扶南」，是西元1世紀初十分興盛的印度文明，出土的文物還包括羅馬帝國的金幣，顯示當時湄公河三角洲在海上絲路的重要性。另外，比較特別的是在4號展覽室中，有個自然形成的女性木乃伊，這位60多歲的老婆婆死於1869年，在未經特別防腐處理的狀況下，歷時100多年仍未腐化，科學家至今未有合理解釋。

　博物館外就是胡志明植物園和動物園，在這片茂密的樹林裡，隱身著溫室、咖啡館、遊樂場和水族館等設施，是胡志明市市民的假日休閒場所。

舍利寺

Chùa Xá Lợi

引發改革的越南佛教重鎮

🚗 從紅教堂搭車前往約5~10分鐘　🏠 89B Bà Huyện Thanh Quan
🕖 7:00~17:00　🌐 www.chuaxaloi.vn

外表看似平凡的舍利寺建於1956年，是越南佛教重鎮，在越南近代史也占了舉足輕重的地位。1963年6月11日，在舍利寺修行的僧人釋廣德，為了抗議當時的南越總統吳廷琰崇奉天主教、貶抑佛教的作法，採取激烈的抗爭手段，在西貢市中心引火自焚。釋廣德自焚的景象被紐約時報的記者拍下，傳送全球，造成了世界各國的震撼與厭惡，其中又以佛教信眾人口多的亞洲國家為最。釋廣德的遺體被送到舍利寺兩度火化，竟然發現其心臟仍保持完整，於是被視為菩薩轉世，供奉在舍利

掃地圖

寺。而釋廣德搭乘前往自焚的轎車，則收藏於順化的天姥寺裡。

自焚事件嚴重傷害吳廷琰政府的形象，吳廷琰的胞弟就是當時的陸軍總司令吳廷瑈，下令包抄舍利寺，並逮捕院內400多名僧侶尼姑。更離譜的是被視為第一夫人的吳廷瑈之妻陳麗春(因吳廷琰一直未婚)，在接受訪問時竟表示：「我為了看到一齣燒烤和尚的好戲而拍手叫好(Clap hands at seeing another monk barbecue show.)。」如此這般的忽視民意，導致累積的民怨自此爆發，直接導致了11月的軍官政變，吳廷琰政府被推翻。

現在的舍利寺毫無當時的肅殺氣氛，卻仍是越南南部的佛教總部。大廳牆上四周繪有佛祖釋迦牟尼的生平故事。高32公尺的鐘樓，是越南同類型建築中最高的，其大鐘重達2公噸。舍利寺平時都開放參觀，只是進入大廳要記得脫鞋，除每週日上午8:00~10:00舉辦佛教儀式外，每逢農曆初一、十五都會舉行法會。

`MAP ▶ P.176B5`

媽祖廟

Chùa Bà Thiên Hậu

超過兩世紀的華人信仰中心

🚗 從紅教堂搭車前往約25分鐘 🏠 710 Nguyễn Trãi ⏰ 6:00~16:30

掃地圖

打從1778年中國商人定居華埠之後，這裡便一直是華人最大的聚集地，長期以來，他們保存著自己的傳統，設立華語學校及各地會館，拒絕全然的越南化，所以許多住家前門依舊設有神龕，並貼著春聯，維繫著傳統不忘本的精神。而當地的媽祖廟，更是此區香火最鼎盛的信仰中心，為堤岸穗城會館所建，歷史長達近兩個半世紀。

寺廟中庭屋簷上擁擠的浮雕群，雕工精細，人物栩栩如生；凌空懸掛滿滿的螺旋狀塔香，據說祈禱與祝福能維持到塔香燃燒殆盡之時，只須10,000越盾，便可以在紅紙寫上姓名，與塔香一起掛上，祈求閤家平安。廟內全是乾隆朝時期漂洋過海而來的古董，旁邊還有關公廟及供奉財神爺的財帛殿。

越南華人最大的中國城：堤岸

堤岸(Chợ Lớn)涵蓋了今日胡志明市的第五郡和部分的第六郡，是越南最大的華人移民社區。這裡的歷史可以回溯到18世紀，當時越南處在鄭氏和阮氏的內亂當中，越南華人選擇支持其中一個勢力廣南國，所以被阮氏派兵報復，散居各地的華人只好大舉南遷避難，於是在西貢河畔定居下來，並築起河堤防範水患，因此得到了「堤岸」的名字。

這裡的華人數量曾經超過100萬人，但經過排華和都市更新等事件影響，今日的堤岸已不復當年的盛況，只能從建築和街景中尋找華人留下的文化符號。

聖方濟各天主堂

Nhà Thờ Cha Tam

融合中西文化的教堂

 掃地圖

🚗 從紅教堂搭車前往約25分鐘　🏠 25 Học Lạc　🕐 7:00~12:00，14:00~1:00

　　在華埠眾多寺廟之中，這間教堂高聳的尖塔突出當地不算高的天際線，形成有趣的對比。聖方濟各天主堂位於Trần Hưng Đạo的最西端，擁有鮮黃色外觀，若不是入口上方寫著「天主堂」的中文牌匾，以及前方那尊位於中式涼亭下方的聖母像，幾乎要讓人誤以為身處歐洲。

　　教堂內部的裝潢同樣中西合璧，祭壇中央的耶穌像上方有一個巨大的「福」字，兩旁則裝飾著中文對聯與宮燈，然而卻不令人感覺突兀，教堂內有紀念FrançoisXavier Tam Assou的靈堂，他是在中國出生的西貢牧師。教堂本身裝飾並不過度華麗，不過卻有幾扇相當漂亮的彩繪玻璃窗。

平西市場

Chợ Bình Tây

華人批貨大本營

 掃地圖

🚗 從紅教堂搭車前往約25分鐘　🏠 57A Tháp Mười　🕐 5:00~19:30

　　華埠裡有兩個重要的市場：平西市場和安東市場 (Chợ An Đông)，其中安東市場較為寬大乾淨，高4層樓，以乾貨及衣服為主，在入口處旁還設有台商旅遊資訊中心，至於平西市場則是華埠主要的批貨市場，更是當地店家進貨的大本營。

　　平西市場高達兩層樓，面積廣達25,000平方公尺，約有2,300各攤位，在這座龐大的中式建築裡分門別類的聚集著各式各樣的商家：食品、布料與衣物、化妝品、文具、鍋碗瓢盆、餅乾糖果……琳瑯滿目讓人眼花撩亂。在市場中庭的露天廣場上，有一座郭潭記念碑，這位當初在華埠以垃圾回收發跡的富商，出資贊助了平西市場的興建。

Where to Eat in Ho Chi Minh City
吃在胡志明市

MAP ▶ P.178D3　**The Refinery**

🚶 從紅教堂步行前往約9分鐘　🏠74 Hai Bà Trưng　☎(28)3823-0509　🕐11:00~23:00　💲主餐約390,000~650,000越盾

therefinerysaigon.com

掃地圖

位於Park Hyatt Saigon附近的一座中庭裡，這間名稱原意為「煉毒廠」的餐廳，在法國殖民的印度支那時代，前身即為鴉片煉毒廠，如今則是一間法式小酒館，擁有一小片舒適的露天座位，稍稍遠離馬路的塵囂。午後，經常可見到此偷閒的上班族或年輕人，三三兩兩聚在一塊討論公、私事。它的熱巧克力慕斯更是甜食愛好者不可錯過的甜點，其他像是選擇眾多的咖啡、越南三明治以及蟹餅(Crab Cakes)都相當受到歡迎。

MAP ▶ P.178C3　**Quán Ăn Ngon 138**

🚶 從紅教堂步行前往約5分鐘　🏠138 Đ. Nam Kỳ Khởi Nghĩa, Bến Nghé　☎(0)906-267-986　🕐8:00~22:30　💲主餐每道約95,000~135,000越盾

掃地圖

這間位於統一宮旁的餐廳，以順化風格的建築為藍圖，廟宇似的大門模仿河內文廟造型，讓人印象深刻，餐廳環繞著一座庭園，大樹下散布著露天座位，室內空間分為兩層且中央挑高，猶如中國古時的客棧。打開菜單，多達300樣來自北、中、南越的料理全收錄其中，各色沙拉、河粉、春捲、炒飯等一應俱全，炒蝸牛、血蛤、蟹肉餅……特色料理也並列其中，最重要的是該餐廳價格合理且食物美味，也因此吸引許多觀光客前來。

MAP ▶ P.178C1　**The Vintage Emporium Đa kao**

🚶 從紅教堂步行前往約20分鐘　🏠95 Đ. Nguyễn Văn Thủ　☎0904-413-148　🕐7:00~21:00　💲早午餐150,000~220,000越盾

掃地圖

坐落西貢市郊附近的法式風情建築，The Vintage Emporium是一間結合印度復古風情與澳洲隨興氛圍的咖啡廳，洋溢著自在愜意的氣息，彷彿隨便點一杯咖啡，就能在這裡度過美好午後。除了提供純正的越式咖啡，The Vintage Emporium與其他咖啡館最不一樣的是擁有多元化的早午餐。推薦以蘋果、玫瑰花瓣、檸檬鮮奶油製成的鬆餅，酸爽鮮奶油搭配醃漬過的蘋果丁，給予舌尖幸福滿滿的療癒。

MAP ▶ P.178D4　**The Workshop Coffee**

🚶 從紅教堂步行前往約15分鐘　🏠27 Ngô Đức Kế, Bến Nghé　☎(24)3824-6801　🕐8:00~21:00　💲咖啡70,000~85,000越盾

掃地圖

如果你以為在越南只能喝到甜滋滋的咖啡，那就大錯特錯！The Workshop只販售咖啡癮君子熱愛的手沖咖啡，試圖將咖啡豆艱深的奧義發完美發揮。咖啡廳位於法國殖民時期建築的二樓區域，室內挑高敞亮，搭配時髦的工業風設計，中央大吧檯是手沖咖啡區，將咖啡沖煮過程變成一種展演。因為著重黑咖啡品質，The Workshop堅持用自家烘焙的越南咖啡豆，並固定一至兩週更換咖啡豆種類，確保咖啡的新鮮度，為當地帶來不一樣的味覺新浪潮。

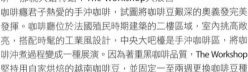

南越…
胡
志明市 Thành Phố Hồ Chí Minh

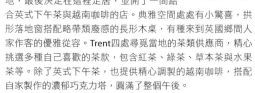

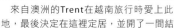

MAP ▶ P.177F2 **La Villa French Restaurant**

🚗從紅教堂搭車前往約15分鐘 🏠14 Ngô Quang Huy, Thảo Điền ☎(28)3898-2082 ⏰11:45~16:00，18:00~22:30 ⛔週一 💲午餐套餐約890,000~990,000越盾 🌐www.lavilla-restaurant.com.vn ❗採預約制，請先致電或官網預約

　轉入遠離塵囂的西貢市郊，一幢在別墅中的法式宴席正悄悄展開。法籍主廚Thierry年輕時就在法國烹飪學校習藝，曾在許多法國的米其林餐廳當廚師，2008年至越南旅行時，與越南妻子相戀結婚，才有La Villa的誕生。店內所有的料理與配菜都由主廚親手製作，Thierry選用地產食材，以細膩精湛的法式廚藝創造出頂級饗宴。

MAP ▶ P.178C3 **TEASPOON Coffee & Tearoom**

🚶從紅教堂步行前往約5分鐘 🏠Lý Tự Trọng, Bến Nghé ⏰10:30~22:00 💲咖啡40,000~65,000越盾，一壺茶100,000越盾

　來自澳洲的Trent在越南旅行時愛上此地，最後決定在這裡定居，並開了一間結合英式下午茶與越南咖啡的店。典雅空間處處有小驚喜，拱形落地窗搭配略帶頹廢感的長形木桌，有種來到英國鄉間人家作客的優雅從容。Trent四處尋覓當地的茶類供應商，精心挑選多種自己喜歡的茶款，包含紅茶、綠茶、草本茶與水果茶等。除了英式下午茶，也提供精心調製的越南咖啡，搭配自家製作的濃郁巧克力塔，圓滿了整個午後。

MAP ▶ P.178D4 **Saigon O'i**

🚶從紅教堂步行前往約10分鐘 🏠5th Floor,42 Đ. Nguyên Huê ☎0909-341-006 ⏰7:00~22:00 💲飲品40,000~55,000越盾 🌐saigonoicafe.com

　Saigon O'i 位於咖啡公寓的5樓，店內佈置著許多原木家具與錯落有致的吊籃，搭配擺設於空間中的綠色植栽，呈現出濃厚的越式清新風情，牆面也裝飾許多藝術家親手繪製的圖騰與手作文創小物，如帆布袋和馬克杯等。店內販售的餐點與飲料以越南風格為主，除了有香甜的越南咖啡外，更販售湯河粉與親手製作的糕點。

MAP ▶ p.178C3 **Propaganda Vietnamese Bistro**

🚶從紅教堂步行前往約3分鐘 📍21 Hàn Thuyên, Bến Nghé, Quận 1, Thành phố Hồ Chí Minh, 越南 ☎(28)3822-9048 🕐7:30~23:00 💲春捲85,000~95,000 越盾，主餐約150,000~185,000越盾 📱掃地圖
propagandabistros.com

充滿藝術風格，且結合傳統越南菜風格與現代廚藝手法的Propaganda Vietnamese Bistro，是一間以小酒館概念開設的餐廳，料理以道地越南菜色為主，採用100%越南地產的食材製作，再透過主廚創意與餐廳概念將菜式融入嶄新手法，重新設計或注入現代元素，帶來煥然一新的味蕾旅程。

推薦店內最經典的招牌菜色「酪梨生春捲」，使用新鮮甜美的本土時蔬與香料，配上自製越南醬與酪梨，咬下Q彈薄皮後，回甘的蔬菜與酪梨碰撞出爽口的滋味。

MAP ▶ P.178C4 **Cocotte**

🚶從紅教堂步行往前11分鐘 📍136 Lê Thánh Tôn ☎(28)3823-2331 🕐11:00~14:00，17:00~19:30 💲主餐195,000~230,000越盾 📱掃地圖

受到法國殖民的影響，胡志明市不乏品嚐正統法餐的機會，若不想花太多時間金錢享用法餐，鄰近濱城市場的Cocotte是不錯的選擇。餐酒館氛圍的Cocotte，一到用餐時間就擠滿遊客，油封鴨腿皮脆肉嫩，香煎鴨胸粉嫩誘人，口感較有嚼勁，淋上黑胡椒蘑菇醬，口味算是道地的法式家庭料理手法，價格平易近人。

在地人帶路，騎機車吃遍胡志明市

看著路邊和夜市琳瑯滿目的小吃攤，每一種都好奇，卻不知如何下手？推薦參加近幾年很流行的機車美食之旅，由在地人騎機車帶你遊逛胡志明。

許多旅行社和在地組織都有推出類似行程，可選擇下午或晚上，行程大約3.5~4小時。機車嚮導到旅館門口接你後，安排探訪市區私房景點、逛花市和夜市、品嚐在地人才知道的美食，或是嚮導自己偏好的小吃。機車嚮導大部分是大學生或是剛畢業的社會新鮮人，英文溝通無礙，一路上與他們聊天，能對市民日常生活多一分了解。每家行程都不太一樣，各有不同賣點，有主打偉士牌的行程，也有主打奧黛妹妹騎士的行程，價格和食物總類有很大的關係，約33~97美元不等，可多比較再選擇。

Vespa Adventures 📱www.vespaadventures.com
Klook 📱www.klook.com

MAP ▶ P.178A2 **Phở Hòa Pasteur**

🚶從紅教堂步行往前約20分鐘 📍260C Pasteur, Phường 8 ☎(28)3829-7943 🕐6:00~22:30 💲牛肉河粉80,000越盾 📱掃地圖

對越南人來說，每天不吃一碗河粉，總覺得渾身不對勁，粉紅教堂附近的Phở Hòa Pasteur就是在地人也常常光顧的河粉店。Phở Hòa Pasteur的河粉不會煮得太軟爛，放上幾片生牛肉，淋上滾燙的清爽高湯，牛肉的鮮美滲入湯汁，鮮甜美味，再適量加入甜辣醬、海鮮醬、羅勒、豆芽菜、檸檬片、以及少許生辣椒，鮮香甘甜又爽口，多層次風味讓人每天一碗也不會膩。

MAP ▶ p.178C4 | Ginkgo

🚶 從紅教堂步行前往約25分鐘 🏠 10 Lê Lợi, street ☎(28)3521-8755 🕐 9:00~21:00 🌐ginkgotshirts.com

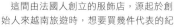

　這間由法國人創立的服飾店，源起於創始人來越南旅遊時，想要買幾件代表的紀念T恤回去，卻找不到喜歡的款式，於是開始了他想自己設計開店的想法。Ginkgo以獨特設計、使用高品質材質、並且注重環境保護及公平貿易，非常受到觀光客喜愛。店內服飾以T恤款式最多，價格約在123,000~510,000越盾，也有帽子、夾腳拖及抱枕等，款式設計趣味，令人莞爾。

MAP ▶ P.178C4 | Saigon Kitsch

🚶 從紅教堂步行前往約15分鐘 🏠43 Tôn Thất Thiệp ☎(28)3821-8019 🕐 8:00~22:00

　「創新」與「顛覆」被成功運用在Saigon Kitsch的雜貨上，例如以古王朝的帝王相設計出杯子和餐墊，染上粉紅、黃、橘或藍色的貝殼項鍊與耳環也十分出色，另外還有彩色竹籃、袋子、扇子、

以花為背景的珠寶盒，和可愛又性感的度假泳裝，還有色彩繽紛的鳥籠，更是令人看了忍不住想扛回家！獨一無二的商品，以大膽的色彩展現出西貢50年代的風情，帶點年輕又嬉皮的個性，非常吸睛，不過相較於其他傳統風格的雜貨鋪，Saigon Kitsch的定價也比較高些。

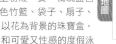

MAP ▶ P.178D3 | Cashmere House

🚶 從紅教堂步行前往約15分鐘 🏠99 Đồng Khởi, Bến Nghé ☎0838-956-147 🕐 9:00~22:00

　這間由家族經營的Cashmere House，設立於1981年，專售喀什米爾羊毛商品。家族從原產地運來頂級喀什米爾羊毛後，在越南製作。店裡也展示了未加工的喀什米爾羊毛，供民眾分辨，除了圍巾，Cashmere House也售有手工縫製地毯、手工刺繡的包包等，商品精緻，價格從25~900美金都有。

ⓗ Where to Stay in Ho Chi Minh City
住在胡志明市

MAP ▶ P.178C2
索菲特西貢廣場酒店
Sofitel Saigon Plaza

🚶 從紅教堂步行前往約10分鐘　📍17 Lê Duẩn　☎(28)3824-1555　🌐all.accor.com

　四周林立著各國大使館與商辦大樓，索菲特西貢廣場酒店擁有極佳的地理位置，前往統一宮、紅教堂或越南歷史博物館等胡志明市主景點，均在步行可達的距離，卻遠離市中心的喧囂，因而擁有非常舒適的居住環境，客房均面對林蔭大道，或俯瞰西貢河的美景。

　強調該飯店的法國血統，索菲特西貢廣場酒店在客房規畫中採用法式風格融合古典東方元素，沉穩優雅的深紫、咖啡用色，搭配蒸籠造型書桌櫃以及越南傳統手工藝漆器質感的東方斗櫃與矮桌……營造出更溫馨且怡人的氣氛。至於位於頂層的露天游泳池，更是欣賞城市風光的好去處。

MAP ▶ P.178C3　## Hotel Continental Saigon

🚶 從紅教堂步行前往約6分鐘　📍134 Đồng Khởi　☎(28)3829-9201　🌐continentalsaigon.com

　這間由法國人在1880年一手打造的旅館，百餘年來靜靜參與著西貢多變歷史，不論是作為二次世界大戰期間許多美國新聞媒體的臨時辦公室，越戰期間世界各地記者的情報收集站等，甚至曾任法國文化部長的馬侯(Andre Malreaux)夫婦、《沉靜的美國人》(The Quiet American)作者葛拉罕格林(Graham Greene)等，都曾下榻於此。

　Hotel Continental Saigon曾在1975年關閉，直到1986年才又重新開幕，依舊保留法式建築風格外觀，大廳豪華的水晶燈、天花板與梁柱精緻的雕刻，令人追憶昔日風華，而挑高的天花板、實木的衣櫃、桌椅、長方形的窗戶和柯林式圓柱，更成功營造了懷舊的氛圍。

MAP ▶ P.178D4　## Grand Hotel Saigon

🚶 從紅教堂步行前往約15分鐘　📍8 Đồng Khởi　☎(28)3915-5555　🌐www.hotelgrandsaigon.com

　小而精緻的Grand Hotel不像市區其他的老飯店般，擁有一段顯赫的歷史，低調無聲的它似乎只在自身的建築訴說著懷舊的年代，從廳裡的歐式鑄鐵拉門電梯、樓梯間的彩繪玻璃窗、中庭裡迷人的游泳池中，營造出屬於自己的獨特氣質與優雅。

　隨著外商與遊客日益增多，1997年Grand Hotel重新整修並於隔年擴新建築，不過說到飯店最大的特色要屬中庭泳池，四周環繞的建築裝飾著法式長窗，搭配白色的鑄鐵欄杆，加上池畔復古的花磚，襯著青綠的盆栽，在城市中營造出度假的悠閒氣氛。

MAP ▶ P.178D4　## Hotel Majestic Saigon

🚶 從紅教堂步行前往約17分鐘　📍1 Đồng Khởi　☎(28)3829-5517　🌐www.majesticsaigon.com

　曾經出現在作家艾莉絲（Alice Beaumont）所撰寫的遊記《印度支那傳說》（Legends of Indochina）中，這間面對著忙碌西貢河的飯店，外觀雖採法式殖民風格，不過在1925年創立之初，其經營擁有者卻是位華人。戰時，曾當作日本軍營和各國記者的越戰新聞中心，翻開它的歷史，下榻於此的名人更是不計其數：法國總理密特朗、英國安德魯王子、新加坡總理李顯龍、法國巨星凱薩琳丹尼芙等，各個大有來頭。

　除了粗梁結合挑高天花板的氣派大廳，還有華麗的吊燈與大圓拱窗給人寬敞感外，木窗框外造型優雅的鐵窗、復古的沙發和懸吊主燈上方的彩繪玻璃，處處可見飯店在細節上營造復古氣質的努力。至於頂樓的露天酒吧，更是個觀賞西貢河的好去處！

南越…**胡**志明市 Thành Phố Hồ Chí Minh

197

Caravelle Hotel

🚩 從紅教堂步行前往約8分鐘　🏠19-23 Lam Son Square
📞(28)3823-4999　🌐www.caravellehotel.com

名稱源自於16世紀一種西班牙帆船，也因此Caravelle Hotel以3個風帆為標誌。這間1959年聖誕夜正式營業的飯店，是當時西貢外商與政要名流最喜愛留連的地方之一，其頂樓酒吧更曾是不少作家與戰地記者最鍾情之處，因為良好的視野可以取得最佳的拍照角度。

1998年時經過全面整修並加建24層高的新建築，現代摩登的外觀與對面的Hotel Continental Saigon形成對比。位於3樓的餐廳Reflections，室內設計簡約明淨中帶點越式復古風情，而透過高台用餐區的透明窗戶，更可欣賞西貢劇院的景致。

Park Hyatt Saigon

🚩 從紅教堂步行前往約8分鐘　🏠2 Lam Son Square, District 1　📞(28)3824-1234
🌐saigon.park.hyatt.com

於2006年7月正式開幕的Park Hyatt Saigon，高達9層樓的建築中，共有244間客房，分為8種房型，其中部分高級客房和套房擁有私人陽台和直接通往泳池的通道。該飯店擁有2間餐廳和2間酒吧，分別提供西式與越式料理下午茶，飯店內並附設Xuan Spa中心以及健身房等設施。此外，Park Hyatt Saigon曾被《亞洲商旅》雜誌(Business Traveller Asia Pacific)評選為胡志明市中最好的商務飯店。

Sheraton Saigon Hotel & Towers

🚩 從紅教堂步行前往約10分鐘　🏠88 Đồng Khởi　📞(28)3827-2828　🌐www.marriott.com

酒店正門位於同起街旁的Đồng Du街上，不過可從同起街上的Versace、Gucci、Armani等名店，通往西貢喜來登大酒店的大廳。這間規模龐大的酒店，擁有多達470間的客房，其中包括112間位於Grand Tower的高級套房，為了因應眾多住客的需求，更設立了8間餐廳與酒吧，提供各色餐飲服務，而它位於23樓的露天Wine Bar，更是欣賞胡志明市落日美景的絕佳去處，一度被票選為該地最值得前往的十大地點之一。

Gemini Saigon Hotel

🚩 從紅教堂步行前往約10分鐘　🏠22 Hẻm 135 Trần Hưng Đạo　📞0914-246-891

Gemini Saigon Hotel有絕佳的地理位置，過一條大馬路就是熱鬧的碧文步行街（Phố đi bộ Bùi Viện），小吃攤和酒吧組成長長的街區，各式餐廳、旅行社、以及長途巴士售票處也在左近，再向前幾步就是濱城市場。緊鄰胡志明市最喧鬧的夜生活，位於小巷中的Gemini Saigon Hotel卻是鬧中取靜，5層樓高的小型旅店，裝潢清爽簡單，每間房都有不同風格，櫃檯人員都熱心的提供各種訂票和旅遊諮詢服務，對於自助旅行者來說相當方便。

胡志明市近郊

Around Thành Phố Hồ Chí Minh / Around Ho Chi Minh City

文●李曉萍‧墨刻編輯部　攝影●墨刻攝影組

旅遊胡志明市，除了拜訪這座共產政權統治下洋溢著資本主義氣息的城市外，別忘了留點時間，走訪近郊的其他熱門景點。

位於胡志明市60公里外的古芝地道，表面上看來是平凡的小鎮，誰能聯想到它地下密如蛛網的地道系統；另外一處充滿神秘色彩的西寧，與胡志明市相距也不過100公里，不過當地特殊的高台教信仰，因集儒、道、佛、伊斯蘭及基督等宗教於一身，形成非常特殊的文化；而西南方75公里外的美萩市是湄公河三角洲的門戶，搭乘手搖小船穿梭叢林河道，椰子樹下大啖香甜熱帶水果，傍河而生的熱帶水上人家生活，又是截然不同的風情。

胡志明市近郊

INFO

如何前往

◎古芝地道 Địa Đạo Củ Chi

從胡志明市出發，可在9月23日公園旁的Ben Thanh巴士站搭乘13號巴士前往古芝巴士站，車程約2.5小時，車資25,000越盾。到當地後再轉乘79號巴士至Ben Duoc地道，或63號巴士至Ben Dinh地道。

最方便的方式是參加旅行社安排的套裝行程，車程約1.5小時，半日套裝行程(含交通、英文或中文導遊和門票)每人大約19~39美金左右，視人數多寡及搭配的行程而異。可在市區范老五街洽詢旅行社，Klook或KKday也有販售相關行程。另外前往古芝地道還可以嘗試手持AK-47機槍的射擊體驗，每小時50,000越盾。

◎西寧 Tây Ninh

西寧位於胡志明市西北約100公里，參加旅行社安排的套裝行程，單趟車程約2.5小時。大團的套裝行程，每人約20美金，兩人成行的小團，一日遊每人費用約99美金，均已包含交通、英文導遊和門票。此外，也有古芝地道加上西寧的一日套裝行程，每人費用79~108美金，視人數多寡而異。

◎美萩 Mỹ Tho

美萩位於胡志明西南約75公里處，可搭乘巴士或參加胡志明市區出發的一日遊套裝行程。前往美萩可搭乘Thao Chau Express的15人座小巴，平均每2小時一班次，車程1.5~2小時，車資92,000~104,000越盾，巴士抵達美萩巴士站後，再前往碼頭自行購買當地遊程。

參加胡志明出發的套裝行程，團費已包含來回交通、船資、導遊和午餐，大團每人約18~20美金，小團每人約25美金

美萩 Mỹ Tho

MAP ▶ P.199A2

湄公河三角洲之旅

Mekong Delta Tour

傍河而生的日常

掃地圖

　　🏠胡志明市西南約75公里

　　發源於中國西藏、綿延4,500多公里的湄公河，在柬埔寨首都金邊分成兩大支流，北部支流最後經越南南部流入南中國海。這條為越南帶來富庶的北部支流稱為前江，也就是上湄公河(Upper Mekong)，上湄公河的9條支流沖刷出廣闊肥沃的三角洲平原，成為越南主要的米倉，行政區上則被劃分為前江(Tien Giang)與檳椥(Ben Tre)兩省。

　　美萩是前江省的首府，也是湄公河三角洲最接近胡志明市的城市，想要感受湄公河三角洲的水岸生活，在美萩搭船遊覽是最受歡迎的行程。美萩與盛產椰子的檳椥相隔湄公河兩岸遙遙相望，寬闊河道上有4座沙洲，分別是龍島（Cồn Tân Long）、鳳島（Cồn Phụng）、麟島（Cù lao Thới Sơn）、和龜島（Cồn Quy），其中鳳島和龜島皆隸屬檳椥省。

　　從美萩的碼頭出發，馬達木船平穩地朝麟島前進，手捧著一整顆椰子喝椰子汁，吹著河面略帶濕暖氣息的風，偶有細長的運砂船或堆滿水果的小舟錯身，愜意悠閒。湄公河夾帶大量上游沖積的泥沙，河水混濁黃褐，居民多居住在河畔，一生皆與這條河息息相關，製作米紙、利用當地盛產的水椰子製作椰子糖、在沙洲上種植熱帶水果等。因此遊覽行程第一站就是登上麟島，參觀島上的椰子工坊和蜂蜜工坊，接著一邊吃熱帶水果一邊欣賞南越傳統民謠。行程重頭戲是乘坐手搖小船穿梭水上椰林，接著品嚐在地菜餚，若時間充裕，還能騎腳踏車逛逛鄉野村落，最後再返回美萩參觀結合歐亞裝飾風格的永長寺。

麟島 Cù lao Thới Sơn

　　麟島又稱泰山島，為此區最大的沙洲，面積廣達十二平方公里。島上盛產木瓜、龍眼、鳳梨、芒果、菠蘿蜜、釋迦等熱帶水果，最主要是椰子，所以島上也有許多椰子糖工坊。登島後可以大啖水果大餐，同時欣賞以胡琴及月琴等傳統樂器伴奏的越南傳統民謠「Đờn ca tài tử」，這種南越鄉間歌謠已被聯合國教科文組織認定為非物質文化遺產。

體驗手搖船

　　湄公河三角洲河道遍佈，為適應這種破碎地形，當地人以手搖槳小船為主要交通工具。手搖船可乘坐4人，船尾由一位船夫划槳，搭乘小船深入村落，河道兩邊皆是茂密的水椰子，有如熱帶叢林版的台南四草隧道。

酥炸象耳魚

　　不管參加哪一家的行程，午餐都會安排美萩特色菜餚「炸象耳魚」。將人工養殖的象耳魚整隻不去鱗油炸，所以將魚從油鍋撈起時，炸過的魚鱗皆如刺蝟般豎立。豪邁上桌時，用手撕下魚肉，連同生菜和米線，以米紙包裹捲起食用。另有一道口感類似炸年糕的「恐龍蛋」也相當特別。

永長寺 Chua Vinh Trang

　　此寺建於1849年，於1907年又再重修，建築結合歐亞風格，外牆有兩座牌樓入口，燈柱是西方巴洛克式燭台造型，中間的菩提樹下有尊佛祖雕像。寺廟以淡黃為底，上貼陶瓷浮雕，圓柱上有粉紅盤龍裝飾，柱頭為希臘式，內部中庭迴廊則為西方哥德式石柱。寺內供奉佛祖，並有60尊佛像，使用全南方最珍貴的黑檀木，並集南越最傑出的師傅雕刻而成，樂捐者可把姓名貼於迴廊古鐘上，祈求平安。

MAP ▶ P.199A1

古芝地道

Địa Đạo Củ Chi

越共神秘地下基地

⚲ 位於胡志明市西北約60公里　⏰ 8:00~17:00　💲 Bến Dược地道110,000越盾，Bến Đinh地道90,000越盾　🌐 diadaocuchi.com.vn

　　古芝小鎮以其密如蛛網的地道系統令世人嘖嘖稱奇，這些地道挖掘過程長達25年，最初由新忠富與福永安兩鄉，於1948年為對抗法國殖民政府開始挖掘地道，到1968年時已廣達250平方公里，而且全在越共的控制之下，成為越戰期間北越在南部的游擊指揮中心。

　　越戰期間，美軍縱使有先進的武器，卻仍無法對付神出鬼沒的越共游擊隊，為了找出越共躲藏的地點，美軍派出軍犬追蹤，但越共卻以胡椒粉騙過軍犬，在一無所獲的情況下，美軍竟然不顧人道地使用大量落葉劑，希望逼使地下共軍出面。這招數不僅沒得到效果，反而因此污染了地下水，造成日後許多婦女生下畸型兒。莫怪乎最後美國及其支持的南越政府大失民心，越共得到最後的勝利。

掃地圖

　　為了安全起見，目前此地道只有濱杜克地道(Địa đạo Bến Dược)和濱亭地道(Địa Đạo Bến Đình)對外開放。為了使遊客了解地道全貌，濱亭地道設有說明室，有地圖以及立體的地道模型，包括戰壕、廚房、糧食及彈藥庫，還有A字形地下防空洞，每層地道之間設有木板機關門，遊客在觀賞一段樣板黑白影片後，就可進入地道參觀。

　　地道的高度只有1.2公尺、寬80公分，加上忽上忽下的動線，有時幾乎逼得人匍匐前行，才短短50公尺便已爬得大汗淋漓；想想當初竟然有16,000人長期生活於此，而且這些地道全靠最原始的鋤頭與畚箕來完成，也只有堅定的民族意識，才能為如此惡劣的生存環境找到支撐點。

　　除了曲折蜿蜒之外，在險要地方還佈有尖椿或釘坑等陷阱，以阻止敵軍追蹤。地道中還設有指揮官專用辦公室、地下手術室、醫療室及可容納50人的會議室。探完地道後，遊客可到當時的廚房品嘗戰時食物樹薯。別名為「滅煙廚房」的地下廚房為了隱藏炊煙，在爐灶後方建了數個隔間，以一根導煙的大竹管貫穿隔間通到地面，這些隔間被戲稱為「黃琴爐」，炊煙經過數間隔間的疏散，通到地面時就稀釋成輕煙了。

西寧Tây Ninh

MAP ▶ P.199A1

西寧聖座

Tòa Thánh Tây Ninh

多教合一的高台教總部

🏠 Phạm Hộ Pháp, TT. Hoà Thành, Hoà Thành, Tây Ninh

掃地圖

與柬埔寨接壤的西寧省首府西寧市，以它最特殊的高台教(Đại Đạo Tam Kỳ Phổ Độ) 著稱。這個由阮秉謙創立於1926年的宗教，其理念是要綜合東西方所有宗教之特色，集儒、道、佛、伊斯蘭及基督等於一身，使之成為理想的宗教。所以其宗教建築亦是如此，外觀混合了哥德式教堂與中國式廟宇，內部神壇中央有一綠色圓球代表宇宙，眼睛代表天靈，可以看到地上的一切；建築裝飾仍留有大量的中國傳統的盤龍、飛鳳與麒麟。高台教最盛時期擁有150萬信徒，甚至有自己的軍隊，因此屢遭法國殖民政府及越共的鎮壓。

其參拜儀式稱為「四時拜」，每天早晚6:00及12:00舉行。當胡琴和誦經聲揚起，男女信徒 (男左女右) 魚貫進壇，女性一律白袍，並以身披斜帶之顏色為分；男性著黃袍為佛教、著藍袍為道教、著紅袍為儒教，著白袍戴黑帽為一般信徒。先雙手合十相互一拜，再走到中央三拜，然後盤坐誦經，此儀式持續約45分鐘。入內參觀須脫鞋，集中置於入口門旁。

芹苴
Cần Thơ / Can Tho

文●墨刻編輯部
攝影●墨刻攝影組

湄公河發源於中國的西藏，綿延4,500多公里，流經中、緬、泰、寮、柬等國，在柬埔寨首都金邊分成兩大支流，再經越南流入南中國海。位於北部的支流稱為前江，也就是上湄公河(Upper Mekong)，河水在此又再分為9條支流入海，因此被稱為九龍江，而這片湄公河三角洲又叫做九龍江平原。

湄公河河水每年固定泛濫，水漲高達3公尺，歷時數月，而這是九龍河平原富庶的基礎，使平原得以盛產稻米，成為越南主要的米倉。據考古學家估計，這地區的歷史可推至6,000年前，其中最重要的文明是西元1~6世紀左右的渥洮文化，曾發現羅馬時期的金幣。

芹苴是湄公河最大的城市，也是經濟中心，更以大型傳統的水上市場聞名，再加上芹苴令人驚豔的平價小吃及友善居民，絕對令人留下深刻印象，千萬別只是匆匆而過。

芹苴 圖例 ◎景點 ⑪餐廳 ⑪商店 ⑪飯店 ⚓碼頭

Victoria Can Tho (H) Resort

Cầu Ninh Kiều

Hồ Xáng Thổi

重事博物館
Bảo Tàng Quân Khu 9

胡志明博物館
Bảo tàng Hồ Chí Minh

芹苴博物館
Cần Thơ Museum

廣肇會館
Chùa Ông

Phuong Nam Restaurant

寧僑碼頭公園
Công viên Bến Ninh Kiều

順記
Thuận Ký

芹苴市場
Chợ cổ Cần Thơ

Sao Hôm Restaurant

Bến phà Xóm Chài

旅遊服務中心

Xoai Hotel (H)

⑪Nem Nướng Anh Mập

⑪ Zest Coffee

芹苴河
Sông Cần Thơ

←往楊家古宅
Nhà Thờ Họ Dương方向

往 Iris Hotel 方向

往㕙冷水上市場

N

南越…芹苴 Cần Thơ

INFO

基本資訊

人口：約124萬
面積：約1439.2平方公里
區域號碼：292

如何前往

◎飛機

芹苴機場距離市區約10公里，越南航空從河內、富國島、崑崙島都有航班飛往芹苴，河內到芹苴搭機約需2小時，從峴港出發約1.5小時。從芹苴機場搭計程車到市區約220,000越盾。

◎巴士

從胡志明市可搭FUTA Bus到芹苴，距離約170公里，約需4小時車程，票價165,000越盾，24小時發車，21:00~6:00間每小時一班次，其他時間每半小時一班。可在胡志明市區范老五街上的FUTA Bus購票，購票後巴士公司有免費的廂型接駁車，載乘客前往巴士站等車，不過最好在發車前一小時抵達購票處。

抵達芹苴巴士站後，先到巴士站裡等待並告訴巴士公司服務人員欲下車的旅館，FUTA Bus同樣有免費提供乘客接駁到下榻旅館的服務。

從芹苴回胡志明市也是搭乘同樣的巴士，不過若回程要直接從胡志明前往機場，直接搭計程車前往機場比較快。從芹苴往來其他城市如迪石市、金甌等，同樣也有免費接駁車可搭，若是永隆、茶榮等，就必需自行前往當地巴士站搭車。

市區交通

◎計程車

計程車起跳價約為每公里13,000~17,000越盾左右，費率依計程車公司而有不同，大多由Mai Linh和Taxi Happy提供服務。

Mai Linh
☎(0)710-382-882

Taxi Happy
☎(0)710-377-777

◎租摩托車

芹苴摩托車租借一天約在200,000越盾左右，依配備、車況而定。

遊客服務中心

🏠98 Phan Đình Phùng
🕐7:30~17:00
🌐canthotourism.vn

MAP ▶ P.205C1

芹苴博物館

Cần Thơ Museum

芹苴城市發展巡禮

掃地圖

🚶 從芹苴市場步行約5分鐘 🏠 1 Hòa Bình ☎
(292)3820-955 🕐 週二至週四8:00~11:00、
14:00~17:00，週六、日及假日8:00~11:00、
18:30~21:00 ❌週一、週五 💲免費

欲對芹苴有概略了解，不妨來到這個免費的博物館。館內用舊照片講述當地的地理、歷史及發展，還用模型船展示各種船隻的用處，包括觀光用船、貨船以及水上市場常見的船等，還有少部分的出土陶器文物展示。

對於生活在當地的華人及高棉人，博物館也用模型展示來介紹各自的文化，其中包括中藥館永壽堂還有目前仍香火鼎盛的廣肇會館。芹苴位在越南米倉湄公河上，館內也介紹了稻米的生產以及茶葉文化，最後還有在芹苴發生的抗法歷史事件等，是一綜合型的博物館。

MAP ▶ P.205C1

胡志明博物館及軍事博物館

Bảo tàng Hồ Chí Minh & Bảo Tàng Quân Khu 9

館藏豐富革命歷史

掃地圖

🚶 從芹苴市場步行10分鐘 🏠 6 Hoà Bình,
Ninh Kiều ☎(292)3822-173 🕐 週一至週五
7:30~11:00、13:30~16:30 ❌週六、日

這兩座相鄰的博物館，外觀非常新穎。胡志明博物館1樓是當地人向他致意的殿堂，上到2樓才是展示館。裡頭從胡志明的家世開始介紹，展示了他父親用過的桌子、兒時住的屋子模型等，還有胡志明在全世界的足跡圖以及帶領越南人抗爭的過程。豐富的展示品還包括胡志明1942~1943年在獄中的日記，他用中文寫

下：「身體在獄中，精神在獄外，欲成大事業，精神更要大。」另外也有他在獄中對所遭遇事物的感受，後方，還有他曾經穿過的衣服、鞋子以及對抗美國的過程等，介紹非常詳盡。

軍事博物館以不同年代的展廳，介紹越南各階段的作戰歷史，用模型重現了監獄、刑具、武器等。其中在1961~1964年間，還有越南女性如何參與作戰，包括用扁擔扛起武器，以及協助士兵藏匿家中等，可惜展覽館的介紹文字多為越南文，閱讀不易。

MAP ▶ P.205D2

水上市場

MOOK Choice

Cái Răng / Phong Điền

湄公河代表景觀

掃地圖

🏠丏冷水上市場距芹苴市中心約6公里,防甸水上市場距中心約16、17公里 ⏰交易時間主要為5~10點,10點以後抵達比較看不到交易的盛況 💲參加水上市場行程15~30美金左右,依參觀的行程、服務及船隻大小而定,每團人數愈多價格愈便宜。以6~7小時搭乘小船的全天行程,含餐費、船夫、導遊,並參觀兩個水上市場及米粉工廠,兩人成行,每人約20~25美金,人數愈多價格愈低;若是行程只參觀一個丏冷水上市場加米粉工廠,兩人成行一人14美金左右。若是搭乘團隊的大船價格會更平價

清晨5~10點是水上市場交易的時刻,要參觀熱絡壯觀的水上市集,通常都得天還未亮就出發,在芹苴遊客最常造訪的就是以批發為主的丏冷水上市場(Cái Răng)。從芹苴碼頭登上船後,在芹苴河上可見大大小小的觀光船往同一方向前進,途中有時還有水上咖啡館,為遊客供應提神的熱咖啡。

各地的批發商船與鄰近農家小船都會聚在丏冷水上市場交易,船頭竹竿掛著船家要賣什麼商品,只見番茄、南瓜及西瓜等蔬果,一顆顆掛在竹竿上頭,形成趣味的景觀。大商船將自己的貨品銷售完畢後才會離去,大約需要3至7天左右,這段期間,船夫整天的生活都在船上,只有在需

逐漸消失的的水上市場

近幾年湄公河愈來愈乾淨,觀光客常以為是好事,其實這是由於上游國家如中國、寮國及柬埔寨,紛紛蓋起了一座又一座的水壩,干擾了魚群繁殖,也阻擋了河中的養分沈積物流往下游,這些沈積物能為三角洲的農田及河中的魚群供應養分,湄公生態受到嚴重破壞,也影響了位於最下游的越南,農夫因為無法耕作而轉職,再加上年輕人已不再願意從事低薪的水上市場工作,當地導遊憂心地認為,未來越南獨特的水上市場景觀,將會逐漸消失。

要加油時,才到附近的水上加油站。有的船隻從外面就可以看到一家大小都住在船上,舉凡廁所、廚房、晾衣處等,生活所需一應俱全。

距離丏冷水上市場船程約1小時,就來到防甸水上市場(Phong Điền),這個市場規模較小,多為小型船家,有些行程會在這裡的餐廳享用早餐,再啟程前往米粉工廠。一般來說大船的團費較便宜,船行較快,不過參觀的點也會受限,搭乘小船則能慢慢欣賞沿途水上人家的生活。

廣肇會館

Chùa Ông

凝聚廣東華人的百年古廟

掃地圖

🚶從芹苴市場步行5分鐘　🏠32 Hai Ba Trung street　📞(292)3823-862　🕐7:00~17:00

　　在越南的會安、甚至泰國都有廣肇會館，會館是由海外的華僑集結同鄉所共同成立，發揮集會及互助功能。在芹苴華僑共分幾個派別：廣東、福建、海南、客家及潮州，每一派都設有各自的廟宇，例如廣東的廣肇會館、潮州人的「天和廟」、福建則是「福建義祠」等。

　　廣肇會館是由來自廣東廣州、肇慶兩地華僑捐資而建，始於1894年，一直到1896年完工。廣肇會館是一座華人風格的四合院建築，大部分建材都是從中國採購運來，均採用名貴的木材，門樓的磚塊還是法屬時期生產的磚塊，不過因前方河流有時會淹進廟裡，後來廟方將地基抬升一米三，當時的磚塊也就不復見。

　　屋頂以琉璃瓦遮蓋、簷口嵌上青瓷，正中央是二龍爭珠，此外底下還畫上魚躍龍門、等象徵吉祥的圖案。進到正殿主要是供奉關聖帝君，左右兩旁則是天后聖母、財帛星君、及第狀元及送子娘娘。入口處的木雕彩門掛屏都是自會館起建就運來，內部還有許多珍貴的浮雕藝術以及一百多年的古物，值得細細走訪。

　　廣肇會館除了提供鄉民朝拜，也具有文化傳承及互助等功能。會館後方設有育兒院，提供鄉民寄放3~6歲幼兒，也有教廣東話的課程，對於當地較貧困的廣東人，就由廟方出資供其唸中文。此外，距離芹苴市約11公里，還設有廣肇義祠，提供廣東人逝世後埋葬之處。

MAP ▶ P.205A2

楊家古宅

MOOK Choice

Nhà cổ Bình Thủy

華麗宅邸吸引電影取景

掃地圖

🚗 由芹苴市場開車約半小時　🏠 144 Đ. Bùi Hữu Nghĩa　☎ (292)3841-127　🕐 8:00~16:00

　　這座家族宅邸建於19世紀末，中西合璧的建築風格及裝潢，吸引不少旅客特地從市區搭車來訪，美侖美煥的古宅，矗立在荒僻的鄉間，十分令人驚豔。在平水郡除了這座宅邸非常有名，其蘭花庭園也富盛名，源起於楊家第五代喜愛植栽，尤其是蘭花，因此，當時他便將不同品種的珍貴蘭花，種在自己的花園中。

　　楊家古宅仍有後代居住，目前已傳到第六代楊明顯，楊老先生已超過80歲，他和超過70歲的妻子「Lien」，就住在屋子的後方，遊客來訪若發現大門深鎖，可至後方請老太太「Lien」開門。喜愛交談的老太太表示，家族自第二、三代就住在這裡，一直到第四代，就是自己先生的祖父，因為家族經營米及鹽的事業變得富裕，便將這裡重建，於1911年完工，也就是如今的模樣。

　　楊家古宅雖然以歐式風格建造，不過後代並沒有忘記保留供奉祖先的地方，建築格式分為前、中、後三部分。前方是接待賓客的客廳，擺著幾張氣派的法式風格桌椅，四周牆上則展示家族成員的照片及故事；中間是供奉祖先之處，正中央上方是展現大師木雕工藝的神龕，其內供奉著用中文寫出的「東廚司命」及「福德正神」，兩旁並浮雕出對聯「福德享嘉通，東廚降吉祥」。後方則是主人生活起居的地方，不開放參觀。

　　第一、二部分中間用挑高且精雕細琢的木雕屏風分隔，其上刻滿微妙微肖的動物。從天花板、牆面到地板，都有細緻的彩繪或磁磚裝飾，水晶吊燈從天花板垂吊下來，再加上年代久遠的家具擺設，整套貝殼鑲嵌的高雅桌椅，看得令人目不暇給，展現了家族的富裕以及藝術造詣，還有後代保存的用心。

MAP ▶ p.205B2 **Zest Coffee**

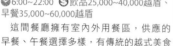

🏠55 Đ. Nguyễn Việt Hồng 📞(292)222-0736
🕐6:00~22:00 💲飲品25,000~40,000越盾、
早餐35,000~60,000越盾

　這間餐廳擁有室內外用餐區，供應的
早餐、午餐選擇多樣，有傳統的越式美食
如湯麵、飯類，也有西式餐點，春捲用料紮實，蘸著略甜的
醬料一起吃，十分可口。這裡的飲品種類非常多，羅旺子調
配而成的酸甜飲品或是台式的珍珠奶茶，還有新鮮果汁、冰
沙、咖啡等，應有盡有，而且價格實惠。

MAP ▶ P.205C2 **Sao Hôm Restautant**

🏠Đường Hai Bà Trưng 📞(292)381-5616 🕐
6:00~22:30 🌐mekong-delta.com

　Sao Hôm Restautant位在芹苴市場裡，
挑高空間，裝潢優雅舒適，一旁就是芹苴
河，可欣賞往來船隻往來航行的河岸風光，
餐廳服務人員身著專業制服，餐廳裡隨處瀰漫閒適的度假氛
圍，用餐之際心情不自覺也跟著愉悅起來。餐廳的菜色精
緻，除了主餐也有供應冰淇淋及新鮮果汁等。

MAP ▶ P.205C1 **Phuong Nam Restaurant**

🏠48 Hai Bà Trưng 📞(0)963-439-797 🕐
14:00~22:30 💲主餐90,000~150,000越盾

　位於寧僑碼頭公園對面的Phuong Nam
Restaurant很受外國觀光客歡迎，小小的店
面，常常都是高朋滿座。這家餐廳在當地
已經營超過10年以上。料理包括三明治、批薩等西式料理，
也有越南代表菜式，餐點口味較重，非常下飯。夜晚一到前
方公園裡聚集休閒的民眾，將非常熱鬧。

MAP ▶ P.205D1 **Victoria Can Tho Resort**

🏠Cái Khế, Ninh Kiều 📞(292) 3810-111 🌐
www.victoriahotels.asia

　Victoria Can Tho Resort 是芹苴唯一的奢華
度假村，採法國殖民式風格建築，鄰近芹苴
市區。度假村共有92間房，包含8種房型，
以越式裝潢搭配木質地板，陽台可看到壯觀的河流景觀、花園
或是游泳池。餐廳使用當地食材、法式料理手法烹調，Spa中
心則提供各式舒緩身心的按摩選擇，為旅客注入滿滿活力，此
外，度假村還設有健身中心、桑拿設施，供房客使用。

美奈
Mũi Né / Mui Ne

文●李曉萍
攝影●墨刻攝影組

南越…美 奈 Mũi Né

美奈位於胡志明以東約220公里處，原本只是藩切市郊的一個小漁村，生產魚露並販售海鮮，當芽莊至會安的海岸線被滿滿的度假村佔據後，東南方這片長達50公里的細沙海灘逐成為開發商和旅遊業者的新目標，美奈搖身一變，成為熱帶風情度假新寵。

高級度假村沿著Nguyễn Đình Chiểu大道林立，幾乎每間旅館都有小徑直通沙灘，椰影婆娑、水清沙細，除了踏浪戲水日光浴，也吸引許多衝浪好手；道路的另一邊有許多海鮮餐廳，經濟實惠的價格就能吃一頓鮮美「現撈仔」。多變的自然地貌也是美奈的迷人之處，濱海沙丘宛如縮小版撒哈拉沙漠，從清晨到黃昏，隨著光線變化呈現不同色澤，現場租一塊塑膠板，就能體驗滑沙樂趣，若這樣還不過癮，乘四驅車飆沙保證刺激；踩著溪水走進混合紅砂和白石灰岩的仙女溪，又有一種清涼版大峽谷的錯覺，而這些景點的距離都不遠，安排1至2天就可以充分玩遍美奈。

INFO

如何前往

◎火車

美奈沒有鐵路經過，最近的火車站在美奈以西約20公里的藩切市（Phan Thiết）。胡志明市每天早上6:45有一班列車（SP2）開往藩切，車程約4.5小時，車資16~18美金。抵達藩切車站後，再轉乘計程車前往美奈。

◎巴士

美奈是Open Tour Bus主要停靠站，胡志明往來芽莊的巴士都會停靠美奈，車程約5小時，車資約120,000~150,000越盾，The Sinh Tourist、Hanh Café、Futa Bus都有提供服務，可於胡志明市的范老五街（Phạm Ngũ Lão）購票上車。從芽莊前往美奈約5.5小時，從大勒出發約4小時。上車前可先向售票口確認，巴士是否可停靠美奈下榻的飯店。

區域交通

◎租摩托車

美奈路況不錯且車輛不多，租一輛摩托車兜風就像在墾丁地區騎行，相當方便。飯店都可協助租車，若於網路上訂車，對方也可騎到指定飯店交車，一天租金大約120,000越盾。需注意的是，此區常有警察臨檢，租車一定要準備國際駕照。

◎包車

美奈叫計程車只能透過旅館或餐廳協助聯繫，參加當地的半日旅遊行程即可走訪所有景點，想要行程彈性一點，可請飯店洽詢包車，談好要去的景點和價格。

藩切美奈區

白沙丘 Đồi Cát Du

DT716B

Nguyễn Tấn Định

藩切火車站
藩切 Phan Thiết

RD藩切葡萄酒城堡 Lâu đài rượu vang RD Phan Thiết

Đường Võ Nguyên Giáp
Nguyễn Đình Chiểu

La Marina Hotel

仙女溪 Suối Tiên

紅沙丘 Đồi Cát Đỏ

Malibu Beach

美奈漁港

美奈 Mũi Né

圖例 ◎景點 Ⓗ住宿 ◎火車站

Where to Explore in Mui Ne
賞遊美奈

MAP ▶ P.212C3

仙女溪
Suối Tiên

上帝調色盤

掃地圖

🚗 美奈漁村西方約3公里，車程約5分鐘 ⏰ 6:00~18:00 💲15,000越盾 ❗ 鞋子可寄放於入口處，或是自備塑膠袋隨身攜帶

仙女溪是一條有喀斯特地形的小溪谷，磚紅色溪流劃分荒蕪與生機盎然的兩個世界，一邊是裸露的紅土岩壁交疊灰白石灰岩溶蝕岩壁，另一邊是椰子樹和翠綠茂盛的植被，形成奇妙的自然地景。這裡的石灰岩表面覆蓋砂質紅土，經年累月的雨水沖刷溶蝕，雕塑出獨特的溪谷。被沖下的紅沙土沈澱於溪底，讓整條小溪呈現磚紅色。

從仙女溪的入口散步到終點的小瀑布，單程約20分鐘。光腳踩著細軟的紅沙泥，深度僅到腳踝

的清淺溪水流過腳背，清涼觸感令人瞬間愉悅，繼續向深處探索，溪谷逐漸開闊，中段還有販售飲品的小商家，挑一張有樹蔭的藤椅，腳泡著冰涼溪水，一邊喝退火椰子汁，天仙的享受也不過如此吧！

南越⋯⋯ **美** 奈 Mũi Né

MAP ▶ P.212C3

美奈漁村
Làng chài Mũi Né

漂浮海上的彩色咖啡杯

掃地圖

🚗 距離藩切市火車站22公里，車程約30分鐘

雖然觀光人口越來越多，美奈居民仍多以捕魚為生。清晨和傍晚是漁船進港卸貨的時間，漁民上岸後直接在沙灘上處理漁獲，簡易塑膠棚下，只見船家大聲吆喝、買家討價還價，海鮮市場天天熱鬧開張，也可以買了海鮮請附近餐廳代為料理。

美奈海灣總是佈滿一個又一個的圓形小船，狀似一個大碗公，船上插一隻小國旗，每艘船可乘載2至4人，傳統上船身以竹片編織而成，所以稱為「簸箕船」（竹籃船），因為吃水不深，適合美奈近海的淺沙岸地形，漁民們用來放置漁獲、

近海釣魚、或補充大船的油料和食物。現在都改用塑膠材質，將海面點綴的五顏六色，若想體驗搭簸箕船的感覺，也可直接和岸邊的漁民議價。

MAP ▶ P.212C3

紅沙丘

Đồi Cát

夕陽染紅的濱海荒漠

掃地圖

🚗 美奈漁港開車前往約5分鐘或步行30分鐘
💲 免費

　　美奈漁村東北側，南洋度假風海灘景色忽然被一望無際的紅沙取代，像不小心開啟小叮噹的任意門，瞬間抵達紅色沙漠。

　　海岸沙丘通常形成在風力強勁、地表裸露缺乏植被、且河川中上游運來大量鬆散沉積物的海岸地帶上，海風吹動沙粒，風力減弱或遇上阻礙時落下，長時間不斷堆積就形成面積越來越大的沙丘。紅沙丘的範圍不似白沙丘遼闊，邊緣防風樹林攔截風沙，因沙土性質，平時呈現橘黃色澤，夕陽照耀下，起伏的沙丘轉變成瑰麗的赭紅色，因此被稱為紅沙丘。

　　紅沙丘是當地孩子的遊樂園，一塊簡易塑膠墊就能享受滑沙的樂趣，只要一走進沙丘，就會有小孩圍過來出租塑膠墊，一塊20,000越盾，有些人會亂開價，記得要殺價。沙丘外圍也會有些小販，販售飲品和食物。

MAP ▶ P.212D1

白沙丘

MOOK Choice

Bàu Trắng

沙漠綠洲飆速

掃地圖

🚗 距離美奈漁村車程約30分鐘 💲 15,000越盾

　　白沙丘距離美奈村落較遠，遼闊的沙漠景色也更為驚人。白沙丘由數座新月沙丘綿延組成，最高可達20公尺，隨著一日天光的變化，呈現銀白、玫瑰粉、胭脂紅、橘黃、金黃、淡黃等色彩，遊客不多的區域，能見到明顯的風吹沙紋路。沙丘山腳下有個波光粼粼的小湖，猶如沙漠綠洲，充滿異域情調。

　　從入口走到沙丘頂端，大約需要30~40分鐘，也可以選擇搭沙灘車攻頂，司機還會順著陡峭的那一面滑下來，或一路與其他沙灘車飆沙，非常刺激，入口附近有許多車隊提供服務，不過價格頗高且很難殺價。美奈當地的半日旅遊團有分成日出團或日落團，日出團大約4:30出發，欣賞完白沙丘的日出後，回程遊覽紅沙丘、美奈漁村、仙女溪等景點。需注意的是沙丘上日夜溫差大，風非常強勁，建議攜帶外套、飲水、並注意防曬。

MAP ▶ P.212B3

RD葡萄酒城堡

Lâu đài rượu vang RD Phan Thiết - Mũi Né

葡萄酒主題公園

掃地圖

📍距離美奈漁村開車約8分鐘 🏠Đường Võ Nguyên Giáp 📞(252)3719-299 🕐週日至週四7:30~17:0，週五、週六7:30~19:00 💲酒莊導覽：120,000越盾；導覽＋品飲：250,000越盾
🌐 www.sealinkscity.com

把加州納帕山谷（Napa Valley）搬移到越南海邊，就是Rang Dong集團呈現的RD葡萄酒城堡。

一座中世紀城堡出現在藩切往美奈的主要道路上，格外吸引目光，裡面介紹並販售Rang Dong的加州酒莊所生產的葡萄酒，地下室佈置成大型酒窖，儲藏超過20,000瓶葡萄酒，1樓則為品飲空間和葡萄酒商店，販售加州葡萄酒。

參加酒莊導覽行程，可學習到葡萄種類、葡萄酒類型、中世紀以及現代葡萄酒的釀造方式、裝瓶和銷售方式，最後試飲一杯加州納帕產區的葡萄酒。另有適合葡萄酒愛好者的品飲遊程，除了酒莊導覽，能一次品嚐5種葡萄酒。

MAP ▶ P.212B3

La Marina Hotel

南洋風格的溫馨小窩

掃地圖

📍距離美奈漁村車程約8分鐘 🏠246/2B Nguyễn Đình Chiểu 📞(252)3748-848 🌐 lamarinamuine.com

這間小巧可愛的旅館座落在Nguyễn Đình Chiểu濱海大道較熱鬧的區域，巷口就有美食廣場，對面有雜貨店，再多走幾步就是當地的小市場Chợ Hàm Tiến，距離仙女溪和The Shin Tourist的乘車處都只要15分鐘步行距離。

走進La Marina Hotel，就像是拜訪住在南方島嶼的朋友家，花葉扶疏，包圍鬧中取靜的中庭泳池，泳池畔以棕櫚葉為頂的小屋提供美味的早、午餐。亮鵝黃色為主調的房間讓人心情開朗，頂樓房還能眺望整個美奈海岸線。最棒的是，旅館旁的小巷直通海灘，2分鐘就能在躺椅上看海發呆日光浴。

芽莊
Nha Trang

文●李曉萍·墨刻編輯部
攝影●墨刻攝影組

芽莊位於越南中部，是越南著名的濱海度假勝地之一，其名稱據說源自於占婆語的「Yakram」，意思是「竹林河流」。

身為富慶省的省會，芽莊也是當地最大的漁港，漁港每日下午便有漁船陸續回航，漁港前的海灘上，常見當地的婦女曬著各式魚乾，與一旁日光浴的西方旅客形成有趣的對比畫面。

芽莊沒有太多觀光名勝，雖然芽莊曾經是占婆王朝的屬地，但只有位在市區北面的波那嘉塔得以保存下來，最吸引人的就是陽光和沙灘，還有輕鬆的魚鄉生活。近年來改革開放之後，濱海旅館和高級度假村如雨後春筍般湧現，沿著Trần Phú濱海大道展開，這裡也成為西方觀光客休閒度假的重點城市。你可以選擇半日或一日遊的島嶼遊程，到外海的島嶼賞鳥、浮潛、吃海鮮，或者是在那細白的沙灘上享受陽光，靜靜地體會越南典型濱海城市風情。

芽莊也是越南沉香的產地，Trần Phú與Lê Thánh Tôn交叉口的景觀塔就是以沉香為造型，周圍有紀念品店、夜市、餐廳和飯店，遊客和當地人皆在此聚集。而市區南方海上的珍珠島樂園，更是海岸線上一大亮點，搭乘長達3,320公尺的跨海纜車，前往「越南迪士尼」，驚險刺激的雲霄飛車、擁有海底隧道的水族館、越南最高的摩天輪、以及各式各樣的遊樂設施，為當地生活增添不少歡樂氣息！

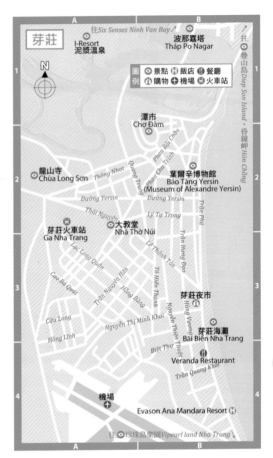

芽莊

往Six Senses Ninh Van Bay

I-Resort
泥漿溫泉

波那嘉塔
Tháp Po Nagar

往蠶山島Diep Son Island・昏鐘岬Hòn Chồng

圖例 ◎景點 ⊞飯店 ⊞餐廳
⊞購物 ✈機場 ⊞火車站

潭市
Chợ Đàm

龍山寺
Chùa Long Sơn

葉爾辛博物館
Bảo Tàng Yersin
(Museum of Alexandre Yersin)

Thống Nhất
Quang Trung
Phan Chu Trinh
Dương Yersin
Thái Nguyên
Lý Tự Trọng
Dương Yersin
Trần Phú

芽莊火車站
Ga Nha Trang

大教堂
Nhà Thờ Núi

Lạc Long Quân
Cao Bá Quát
Lê Thành Tôn
Trần Hưng Đạo

Trần Nguyễn Hãn
Hồng Bàng
Tô Hiến Thành

芽莊夜市

Cửu Long
Hồng Lĩnh
Nguyễn Thị Minh Khai
Nguyễn Thiện Thuật
Hoàng Văn Vương

芽莊海灘
Bãi Biển Nha Trang

Biệt Thự Biển

Veranda Restaurant
Trần Quang Khải

機場

Evason Ana Mandara Resort ⊞

往 珍珠島樂園 Vipearl land Nha Trang

南越⋯芽莊 Nha Trang

INFO

基本資訊
人口：約43萬
面積：約251平方公里
區域號碼：258

如何前往
◎飛機
　　芽莊的金蘭機場(Sân Bay Quốc Tế Cam Ranh)位於市區以南約30公里處。從胡志明市飛往芽莊，航程約75分鐘，從河內出發約需2小時左右，每天都有數班固定航班往返。另外芽莊和峴港之間也有班機往來，飛行時間約1小時左右。

◎火車
　　從河內或胡志明市每天約有6~7班火車前往芽莊。芽莊距胡志明市約411公里，車程約8~10小時，車資約在28~49美金之間。芽莊距離河內1,315公里，車程約25.5~29小時，在車上過夜隔天才抵達；另外從芽莊搭火車到峴港約9~12小時。
　　芽莊火車站就位於市區西側，由此可以步行或搭乘計程車前往各地。

◎巴士
　　芽莊的巴士總站(Bến xe phía Nam Nha Trang)位於火車站以西約6公里。芽莊是Open Tour Bus主要停靠站，越南境內大城都有巴士前往芽莊，從胡志明市前往約需11小時，從大勒前往約需5小時，至於從河內出發則約需24小時。可至市區的旅行社例如The Sinh Toursit、Futa Bus或Phuong Trang訂巴士票。

市區交通
◎機場前往市區
　　從金蘭機場搭車前往芽莊市中心約需30~45分鐘，當地有往來機場和市區間的定價計程車，費用視車行而異，約在226,000越盾。另外也可搭乘18號機場巴士，費用每人74,000越盾，車程約1小時，每半小時一班次，終點為芽莊火車站。機場巴士雖然平價，但沒有充足的行李置放空間，所以如果同行人數較多且攜帶大型行李，建議搭計程車較方便。

◎租車
　　芽莊地勢平坦且海岸線優美，很適合悠閒的騎腳踏車，租金一天大約20,000越盾。若要前往較遠的景點，租借摩托車也相當方便，一天租金約120,000越盾，Lê Thánh Tôn街上就有很多租車公司。

◎計程車
　　跳表計程車的起跳價為15,000越盾，但市區有很多單行道，計程車常常需要繞道，有時走路可能比較快，芽莊也是Grab的服務區，若要叫計程車建議使用APP較方便。（Grab資訊詳見P.58）

MAP ▶ P.217B3

芽莊海灘

MOOK Choice

Bãi Biển Nha Trang

在度假勝地開始慢活

掃地圖

🚶 從潭市步行前往約12分鐘

　　昔日純樸的漁港、今日熱門的避暑勝地，芽莊以它美麗潔白的沙灘吸引眾人的目光！芽莊沙灘由南到北綿延了將近

5公里的距離，沙灘緊鄰著海濱大道Trần Phú，海濱大道上非常熱鬧，隨處可見高級酒店、渡假村和碳烤海鮮餐廳，吃喝玩樂在這都能滿足。

　　芽莊附近的海域擁有多達19座的大小島嶼，除了到此享受日光浴和戲水的樂趣外，許多人更乘船出海遠遊，前往外海浮潛、甚至參觀水上養殖場。下榻濱海旅館或高級度假村，在芽莊的海灘度過幾天慢活假期，感受一下無所事事的魅力！

芽莊跳島遊

　　芽莊外海的島嶼也是旅遊重點，當地旅行社會提供半日或全日的遊程前往這些島嶼，行程中包含了浮潛和海鮮午餐，並且會參觀船艦造型為主的Trí Nguyên海生館(Thủy Cung Trí Nguyên)、淺海養殖場等地，尤其是參觀水上的養殖場時，你可以順便向這些漁民購買新鮮的龍蝦或海產，再拿到餐廳請廚師烹調。

　　當地旅行社的芽莊跳島遊行程非常多，通常安排3~4個小島，行程差價也不小。選擇行程時建議不

要貪便宜，若搭乘慢速交通船將非常耗時，此外，登島費用是否自理也影響到團費，而每個島的水上活動通常需要自費。

MAP ▶ P.217A2

大教堂

Nhà Thờ Núi

法國哥德式藝術殿堂

掃地圖

🚶 從潭市步行前往約15分鐘　🏛 01 Thái Nguyên　🕐 5:30~17:00，週日5:00~7:00、11:00~16:30

位居芽莊西側地勢較高的小山丘上，外觀樸實、方正的大教堂看來有幾分神似碉堡。這座興建於1928~1933年間的建築，洋溢著法國哥德式風情，僅以水泥塊為建材，顯得十分復古，描繪法國聖人故事的彩繪玻璃則替建築增添了些許色彩。由於地勢居高臨下，因此從教堂前方的空地可以看見火車站和附近的景色，也因為地處幽靜，偶爾也會遇見到此談心的年輕情侶。

天主教堂裡怎麼會有香爐？

眼尖的觀光客會發現不論是教堂外的耶穌像前還是禮堂內都可以看到香爐，甚麼時候天主教徒需要燒香拜拜呢？原來在法國人殖民之前，越南民間有信佛教的，也有信道教的，燒香拜拜一直都是越南人的習慣。天主教隨著法國人傳進來後也跟著入境隨俗，尊重信徒用自己習慣的方式來敬拜神，於是才有拿香拜耶穌這樣奇特的景象出現。

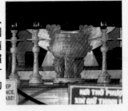

沿著斜坡進入教堂之前，會先經過一片貼滿石板的外牆，石板是一塊塊墓碑，全是昔日附近天主教墓園的遺跡之一，1988年時為了興建新的火車站建築，使得墓園遭到清除，移出的往生者便重新長眠於教堂旁這片石牆的後方，教堂外的墓碑則是紀念在這裡服務過的神職人員。

MAP ▶ P.217B2

葉爾辛博物館

Bảo Tàng Yersin

向鼠疫專家致敬

掃地圖

🏍從潭市步行前往約12分鐘 🏠10 Trần Phú ⏰週一至週五7:30～11:30、14:00～17:00 💲20,000越盾

　　法國人殖民越南長達百年，真正能在當地留名的卻不多，然而身兼醫生和生物學家的葉爾辛(Alexandre Yersin)至今依舊可以在越南許多城市裡，發現以他為名的街道。

　　葉爾辛出生於瑞士的法國家庭，他為了行醫回到法國，不久後來到印度支那服務。他畢生投入大量精力在鼠疫血清的研究，發現鼠疫的病因後，葉爾辛於1895年來到芽莊創立實驗室，也就是今日的葉爾辛博物館所在地。在博物館中可以看見他的相關研究筆記、與親朋好友往來的書信，以及他昔日的臥室擺設和藏書、顯微鏡等設備。除了醫學上的研究外，葉爾辛對此區的貢獻還包括當地教育與農業的改良。

MAP ▶ P.217A2

龍山寺

Chùa Long Sơn

芽莊地標巨佛所在地

掃地圖

🏍從潭市搭車前往約10~15分鐘 🏠22 Đường 23 Tháng 10 ⏰7:00～17:00

　　龍山寺最初落成於1886年，當初聳立於另一座山丘，不過卻在1900年時因一場強烈的暴風而被摧毀。今日的這座龍山寺興建於1930年，越戰時因遭受嚴重破壞，在1971年時加以大肆整

MAP ▶ P.217B2

潭市

Chợ Đàm

在地市集挖寶趣

掃地圖

🏍從大教堂步行前往約15分鐘 🏠在Hai Bà Trưng和Phan Bội Châu兩路交接口 ⏰5:00～18:30

　　想買任何東西，到潭市準沒錯！它是芽莊最大的市集，裡頭從民生必需用品到紀念品一應俱全，對遊客和當地居民來說都同樣重要。潭市呈現圓形，和其他越南市場一樣各類商品分門別類聚集。潭市外面也很熱鬧，有需多攤販和店家，比較特殊的是，外面的商家大都以紀念品店和海鮮乾貨為主，許多紀念品店還出售貝殼或是以貝殼製成的玩偶，而一

般在台灣藥房才看得見的海馬乾，居然在這些海鮮乾貨店也以一袋袋分裝好的方式高掛店門口準備出售。

修，才能維持如今的面貌。龍山寺在創立之初已是當地的佛教協會中心，正殿前許多佛像圍繞著蓮花池，牆壁上有許多佛教壁畫，大堂中的佛像也有700公斤重，莊嚴又震撼。

　　寺後有座高24公尺的大型白色佛像，因為位在山丘上，遠遠地就能看到祂，宛如芽莊的守護神，已經成為芽莊的地標，不過真正要前往大佛所在地，必須爬上150級階梯，也可以要求計程車司機直接前往山頂，再以步行方式下山，半途可順道拜訪那尊長80公尺的臥佛。

南越…芽莊 Nha Trang

波那嘉塔

Tháp Po Nagar

占婆王朝聖地遺跡

掃地圖

🚗 從潭市搭車前往約5分鐘　🏠 61 Hai Tháng Tư
🕐 6:00~17:30　💲 25,000越盾　❗入內參觀有服
裝規定，男性不能露膝，女性不能露出肩膀和
腿。現場有提供免費長袍可以套上再入內參觀

　波那嘉塔位於芽莊河北岸的山丘上，該遺跡
群大約興建於8世紀的占婆王朝，用來記念王國
之母──Yang Ino Po Nagar女神，原本應有10座
塔，如今僅倖存三座塔廟。對外國人來說這裡是
見證占婆王朝的遺跡之地，不過當地人卻仍在這
裡祭拜並視之為聖地。遺跡內有個觀景台可以欣
賞芽莊河入海口的景色。

　波那嘉塔前方的樓梯斜面約70度，表現出占婆
王朝的子民對占婆神的崇高尊敬，但由於十分陡
峭，現在已經禁止遊客攀登。這些僅存的波那嘉
塔中，以北邊23公尺高的塔廟最令人印象深刻。
塔身上半部為錐形，下身則為圓柱狀，外牆四周
有層層的浮雕像。雖然大部分的巨型雕刻都已經
收藏在博物館，不過現在塔廟內還可以看到兩座
硬木雕刻，約建於9世紀。

　每當聚集大量遊客時，主廟塔和博物館之間的
空地會有占婆傳統舞蹈表演，供遊客免費欣賞。

昏鐘岬

Hòn Chồng

孤立海上的巨岩

 掃地圖

🚗 距離潭市約8分鐘車程　⏰ 7:00~19:00　💲 22,000越盾

芽莊市區往北越過陳富橋(Cầu Trần Phú)後，平直的海岸線忽然打了一個勾，巨大岩石群堆疊於清透的藍色海水上，漲潮時猶如海中孤島。突出海面的美麗岬角被稱為昏鐘岬，「Chồng」的意思是丈夫，與其相對，昏鐘岬東邊還有另一塊石柱狀巨岩，被命名為Hon Vo，代表妻子。

關於昏鐘岬還流傳一個繪聲繪影的有趣故事，傳說曾有一個巨人在這裏釣魚，有隻巨魚吃了魚餌後，掙扎著想要逃跑，巨人奮力抵抗，一手緊握釣竿，另一手攀住岩石，以防自己被拖入海中，因為用力太猛，就在岩石上留下了五指掌印。許多人都會站在掌印前比對大小，還有一個巨石堆出的石門也是拍照熱點，讓人讚嘆自然的力量。園區入口有一個展示館，內部展示越南傳統樂器，若聚集的人潮夠多，也會不定時演奏傳統音樂。

MOOK Choice

I-Resort泥漿溫泉

Hot mineral springs I-Resort Nha Trang

舒緩筋骨美膚浴

 掃地圖

🚗 距離市中心約4公里，搭車前往約15分鐘　🏠 Tổ 19, thôn Xuân Ngọc　☎ (258)3838-838　⏰ 8:00~17:30　💲 泥漿浴1~2人池，每人350,000越盾；3~5人池，每人300,000越盾；6人池每人260,000越盾。可同時使用園區內所有溫泉水療設施。　🌐 www.i-resort.vn

芽莊的泥漿浴起源於1990年代，當時人們在芽莊發現了從地表湧出的泥漿，這些泥漿含有豐富的礦物質，於是便將泥漿與芽莊著名的天然礦泉水結合，發展出能讓人放鬆身心的泥漿浴。隨著芽莊的觀光業越來越發達，泥漿浴越來越受歡迎，業者也不斷改良配方，使其多出了醫療的效果，可以護膚且促進血液循環。

蔡河(Cai Ricer)北岸有幾間提供泥漿浴的溫泉水療中心，其中I-Resort以棕櫚樹、石頭、竹子、水椰葉等自然材質打造讓人放鬆的環境。除了露天泥漿浴池，溫泉水療區的設備也越來越多元，包含成人和兒童的溫泉泳池、各種溫度的溫泉池、溫泉瀑布、藥草浴、滑水道、煮溫泉蛋等多種設施，來這裡待上半天，離開時定有脫胎換骨的感覺。

MAP ▶ P.217B1

疊山島

Đảo Điệp Sơn

退潮開啟的海洋秘道

掃地圖

🚶 從市區出發至前往疊山島的Van Giã碼頭，車程約1.5小時，接著轉乘快艇約15分鐘抵達。由於碼頭開船時間不固定，也沒有清楚標示船資，參加當地旅行團是前往疊山島最方便的方式，一日遊每人費用約650,000~950,000越盾，團體人數及船隻種類決定團費高低。

芽莊北方約60公里的Vân Phong海灣內，隱藏一處有「越南馬爾地夫」美譽的秘境──疊山島。小島上無人居住，只有水晶般透明的藍色海洋、粉雪般綿密的白沙灘，以及一條退潮時才會出現的神秘海洋通道。

疊山島是由三座連續小島組成的群島，各島看似獨立，但其實有海底沙洲相連，每天早上退潮時，碧藍波浪間浮現一條約800公尺長的白沙道，蜿蜒通往另一座島嶼，走上沙道猶如摩西分海，景象十分夢幻。想體驗走在海上的感覺，建議一大早從市區出發，搭乘9:30左右的船班前往，因為11:00左右開始漲潮，海洋通道就會再度消失。

疊山島依然保持自然原始的樣貌，除了走一趟海洋之路，最大的島上只有一間餐廳，提供簡單午餐，等待船隻回返之前，有很多時間可以划獨木舟或吹海風發呆，在總是塞滿滿的旅遊行程中，放下時間控管和資訊焦慮，享受一段無所事事的慢時光。如果參加當地旅遊團前往疊山島，大約在13:30返航，回市區前還會到Doc Let海灘，在這裡可以自費玩拖曳傘等水上活動。

大勒
Đà Lạt / Da Lat

文●墨刻編輯部　攝影●墨刻攝影組

大勒素有「小巴黎」之稱，在越南人的心中一直被視為度蜜月的首選地點，每年有超過30萬名旅客到此度假。其實早在20世紀初時，大勒就受到法國人的喜愛，因為受不了湄公河和海岸邊悶熱又潮濕的氣候，他們紛紛遷居標高1,475公尺、終年氣候涼爽的大勒。也因為如此，當時的大勒簡直是座小型的歐洲山城，為數眾多的法式別墅四處可見。由於交通的不便利，讓大勒成功地躲過了戰爭的殘害，所以保留了許多殖民時期的建築。站在這裡，常有置身法國的錯覺！

市區的春香湖被起伏的山巒所包圍，湖畔一邊常有當地孩童快樂地放風箏，另一邊則是大勒的18洞高爾夫球場，湖畔後頂著紅瓦的建築再加上教堂尖塔，在陰晴不定的氣候下，灰階的湖光景致像極了英國湖區，難怪作家葛拉罕‧格林(Graham Greene)會說：「大勒總是讓我想起英國！」而大勒市場則是了解居民生活的最佳去處，為數眾多的鮮花攤販，更為大勒增添了歐式的生活情調。

INFO

基本資訊
人口：約42.5萬
面積：約394.6平方公里
區域號碼：263

如何前往
◎飛機
　距離大勒最近的蓮姜機場（Lien Khuong Airport），坐落於市中心以南約32公里處。從胡志明市及河內飛往大勒，各約需50、110分鐘左右，每天都有固定航班往返。
◎巴士
　大勒是Open Tour Bus主要停靠站。從胡志明市Bến xe Miền Tây巴士總站前往大勒的班次頻繁，平均每小時一班次，車程約7~8小時，車資35萬越盾。從芽莊到大勒大約4小時，8:00~16:00之間有8個班次，車資約20萬越盾。

機場前往市區
　搭乘機場巴士進入市區非常方便，終點將抵達大教堂附近的Ngoc Phat Dalat飯店，離開入境大廳後往停車場方向，就可以看到機場巴士的售票人員，單程票價40,000越盾。另外機場和市區之間有固定價格的預付費用計程車，費用視車行而異，約在250,000~350,000越盾之間，可直接抵達飯店，車程約需30分鐘。

市區交通
　大勒市區很小，以步行的方式即可完成參觀，不過如果要前往纜車站、達坦拉瀑布和保大皇夏宮等景點，則必須搭乘計程車或租借摩托車，租摩托車一天約150,000~200,000越盾。

MAP ▶ P.224B2

大勒舊車站

MOOK Choice

Suối Tiên

迷人復古火車站

掃地圖

🚗 從大勒市場搭車前往約15分鐘　⏱ 1
Quang Trung　🕐 8:00~17:00

　　迷人的大勒舊車站位在春香湖以東約500公尺處，這個曾經在1928~1964年間營運的車站，當時主要行駛往來於大勒和Tháp Chàm之間的火車，後因戰爭時遭受攻擊而被迫關閉。在這段昔日長84公里的旅程中，因為中途約有17公里地勢較高，為防止火車滑動因而加裝齒輪系統，現在這條路線經過修復後，已經有7公里重新開放，不過僅以觀光為目的。因為列車時間有限，所以一般遊客大都在車站內懷舊一番，或是站上復古火車合影留念。

搭火車得看運氣

　　大勒觀光火車往來大勒和Trai Mat村，一天有6個班次，來回車票依據車廂等級分為兩種，價格分別是150,000越盾及135,000越盾，車程約30分鐘，抵達後列車長會提醒大家回程的發車時間。不過這個觀光火車時間到了也不一定發車，如果該班次少於20人購票就會直接取消，所以購票前記得詢問一下各班次的狀況，避免耽誤到接下來的行程。
去程： 🕐 5:40、7:45、9:50、11:55、14:00、16:05
回程： 🕐 6:40、8:45、10:50、12:55、15:00、17:05

MAP ▶ P.224A2

大勒市場

Chợ Đà Lạt

尋覓在地生活好味道

掃地圖

🚗 位於市中心　🏠 Nguyễn Thị Minh Khai

　　大勒市場是當地生活的重心，位於一座交通繁忙的圓環旁，白天是大勒人採買食材和雜貨的地方，朝鮮薊、蔬菜和水果擺滿各地，熱鬧的叫賣聲此起彼落，黃昏後這裡儼然成了夜市，圓環四周禁止車輛通行，小販大大方方的做起生意，通往上方的階梯更聚集了一大堆美食小吃攤，烤魷魚、烤海螺、炒蝸牛……香氣四溢，讓路過的人忍不住口水直流。

MAP ▶ P.224A2B2

春香湖

Hồ Xuân Hương

湖畔野餐好惬意

掃地圖

🚶 從大勒市場步行前往約5分鐘

　　位於大勒市場附近的春香湖，是當地人主要的休閒場所，細長的湖泊擁有長達5公里的步道，是情侶散步談心的好去處，湖畔還提供天鵝船租借，踩踏到湖中後，更能欣賞這座群山環繞的城市綠意。

　　除了觀景餐廳之外，湖邊還散布著小公園，大勒居民常一家老小帶著零食和飲料，就這麼坐下來天寬地闊的野餐。

MAP ▶ P.224A2

大勒大教堂

Nhà Thờ Chính tòa Đà Lạt

法殖民時期珍貴教堂

掃地圖

🚶 從大勒市場搭車前往約5分鐘　🏠 17 Đ. Trần Phú　☎ (263)3821-421　🕐 7:00~11:30、13:00~16:30　🌐 giaophandalat.org

　　大勒教堂建於1931~1942年間，磚紅的外牆和高達47公尺的火焰尖塔，讓這座教堂顯得非常醒目，也成為當地的地標。這座教堂最初是為了法國殖民時期的居民和度假客而建，經費全由當地的神父Nicolas集資，教堂內部雖然沒有非常華麗，但四周的彩繪玻璃卻給人一股歐洲中古世紀的氣氛。

　　至今大勒還有許多居民信奉天主教，因此這裡也成為居民社交的場合。教堂做禮拜時段很少對外開放，禮拜舉行時間為週一至週六的5:15和17:15，以及週日的5:15、7:00、8:30、15:15、18:00。

MAP ▶ P.224A2

瘋狂屋

MOOK Choice

Crazy House

越南版高第的奇幻異想

掃地圖

🚌 從大勒市場搭車前往約5分鐘　🏠 3 Huỳnh Thúc Kháng　📞 (263)3822-070　🕐 8:00~18:00
💲 身高140公分以上參觀門票60,000越盾
🌐 crazyhouse.vn

　如果說到大勒最具特色的景點非Crazy House莫屬，它的知名度不輸保大皇夏宮，雖然創立之初是間旅館，卻因參觀者比下榻者還多，除了提供10間客房的住宿服務，也以景點之姿對外開放。

　Crazy House的設計師是在莫斯科大學擁有建築博士學位的Dang Viet Nga，這位女士從建築大師高第身上獲得靈感，在大勒市區興建這座「童話屋」，整體建築結構猶如一棵巨大的榕樹，以枝幹和樹枝串起彼此，點綴其中的蘑菇、蜘蛛網、洞穴和各色動物，則象徵大自然元素，行走其中猶如穿行於一座空中迷宮般相當有趣，但也可以想見住宿者的困擾，入夜後會如何迷失於這一條條通道間而找不到自己的房間！

　這裡的每個房間都以動物為主題，像是老虎、老鷹、袋鼠、螞蟻等等，牠們也分別象徵不同的民族，例如螞蟻是勤勉的越南人，老鷹則是總以老大哥自居的美國，此外，房間的裝飾也相當獨特，像是老虎房中的老虎雕像眼睛閃現著紅光，袋鼠房中的袋鼠雕像肚子則為火爐。只是這間以「回到自然」為訴求的旅館中，當然也沒有空調和電視這類文明世界的設備。

　正因為實在太怪了，打從1990年Crazy House落成開始，就成為大勒旅遊書中常見的推薦景點！由於太受歡迎，近年也陸續增建新館。

MAP ▶ P.224A2

保大皇夏宮

MOOK Choice

Dinh Bảo Đại

一窺末代皇帝生活方式

掃地圖

🚶 從大勒市場搭車前往約5分鐘　📍 Triệu Việt Vương　🕐 7:00~17:30　💲 50,000越盾。另有150,000的套票，內容包含門票、乘坐馬車拍照、換上皇室和士兵的衣服拍照、打高爾夫和射箭等活動。

這是越南阮朝最後一任皇帝保大皇的夏宮。保大皇早年留學法國，其父親啟定皇去世後受封為王，厲行改革，卻不是很成功。1945年胡志明領導的越盟在河內發動革命，順利取得政權，並要求保大退位。日本政府原希望以保大皇為傀儡，以取得越南的控制權，於向保大建議出兵殲滅越盟。不料深具國族主義思想的保大不領情，不願外國軍隊進入屠殺子民，因而下詔退位並宣示：

「願為獨立國之民，不為奴隸帝王。」同時恢復其平民身分，以阮福永瑞之名，成為越南民主共和國的「首位公民」。二次世界大戰後，阮福永瑞在複雜的國際情勢裡曾經短暫地復出，但最後還是選擇流亡法國，1997年逝世於法國。

保大皇在大勒建有3座宮殿，這是唯一改建成博物館並開放給大眾參觀的宮殿！這間法式風格的大型別墅裡共有25間房間，並保留了保大皇曾經使用過的器皿和用具，這些日用品反映出保大皇早年的法式教育背景。1樓分別是客廳、後客廳、節慶廳、保大皇的辦公室等房間，其中的節慶廳擺設仍舊和從前一樣，是保大皇一家團聚的地方，廳裡有一幅畫是當地的少數民族所贈與，另一面地圖則是1952年時他的學生所贈。2樓多半是皇室成員的房間，包括有在14歲就被送到法國的保大皇兒子的王子房間、皇后臥房、保大皇臥室、飯後聊天室等。

達坦拉瀑布

Thác Đatanla (Datanla Waterfall)

前進森林深呼吸

掃地圖

從大勒市場搭車前往約15~20分鐘 位於大勒以南5公里處 7:30~17:00 門票50,000越盾；雲霄飛車全票單程80,000越盾、來回100,000越盾 dalattourist.com.vn

　　大勒附近有許多瀑布，位於機場和市區路上的達坦拉瀑布，是最容易前往的一座，再加上裡頭附設步道、雲霄飛車等設施，使得它深受國內外遊客的喜愛。這裡的雲霄飛車，穿行於樹林之間，速度由自己控制，即使小朋友也非常適合搭乘，唯獨體驗人潮眾多，往往得排上好長一段時間的隊。雲霄飛車的目的地是瀑布，遊客也可以步行的方式前往，大約15分鐘的時間，就能在一片青山綠意間欣賞瀑布奔流的氣勢。

泉林湖

Hồ Tuyền Lâm

城市裡的愜意角落

掃地圖

從大勒市場搭車前往約15~20分鐘 位於大勒以南6公里處

　　在坦達拉瀑布的附近，坐落著大勒區域最大的湖泊泉林湖，大部分遊客會選擇搭乘纜車前往，從纜車站步行約10分鐘即可抵達。面積廣達320公頃的泉林湖，是當地多條河流、泉水和森林的交會處，湖邊有不少船家提供遊湖服務，也可以自己租艘小船感受飄搖的愜意。由於景色優美，有許多度假村打算大力開發，也因此今日所能看見的悠閒景色，恐怕即將在未來逐漸消失。

大勒纜車

Cáp Treo Đà Lạt

盡攬高原城市風華

掃地圖

從大勒市場搭車前往約10~15分鐘 7:30~17:00 全票單程80,000越盾、來回100,000越盾 dalattourist.com.vn

　　大勒纜車站位於海拔1575公尺的羅賓丘(Robin Hill)，纜車站前方的平台擁有欣賞大勒城市風光的最佳視野，居高臨下的地勢，附近景觀猶如360度的畫布在眼前展開。如果這樣還不過癮，不妨搭乘由奧地利人經營的纜車，感受將青山綠意和城市踩在腳下的凌空快意，纜車共有50節車廂、路線長達2.4公里，以泉林湖附近的竹林禪寺(Thiền Viện Trúc Lâm)為終點。

南越⋯⋯ 大 勒 Đà Lạt

富國島
Đảo Phú Quốc / Phu Quoc Island

文●李曉萍　攝影●墨刻攝影組

富國島又名「玉島」，位於越南西南海域的泰國灣，與柬埔寨貢布隔海相望，曾經是越南軍事用地的最大島嶼。島上天然資源豐富，居民大多從事漁業，因盛產珍珠，又被稱為「珍珠島」，此外，富國島也因生產黑胡椒和高品質的魚露而聞名，每年魚露產量達1000萬升。

島嶼北部被林木蓊鬱的國家公園覆蓋，南部海岸線分布鬆軟細白的沙灘，海水清淺透明度高，適合從事各類水上休閒活動。島上的生活重心集中在陽東鎮（Dương Đông），陽東河蜿蜒流貫，市場、夜市、銀行、郵局、商店等分佈於橫跨陽東河的橋樑周圍，與西海岸線平行向南延伸的Trần Hưng Đạo街則林立飯店、餐廳和旅行社。

近年來越南政府將富國島打造成經濟特區，加強觀光旅遊相關的開發，在越南兩大休閒旅遊集團－珍珠集團（Vinpearl）和太陽世界集團（Sun Group）－的積極建設下，打造出一座結合自然森林和純淨海灘的「遊樂園島」，包含水陸主題樂園、野生動物園、世界最長跨海纜車、仿歐洲地中海小鎮、越南最現代化的五星級賭場、以及被稱為「越南版威尼斯人」的購物不夜城富國島大世界（Grand World Phú Quốc）……等娛樂設施，持續引爆話題，更吸引國際連鎖飯店集團相繼進駐，與世無爭的漁村已搖身一變，成為東南亞海島度假新寵兒！

富國島

海星沙灘
Starfish Beach

D1973

富國島溫佩樂園
Vinpearl Grand
World Phú Quốc

富國島珍珠野生動物園
Vinpearl Safari Phú Quốc

富國島國家公園
Vườn Quốc gia
Phú Quốc

TL48

D145

Rừng Gìn

N

陽東鎮
Dương Đông

La Veranda Resort
Phu Quoc

D147

咸寧漁村
Làng chài
Hàm Ninh

長灘Bãi Trường

Xa lộ Phú Quốc

機場

護國寺
Chùa Hộ Quốc

D146

白沙灘
Bãi tắm Sao

跨海纜車站
Cáp treo Hòn Thơm

富國監獄
Nhà tù Phú Quốc

安泰港
Cảng An Thới

Premier Village
Phu Quoc Resort

太陽世界水上樂園
Aquatopia Water Park

圖例 ◎景點 ⊕碼頭 ⊞住宿

INFO

基本資訊

人口：約14.6萬
面積：約589.23平方公里
區域號碼：297

如何前往

◎飛機

富國國際機場位於島嶼的中部偏南，距離陽東鎮（Dương Đông）約12公里，車程約22分鐘。胡志明市和河內每天都有航班直飛，越南航空、越捷和越竹航空皆提供服務，從胡志明市出發，航程約1小時，河內出發約2小時5分。從峴港出發，越竹航空每天早上有一班次直航，航程約1小時40分。

富國島是目前越南對台灣開放的唯一免簽證地區，若全程搭乘越捷航空於胡志明市轉機，毋須辦理越南簽證。目前多家旅行社已攜手越捷航空，推出包機直飛的遊程，台灣虎航也將於2023年2月24日首航直飛富國島，航程約3.5小時。

◎高速渡輪

從越南本土的Rach Gia和Ha Tien皆有高速船前往富國島東南方海岸線的Bai Vong港，船程分別約為2小時10分和1.5小時，由Phu Quoc Express和Superdong這兩間公司營運，每日各自有3~4船班前往富國島。Bai Vong港距離陽東鎮約20分鐘車程，船班抵達時，港口有許多等待接客的摩托計程車、計程車和共乘巴士，搭車前務必先議價。

搭乘Superdong的快船從Rach Gia出發，船票330,000越盾，Ha Tien出發的票價230,000越盾，抵達Bai Vong港後，可搭乘船公司的接駁巴士前往陽東鎮；Phu Quoc Express的船票則分別為Rach Gia出發340,000越盾、Ha Tien出發250,000越盾。

Phu Quoc Express
Ⓦsuperdong.com.vn

Rach Gia
Ⓦvetauphuquocexpress.com

區域交通

◎租摩托車

富國島南北長約50公里，東西最寬約25公里，面積不大，乾季時（11~4月）租一輛摩托車即可輕鬆走遍全島。飯店或民宿皆可協助安排租車，摩托車可送抵住宿地點，每日租金約150,000~200,000越盾。此外，盡量避免夜間騎車，島上大多的道路都有夜間照明不足的問題。

◎包車

若人數較多建議可請飯店協助安排包車，或事先於旅遊網站Klook上購買一日遊或半日遊行程。7人座箱型車的包車價格約為4小時30美金、6小時50美金，但島上司機大多不會英語，可請旅館協助溝通並事先寫下欲前往的景點清單。

MAP ▶ P.231A2

長灘
Bãi Trường

漫步金黃落日海灘

掃地圖

🚗 距離富國國際機場約6公里，搭計程車約10分鐘

　　長灘是飯店、度假村、餐廳和酒吧最密集的地區，淡金黃色細沙在富國島西南海岸線上綿延20公里，住宿於陽東鎮上也可輕易步行前往。許多緊鄰沙灘的度假村會擺上自家躺椅，設立供應飲品調酒的小酒吧，也因為飯店每日派人維護整潔，所以相較於其他受遊客歡迎的沙灘，長灘乾淨許多。

　　長灘北端是陽東河出海口，有塊突出的巨岩鎮守淡水與海水交界，海岬前端，小龍王廟和燈塔座落於巨岩之上，該廟是漁民的信仰中心，當地人出海前都會來此祈求平安順利。長灘南段有一處桑納托日落沙灘，Sunset Sanato Beach Club邀請藝術家創作，以大型裝置藝術搭配夕陽絕景，成為著名的打卡聖地。

MAP ▶ P.231B2

護國寺
Chùa Hộ Quốc

視野遼闊的大乘佛教寺廟

掃地圖

🚗 距離陽東鎮約25公里，車程約40分鐘 ▼
6:00~18:00

　　護國寺是富國島上規模最大的寺廟，屬於越南竹林禪寺系統，建築為李朝和陳朝時期的風格。穿越氣派莊嚴的潭泉門，正面迎來一座近3公尺高、由整塊玉石雕刻而成的玉佛，為越

MAP ▶ P.231B3

白沙灘

MOOK Choice

Bãi Sao

富國島最美沙灘

掃地圖

🚗 距離陽東鎮約26公里，車程約40分鐘

　　遠離陽東鎮，島嶼東南角落有處小海灣，果凍般透明的淺藍海水輕輕拍打細白如雪的沙灘，椰子樹下撐開大陽傘，幾張躺椅、一杯冰涼的現打果汁就是天堂。白沙灘上有許多店家提供拖曳傘、浮潛、獨木舟等水上娛樂活動，海上鞦韆則是最受歡迎的拍照熱點，緊鄰沙灘設有數間餐廳，只是餐點大多僅有飽腹的品質。若想避開旅遊旺季的人潮，建議多走幾步，往沙灘的北端探索，能看見白沙灘靜謐原始的面貌。

南政府總理阮晉勇在護國寺開光之際所贈送，佛像後方是一大片金碧輝煌的騰龍浮雕和70級的台階，走上階梯頂端，大雄寶殿背倚蒼翠青山，面向波光粼粼的蔚藍大海，視野絕佳。

　　護國寺建築群包含正殿、天光庭院、鼓樓、鐘樓和祠堂。正殿四周有栩栩如生的十八羅漢像，殿內供奉著釋迦牟尼佛舍利，大殿匾額上的「大雄寶殿」和柱上對聯皆為越南文，視覺上頗有趣。

在地特產與觀光工廠

富國島是個物產豐富、民風淳樸的小島，早就以魚露和胡椒聞名於世，參觀魚露工廠和胡椒園，還能順手採買當地物產。

富國島生產魚露已有200年歷史，19世紀末就開始將魚露出售至柬埔寨和泰國。魚露製作需使用鄰近海域捕撈的鳳尾魚（cá cơm），將富含蛋白質的小魚和鹽按3：1的比例攪拌，使用不含明礬的鹽滷發酵10~15個月後，經過成熟、抽濾、配製等程序，才能產出色澤深沈、飽含蛋白質發酵鹹甜味的魚露。島上有近100家魚露工廠，產能每年約1000~1200萬升，許多工廠都有開放參觀的區域，內部飄散著濃郁的魚發酵味，可看到醃製魚露的巨型木桶、裝瓶和貼標籤等各種製作流程，還能試吃不同種類的魚露。

胡椒是富國島的主要經濟作物，為越南出口胡椒的主產地，胡椒果顆粒飽滿、皮薄、肉厚、味澀而香，所產胡椒粒無論品質或產量上都居世界之冠，年產量約1000噸。2至7月為收成期，走進胡椒園，2公尺高的胡椒樹如衛兵般整齊排列，樹上一串串結實累累的綠色胡椒或紅色胡椒果，非常壯觀。此外，春季富國島山野生長許多桃金孃果實（Rhodomyrtus rose myrtle），居民採集後加入糖和米酒，發酵製作桃金孃酒（Rượu Sim），味道如香甜果酒，參觀酒廠時都可先試飲再決定是否購買。

MAP ▶ P.231B3

富國監獄

Nhà tù Phú Quốc

見證血腥黑獄與戰爭殘酷

掃地圖

🔖 陽東鎮東南方約28公里，車程約35分鐘
🏠 350 Nguyen Van Cu　☎(0773)844-578
🕖 7:00~17:00　💲免費　🌐 phuquocprison.org

一層層帶刺鐵絲網包圍鐵皮屋搭建的監獄，鐵絲網外設置數個瞭望台，手持機關槍的獄警嚴陣以待，即使在50年後走進富國監獄，看見逼真寫實的模型重現施加於囚犯身上的殘忍酷刑，仍然感覺不寒而慄。

1953年，法國殖民政府在富國島南端修建佔地約40公頃的監獄，關押法越戰爭時期俘虜的囚犯約14,000名，一年多後，99人死亡，200人成功越獄。1954年，日內瓦協定簽訂後，法

國政府將大部分戰俘遣返當時胡志明領導的越南民主共和國。1955年，美國魁儡政權越南共和國於舊址重建監獄，又稱為椰子監獄（Coconut Tree Prison），越戰期間，曾拘禁多達4萬名北越軍俘虜和政治犯。

富國監獄在1975年以前對囚犯實施慘無人道的酷刑，1967~1973年間就有4000多人不堪刑求折磨而死亡，上萬人終身傷殘。監獄中以模型重現各種刑求，包含將僅著短褲的犯人關在狹小無法起身的老虎籠（Tiger cage）中、用鐵棍撬開牙齒、釘刑、火燒下體、活體烹煮…等等，令人不忍直視。

南越… 富 國島 Đảo Phú Quốc

MAP ▶ P.231B3

MOOK
Choice

太陽世界跨海纜車與水樂園

Hon Thom Cable Car & Aquatopia Water Park

降落海角樂園

掃地圖

🚗 纜車站距離陽東鎮約27公里，車程約40分鐘 🏠 Bãi đất đỏ, phường An Thới ☎(297)352-6666 🕐 纜車運行時間9:00~9:30、10:30~11:30、13:30~14:00、15:30~17:00；水樂園10:00~16:30 💲 纜車來回票＋水樂園門票，成人600,000越盾，優待票430,000越盾 🌐 phuquoc.sunworld.vn

富國島南方海域珊瑚及魚群生態豐富，清澈透明的海面散佈15座島嶼，稱為安泰群島，其中面積最大的香島（Hon Thom）在「太陽集團」經營下，變身成兼具生態與娛樂的海洋樂園。

想要前往遠離陸地的歡樂天堂，方法相當特別，得搭乘獲得金氏紀錄認證的「全球最長跨海纜車」，從安泰鎮（An Thới）出發，飛越Hòn Dừa和Hòn Rơi兩個小島，經全長7899.9公尺的航程，才能降落終點站太陽世界香島自然公園（Sun World Hon Thom Natural Park）。這套2018年啟用的三索纜車系統，總共經過5根海面立柱，搭乘時間約15分鐘，最高可達到160公尺，與一般緩緩移動的纜車不同，接近立柱時迅速攀升的離心力，有種搭乘雲霄飛車的短暫刺激感。

纜車站的起點也是由太陽集團打造的地中海小鎮（Sun Premier Village Primavera），300多座色彩繽紛的商業化別墅沿著山坡錯落，複刻威尼斯聖馬可廣場的大鐘樓、彷彿布拉諾島的運河和彩色小屋等，每個角落都洋溢歐洲情調，未來將入續進駐飯店、商家、餐廳、娛樂秀場、藝廊和博物館。此外，峴港黃金佛手橋的建築師也再次出手，在地中海小鎮旁的港灣設計出海景水舞舞台以及新地標「親吻橋」，預計將於2023年3月完工開放。

一秒到地中海的景色是纜車出發時的第一震撼，隨著高度逐漸爬升，視野更加寬廣，純樸的安泰漁村、停泊海面的上百艘漁船、以及飼養珍珠的船家像樂高玩具般一一出現，纜車車廂為四面大片透明景觀窗設計，能將360度的美景盡收眼底。

越過波光粼粼的海洋和蒼鬱翠綠的小島，抵達總面積5.7平方公里的香島。香島自然公園涵蓋水樂園（Aquatopia Water Park）、陸地遊樂園以及沙灘區，這是越南第一座水上樂園，有6大主題區，包含多達21項讓人驚聲尖叫不間斷的刺激滑水道、悠緩的漂漂河、全家大小同樂的巨人漂浮屋等設施，遊樂園最經典的則是規模龐大的木造雲霄飛車。人工設施玩累了，向海灘方向前進，賴在沙灘上享受一段悠閒清淨，若仍然電力十足，還有水上拖曳傘、水上摩托車、獨木舟、浮潛、水肺潛水等各種水上活動，讓你與大海親密接觸。

MAP ▶ P.231A2　La Veranda Resort Phu Quoc

📍距離機場約7公里，車程約13分鐘　◎ Beach, Đường Trần Hưng Đạo　☎(297)3982-299　🌐 laverandaresorts.com

La Veranda Resort距離陽東鎮不遠，鬧中取靜，它像一台被遺忘在島嶼西南方海岸線上的1920年代留聲機，緩慢而優雅地，播放法屬印度支那年代的浪漫情懷。

La Veranda Resort為Accor集團旗下的精品旅館MGallery系列，多次拿下世界奢華旅宿及餐廳的相關獎項，並連續數年蟬聯知名旅遊網站Tripadvisor的Traveler's Choice推薦。從接待大廳入內後，迎來一片茂盛的熱帶花園，紅磚屋瓦下是雙層樓的殖民地風格建築，寬敞通風的簷廊上，鵝黃色牆面搭配米白雕花欄杆和藤編沙發，營造慵懶又精緻的島嶼度假氛圍，角落點綴中國的瓷器、非洲的木雕等裝飾，留下重返殖民時代的線索。

74個房間分別面向花園或海洋，各自藏匿在枝葉扶疏間，挑高天花板設置復古吊頂風扇，深褐色桃花心木四柱床浪漫又經典，踩踏著法式古董地磚，推開落地百葉木窗門，私人陽台被蔥鬱綠意包圍，飄入熱帶花草幽香，溫柔撫觸房內每個角落，換一夜放鬆好眠。

MAP ▶ P.231B3　Premier Village Phu Quoc Resort

📍距離機場約23公里，車程約40分鐘　◎ Mũi Ông Đội, An Thới　☎(297)3546-666　🌐 www.premiervillage-phuquoc.com

Premier Village Phu Quoc Resort位於富國島東南角的半島，如一隻突出海面上的魚鉤，經狹長的白沙灘與陸地相連，特殊地理條件讓Premier Village享有獨一無二的雙面海景。

215座獨棟別墅隨著地勢起伏分佈於半島各處，分別享有熱帶花園、山坡、海洋、沙灘、以及岩石上俯瞰海灣的視角，每一座別墅皆有私人泳池、客廳、餐廳、廚房、以及寬敞明亮的臥室和衛浴。室內風格簡潔時尚，大地色系營造舒緩放鬆的整體感，把焦點留給大落地窗瞬息萬變的海天絕景。房型方面有情侶最愛的獨棟單房，也有適合全家或好友相聚的3~4房別墅，所有房間皆為獨立套房，無論哪一種出遊組合，每個人都能擁有一段私密時間。

入住Premier Village不妨把所有時間留在這裡，山丘上的Spa和運動中心能俯瞰整個半島，與沙灘相連的公共泳池有各種深淺組合，不同時段還有瑜伽、獨木舟、立槳等課程可參與。度假村內有多樣化的餐飲選擇，「The Market」提供道地越南美食，「Corallo」享用結合多元文化的創意料理，客製餐桌可請主廚到入住的別墅上菜，還有一間小超市能買點飲料零食。此外，Premier Village與跨海纜車及太陽世界水樂園的距離不遠，出遊玩樂也相當方便。

南越…

富

國島 Đảo Phú Quốc

The Savvy Traveler
聰明旅行家

基本資訊

越南

正式國名：越南社會主義共和國
Socialist Republic of Vietnam

地理位置：越南位於中南半島的東南端，北鄰中國，西邊和柬埔寨、寮國接壤，整個東面和南海相鄰，海岸線長達3200公里。

面積：331,688平方公里

人口：約9,747萬人

首都：河內

宗教：有6大宗教，主要是佛教和天主教。

語言：越南語

簽證辦理

紙本簽證

　　越南的簽證分別有旅遊、商務、長期商務等類別，分為單次和多次兩種，有效期分為1個月和3個月。申請簽證請備妥下列證件，可自行前往辦事處申請或委託旅行社辦理，申請流程需要3個工作天，也可申辦急件。簽證辦好後，可以付郵寄費直接請辦事處寄至家中，就不用再跑一趟。在台灣簽發下來的越南簽證為一張單獨的紙本，不會黏貼或影印在護照上，所以要小心保管，以免遺失。申請表可先至網路填好後再印出送到辦事處辦理：visa.mofa.gov.vn/homepage.aspx。

◎**越南簽證所需文件**
◎2吋照片2張
◎有效期限6個月以上的護照影本（至少還留有2頁空白頁面）
◎申請表
◎1個月單次簽證台幣1,400元
◎**駐台北越南經濟文化辦事處**
⌂台北市松江路65號2樓
☏(02)2516-6626
◔09:00~12:00、14:00~16:30

落地簽證

　　入境越南也可辦理落地簽證，價格較便宜，不過落地簽可不是直接搭飛機過去就可以辦了喔，有幾個步驟需要事前準備。首先上代辦機構的網站申請「落地簽證許可函」，並線上繳交一筆代辦手續費，申請成功後會收到信，信裡會附上「落地簽證許可函」和「落地簽證申請表單」，兩份文件都要印出來，最好事先就把資料都填好，再準備幾張兩吋大頭照，抵達越南四大國際機場後，尋找「Visa on arrival」排隊辦理，辦理的費用（Stamping Fee）是25美元。
ⓦwww.vietnam-visa.com

旅遊諮詢

越南觀光旅遊局
ⓦvietnam.travel

駐越南臺北經濟文化辦事處
Taipei Economic and Cultural Office
⌂20A/21st Floor, PVI Tower, No.1, Pham Van Bach Road, Yen Hoa Ward, Cau Giay District, Hanoi ☏(24)3833-5501 急難救助行動☏0913-219-986（境內直撥）
◔週一至週五8:30~12:00，13:30~17:30 ⓦwww.taiwanembassy.org

駐胡志明市臺北經濟文化辦事處
Taipei Economic and Cultural Office
⌂336 Nguyen Tri Phương St., Dist. 10, Ho Chi Minh City ☏(28)3834-9160~5 急難救助行動☏0903-927-019（境內直撥）
◔週一至週五8:30~12:00，13:30~17:30 ⓦwww.roc-taiwan.org

後疫情時代的越南簽證

　　截至2023年1月31日止，因疫情管控的關係，越南尚未開放台灣人申請個人觀光簽證，需透過越南當地旅行社或台灣旅行社代辦落地簽證許可函，費用大約台幣3800~5000元左右，抵達越南後再繳交25美金的簽證費。也有旅行社推出含接機、代辦落地簽證以及2~3天住宿的套裝服務。

　　整體來說，目前代辦落地簽證的價格凌亂，且許可函的真偽難辨，建議尋找有信譽的旅行社協助辦理。

飛航資訊

以往前往越南多半為商務和兩地聯姻的需求，但近年來越南的觀光旅遊越來越熱門，國內前往越南的直航航點和航班也逐漸增加中。目前台北直航的城市包含河內、峴港、胡志明市，飛航時間約為3~3.5小時，高雄直航的航點則為河內和胡志明市，另有越捷航空經營台北直飛芹苴的航線，若要由其他城市進入越南則需要轉機。

此外，由於越南政府積極發展南部富國島的觀光，開放台灣旅客可免簽證入境旅遊，越捷航空和台灣虎航於2023年初相繼推出包機直航，與國內多家旅行社合作規劃團體行和半自由行的行程，航程約3.5小時。

航空公司	目的地	訂位電話	網址
越南航空	河內、胡志明市	(02)2567-8286	www.vietnamairlines.com
長榮航空	河內、峴港、胡志明市	(02)2501-1999	www.evaair.com
中華航空	河內、峴港、胡志明市	(02)412-9000	www.china-airlines.com
台灣虎航	峴港、富國島（2023年2月24日首航）	(02)7753-1088	www.tigerairtw.com
星宇航空	河內、峴港、胡志明市	(02)2791-1199	www.starlux-airlines.com
越捷航空	河內、胡志明市、芹苴、富國島	0800-661-886	vietjetair.com
越竹航空	河內	(02)2504-8787	2504www.bambooairways.com

越南當地旅遊

時差

越南當地時間比台灣慢1小時。

貨幣

越南的幣值為盾（Dong，以VND表示），越盾的面額有500,000、200,000、100,000、50,000、20,000、10,000、5,000、2,000 、1,000、500、200 和100。通常500,000越盾屬大額鈔票，很難找開，10,000~200,000之間的鈔票最好用，500以下面額的鈔也很少用。一般商店是以千元為計算單位，例如一杯咖啡5,000越盾，帳單上就寫5；一盤菜 20,000， 帳單上寫 20。

匯率

台幣兌越盾約為1:779，有些大城市的銀樓接受直接以新台幣換匯，不過一般來說，持美金或歐元到當地銀行兌換較方便，匯率也比較好，但要配合銀行上班時間，美金兌越盾約為1:23,448，台幣兌美金約為1: 0.033。（2023年1月31日現金匯率）

旅行社也有兌換服務，此外機場跟飯店兌換的匯率通常會比較差一些，不過也就是差幾百元越盾，一美金可能才少不到台幣一元。另外換的金額愈大，匯率也會比較好。在越南購買旅遊行程或住宿可以用買美金交易，不過他們在將越盾換算成美金時，匯率都是比較差的算法。

電信

台灣直撥越南：
各電信業者國際通話碼-84-城市區域代碼-電話號碼
(中華電信為002或009，亞太為005，台灣大哥大為006，遠傳為007)
越南直撥台灣市話：
00-886-城市區域代碼-電話號碼
當地實用號碼：
113 警局
114 火警
115 救護專線
116 查號台

網路

隨著越南近年來經濟起飛，基礎建設也逐步改善，現在越南的網路覆蓋率相當普遍，飯店和餐廳提供Wifi早已是基本需求，有些巴士也號稱提供無線網

路，但訊號普遍不佳，建議可事先在台灣購買越南上網的SIM卡，或抵達當地機場時購買越南電信公司提供的行動上網方案。

Viettel為越南國營電信公司，市佔率最高，上網快又穩，MobiFone和VinaPhone則分居第二和第三，規模較小的Vietnamobile的價格相對較低，可用流量也較大。越南機場入境大廳設有各電信公司的櫃檯，可現場比較適用方案，最好請對方協助安裝設定，並當場試用，沒問題再離開。若不想在機場花時間比價，網路上已有許多業者販售三大電信公司的SIM卡，KLOOK可上網預訂、機場領取，Joytel越南卡和DJB越南卡都能事先寄送到府，有時候使用折扣碼後還比現場買划算。

對於不想更換SIM卡的旅客，可購買DJB eSIM卡，透過下載取得，維持雙卡雙待機的狀態，使用天數可彈性選擇，每日1G/110元，第二天開始每日增加50元。

Joytel ⓦ www.joytel-tw.com
DJB ⓦ djbcard.com
KLOOK ⓦ www.klook.com

電壓與插座

越南的電壓為220V，從台灣帶出去使用的電器，需注意是否適用，若不放心，建議攜帶變壓器較為保險。插座大多為雙腳圓形插座（歐規），只有少數地方是三孔扁型插座，記得攜帶插頭轉換器。

小費

越南的餐廳帳單皆已包含服務費，所以可以省略。如果在較高級的餐廳，可考慮給一點小費。飯店的行李小弟或有利用到房間服務時，可給1美金的小費。

旅遊注意事項

1. 入住旅館時，櫃台會要求出示護照，待資料填寫完畢再歸還旅客，有些甚至會將護照留在旅館，等到

南北越大不相同

越南的國土狹長，橫跨緯度範圍大，南北越因為氣候和地理存在著差異，而在許多文化上發展出不同的樣貌。20世紀的南北越分裂更是造成了文化差異的加深，今日來到越南觀光可以觀察一些南北方有趣的不同，像是北越習慣吃米粉等傳統食物作為早餐，南越受到西方影響較深，早上就要喝咖啡；北越的攤販常常直接挑擔子上街，而南越的攤販更多的是使用推車；北越民風較為純樸，夜生活沒有南越豐富，像是河內前幾年才取消了宵禁，在胡志明市玩到通宵則是這裡的日常；細細體會這些差異也是來越南的其中一個觀光特色喔！

退房時才還給旅客，Check out時要記得跟旅館拿回護照。

2. 在越南租摩托車時，都會附上安全帽，不過油箱通常都是快見底了，最好先到加油站加油再開始走行程。有些知名觀光景點會有固定的機車停車場，停妥後，記得跟收費員索取停車單夾在車上，這張單子是離開付費的依據。若遇假冒收費員騙取停車費，可詢問景區的管理員。此外，在越南租摩托車時，雖然大多不會要求登記國際駕照，但現在熱門觀光區域常有警察攔下外國旅客臨檢，若沒有國際駕照還是會收到罰單。

3. 人力車都需要講價，並且常有糾紛，搭乘前最好先確認價格及內容。

4. 搭乘計程車及選擇旅行社，都要選擇各城市有公信力的公司，才不易發生問題，此外，旅行社名稱常有仿冒的狀況，務必確認旅行社名稱的完整性。若擔心搭計程車的行車糾紛狀況，建議可使用通行於東南亞的叫車APP「Grab」（詳見P.58）。

5. 預訂旅館可從知名網路上訂購或是用e-mail直接跟旅館連繫，兩者都非常便利，不過還是要選擇有口碑的比較保險。

越南 | M
Viet

U0041762

作者
李曉萍・墨刻編輯部

攝影
墨刻攝影組

主編
李曉萍

美術設計
李英娟・董嘉惠

地圖繪製
Nina・墨刻編輯部

出版公司
墨刻出版股份有限公司
地址：台北市104民生東路二段141號9樓
電話：886-2-2500-7008
傳真：886-2-2500-7796
E-mail：mook_service@cph.com.tw
讀者服務：readerservice@cph.com.tw
墨刻官網：www.mook.com.tw

發行公司
英屬蓋曼群島商家庭傳媒股份有限公司城邦分公司
地址：台北市104民生東路二段141號2樓
電話：886-2-2500-7718　886-2-2500-7719
傳真：886-2-2500-1990　886-2-2500-1991
城邦讀書花園：www.cite.com.tw
劃撥：19863813
戶名：書虫股份有限公司

香港發行所
城邦(香港)出版集團有限公司
地址：香港灣仔駱克道193號東超商業中心1樓
電話：852-2508-6231
傳真：852-2578-9337

馬新發行所
城邦(馬新)出版集團 Cite (M) Sdn Bhd
地址：41, Jalan Radin Anum, Bandar Baru Sri Petaling, 57000
Kuala Lumpur, Malaysia.
電話：(603)90563833
傳真：(603)90576622
E-mail：services@cite.my

製版・印刷
藝樺設計有限公司・漾格科技股份有限公司

經銷商
聯合發行股份有限公司（電話：886-2-29178022）
誠品股份有限公司
金世盟實業股份有限公司

城邦書號
KV3066

定價
450元

ISBN
978-986-289-832-1・978-986-289-833-8（EPUB）
2023年2月初版 2023年4月二刷

首席執行長　Chief Executive Officer
何飛鵬　Feipong Ho

生活旅遊事業總經理暨墨刻出版社長　PCH Group President & Mook Managing Director
李淑霞　Kelly Lee

總編輯　Editor in Chief
汪雨菁　Eugenia Uang

資深主編　Senior Managing Editor
呂宛霖　Donna Lu

編輯　Editor
趙思語・唐德容・陳楷琪
Yuyu Chew, Tejung Tang, Cathy Chen

資深美術設計主任　Senior Chief Designer
羅婕云　Jie-Yun Luo

資深美術設計　Senior Designer
李英娟　Rebecca Lee

影音企劃執行　Digital Planning Executive
邱茗晨　Mingchen Chiu

業務經理　Advertising Manager
詹顏嘉　Jessie Jan

業務副理　Associate Advertising Manager
劉玫玟　Karen Liu

業務專員　Advertising Specialist
程麒　Teresa Cheng

行銷企劃經理　Marketing Manager
呂妙君　Cloud Lu

行銷企劃專員　Marketing Specialist
許立心　Sandra Hsu

業務行政專員　Marketing & Advertising Specialist
呂瑜珊　Cindy Lu

印務部經理　Printing Dept. Manager
王竟為　Jing Wei Wan

國家圖書館出版品預行編目資料

越南/李曉萍，墨刻編輯部作. -- 初版. -- 臺北市：墨刻出版股份有限
公司出版：英屬蓋曼群島商家庭傳媒股份有限公司城邦分公司發行，
2023.02
240面；16.8×23公分. -- (New action；66)
ISBN 978-986-289-832-1(平裝)
1.CST: 旅遊 2.CST: 越南
738.39　　　　　　　　　112000371